El trabajo sistémico con redes relacionales

Lia Mastropaolo
Juan Luis Linares
(editores)

El trabajo sistémico con redes relacionales

Más allá de la mediación y la terapia familiar

Herder

Diseño de la cubierta: Dani Sanchis

ISBN: 978-84-254-5368-7

Imprenta: Qpprint
Depósito legal: B-6.493-2026
Impreso en España - Printed in Spain

Herder
www.herdereditorial.com

Índice

Introducción

Juan Luis Linares

En la década de 1960 se generalizó, en el ámbito sistémico, la expresión *redes sociales*, procedente de los trabajos de algunos antropólogos británicos. Hacía referencia a un horizonte relacional de tamaño variable, que incluiría a la familia extensa, así como a amigos, vecinos, colegas y profesionales, entre otros, involucrados en situaciones de intercambio comunicacional. A comienzos de la década siguiente, en *Redes familiares* (Buenos Aires, Amorrortu, 1974), Ross V. Speck y Carolyn I. Attneave (esta última de origen nativo americano) relacionaron las redes sociales con la tribu, acordándoles cualidades que podían incorporar funciones terapéuticas. De ahí el interés de las autoras por *retribalizar* las redes sociales con el fin de hacerlas recuperar tales funciones.

Durante años el mundo sistémico practicó intervenciones de red social y teorizó sobre ellas. Incluso apareció una revista, portavoz de la escuela de Bruselas y de gran influencia en lengua francesa, llamada *Cahiers critiques de thérapie familiale et de pratiques de réseaux* («Cuadernos críticos de terapia familiar y de prácticas de redes»).

Hasta que llegaron las nuevas tecnologías y con ellas un nuevo significado para lo que hasta entonces se había entendido como redes sociales. Tal ha sido la expansión de todo lo relacionado con internet, que hoy es inimaginable hablar de redes sociales sin pensar en Facebook, LinkedIn, Instagram o WhatsApp, a las que nos remite inexorablemente cualquier buscador si, ¡ingenuos!, introducimos «redes sociales» en la barra de búsqueda, interesados en lo que, ¡ay!, se entendió por tales hace no tanto tiempo.

Ante semejante panorama, no hemos dudado en renunciar al término clásico, tan querido por nosotros, no fuera a confundir a la pléyade de adolescentes, ¡qué digo!, a casi la humanidad entera, empeñada en pasear por el universo internáutico con las nuevas redes sociales por muletas. Y hemos adoptado la expresión *redes relacionales*, convencidos de que el cambio no le resta claridad, sino, al contrario, que le aporta mayor concreción y especificidad.

El título, pues, de este libro incluye lo que podríamos considerar un neologismo *(redes relacionales)*, rigurosamente equivalente a lo que en la literatura clásica sistémica se conoce como *redes sociales*.

Los tres primeros capítulos, firmados por Lia Mastropaolo, constituyen un conjunto teórico-práctico de gran interés por varias razones. Su procedencia italiana es un valor añadido, por ser Italia el país europeo en el que el modelo sistémico ha alcanzado un mayor desarrollo cuantitativo, con una gran implantación territorial, y cualitativo, con aportes teóricos que remiten a algunos de los más ilustres nombres del *Gotha* sistémico. No hay duda de que en los textos de Mastropaolo aparecen la irreverencia y la curiosidad de Gianfranco Cecchin, dando fe de la vinculación de nuestra autora con el Centro Milanese di Terapia Familiare, en el que se formó y del que es didacta distinguida.

Pero, además, Mastropaolo rompió pronto los límites del consultorio privado, extendiendo su actividad a diversos espacios públicos, como los centros de salud mental, los servicios sociales y, muy especialmente, los tribunales de justicia de menores, que en el sistema italiano de protección al menor ocupan una posición de primera línea. Es en este contexto en el que la autora desarrolla el concepto de «intervención para el cambio», distinto de la terapia y de la mediación, cuya práctica la aproxima al universo de las redes relacionales, y que le ha valido un amplio reconocimiento.

Ubicada ya de pleno en el universo de las redes, Mastropaolo nos brinda preciosos ejemplos de trabajo con escuelas y empresas (además, por supuesto, de su gran especialidad, el trabajo con tribunales), así como, en el capítulo 3, una rica experiencia de trabajo *online*, que no abandona el espíritu de las intervenciones en redes. Finalmente, nos regala el muy oportuno término de «terapias fluctuantes», en las que alterna sesiones familiares e individuales de acuerdo con diseños que varían según la naturaleza del problema abordado.

Asociar el concepto de «inteligencia terapéutica» con el trabajo en redes relacionales me ha permitido, tal y como se desarrolla en el capítulo 4, afinar en la construcción de la intervención terapéutica, según el tipo de problema con el que se trabaja. Aunque el foco se situará en uno de los tres espacios relevantes del universo psico-relacional (cognitivo, pragmático o emocional), el objetivo es que los efectos de la intervención se generalicen a los otros dos.

La red relacional cognitiva estará indicada principalmente cuando se pueda planificar la intervención desde el inicio, constituyendo el eje principal del tratamiento. Será conveniente también que se trate de casos «agudos», en los que los síntomas (y las situaciones disfuncionales asociadas a ellos) sean de relativamente reciente implantación. El foco estará puesto, con los aportes de los participantes, en construir una historia que ayude a comprender las circunstancias que han intervenido significativamente en el origen y en el desarrollo del problema. Ello facilitará que, como efecto secundario, se genere una reacción afectiva solidaria y que se pongan en marcha actuaciones coherentes con el cambio necesario.

La red relacional pragmática tiene sentido cuando sobre la necesidad de comprender (que, por supuesto, sigue de algún modo vigente) se impone la conveniencia de resolver dificultades y de salvar obstáculos. Se trata sobre todo de casos «crónicos», en los que las raíces de los síntomas se pierden en la noche de los tiempos y cuyos actores principales han desaparecido, mientras que sus consecuencias prácticas están generando problemas acuciantes. Su resolución, con la ayuda de los miembros de la red, creará condiciones propicias a una mejor comprensión de algunos aspectos del caso, así como a la aparición de una atmósfera emocional favorable.

La indicación principal de la red relacional emocional surge cuando la terapia de un caso grave está bloqueada, sin que se produzcan progresos significativos a pesar de que se estén invirtiendo importantes recursos. En tales circunstancias, la convocatoria de una o varias sesiones de red relacional permite crear una atmósfera emocional de gran intensidad, que supone una especie de sacudida capaz de generar una dinámica morfogénica y, con ella, un cambio en el proceso terapéutico. De su mano seguirán cambios cognitivos que permitan aumentar la comprensión, y desarrollos pragmáticos que introduzcan soluciones de problemas concretos.

En el capítulo 5, Joana Alegret implementa todo un cuerpo de teoría referido al trabajo en red de profesionales. Y tiene el acierto de hacerlo a través de la narración pormenorizada de casos clínicos en los que la ternura en su mirada no está reñida con el rigor científico. Aparecen así las principales características de su modelo de abordaje al trastorno por déficit de atención con hiperactividad (TDAH), que incluye una tipología que goza de amplio reconocimiento. También nos ofrece las primicias de su intervención conjuntiva, aplicada al trabajo en red con la familia y la escuela.

En el capítulo 6, demostrando su exquisita sensibilidad eco-política, Olga Falceto plantea la importancia de las macrorredes relacionales y de la vinculación de temas como la emergencia climática o la distribución de la propiedad con la salud de las familias. Introduce, además, el concepto de «cibernética de tercer orden», que será ampliamente desarrollado por Raúl Medina. Efectivamente, en los capítulos 7 y 8, Medina aporta una rica muestra de lo que constituye su modelo de «terapia familiar crítica». Ello implica asumir los principios de la cibernética de tercer orden. En definitiva, se trata de la formulación actualizada de una psicoterapia social, casi podríamos decir de un neomarxismo psicoterapéutico, perfectamente coherente con el contexto mexicano en el que se mueve el autor y con sus urgencias políticas. Basta con ver los títulos de algunas de sus últimas obras para entender la intención de Medina: *Del amor indignado al diálogo solidario*; *Cambios modestos, grandes revoluciones*. El maltrato, la explotación, la injusticia, constituyen la base relacional de la psicopatología. Un substrato que casi inevitablemente remite al trabajo con redes.

Por último, Clara Linares nos introduce en el mundo de la violencia, tanto de pareja como vicaria, ejercida indirectamente sobre los hijos, proponiendo un trabajo de red profesional que ella titula «nadando entre dos aguas» y que nosotros, sin abandonar la jerga marinera, llamaríamos «contra viento y marea». Y es que las condiciones institucionales en las que se desempeña no siempre son las idóneas. Por obvias razones de supervivencia laboral, Linares pasa muy discretamente sobre temas tan aberrantes como el hecho de que en un servicio de atención a menores indirectamente maltratados por la violencia entre sus padres no se pueda llevar a cabo un trabajo terapéutico con el padre maltratador y sí, solamente, con la madre maltratada. De cualquier modo, el caso que describe en detalle nos muestra la exquisita sutileza de su trabajo de red profesional.

En definitiva, los nueve capítulos que integran este libro constituyen un fascinante viaje desde el pasado de las grandes aportaciones históricas a la terapia de red (Ross V. Speck, Carolyn I. Attneave, Mony Elkaïm, Carlos E. Sluzki, entre muchos otros) hasta un presente que se hace futuro en las intervenciones de tercer orden. Un viaje que vale la pena hacer disfrutando la buena compañía de los autores.

1. Las redes en terapia

Lia Mastropaolo

Este capítulo parte de una reflexión sobre el concepto de «redes» para, mediante la presentación de algunos casos, mostrar cómo se trabaja con ellas, cómo se construyen, deconstruyen y reconstruyen, subrayando el modo en que todo ello se realiza desde las diferentes modalidades de intervención: terapia, *counselling* y mediación. A través de los casos, se propondrá un recorrido que favorezca el debate y ofrezca un panorama de posibilidades en la amplia gama de usos de la red, desde la construcción de redes de apoyo familiar y social hasta la de redes de profesionales. El común denominador es que las personas recuperen sus propios recursos mediante unas intervenciones centradas en el trabajo con uno de los conceptos más importantes del modelo sistémico: el contexto.

El análisis de los contextos y de los macrocontextos (familias, instituciones, servicios, voluntariado, etc.) permite ampliar la mirada y realizar una intervención que aproveche la riqueza de las oportunidades que ofrece «lo social» para resolver problemas. Además, y quizá en primer lugar, tiene la función de poner orden, como en un rompecabezas, en la anárquica disposición inicial de los sistemas involucrados que definen al problema para redistribuirlos convertidos en nudos de una red, repartiendo competencias en un proyecto unificador que sigue un único hilo conductor.

A nivel teórico no vamos a añadir mucho más a lo ya escrito, aunque sí reflexionaremos a propósito de los casos proponiendo algunas referencias teóricas. Además, mi vinculación a la Escuela de Milán (Centro Milanese di Terapia Familiare) facilitará la inclusión de algunas propuestas desde la cibernética de segundo orden (Maturana y Varela, 1985). Por ejemplo, el énfasis de Heins von Foerster (1987) en los sistemas observantes, en los que el observador decide en qué consiste lo observado, trazando los límites entre sistema y ambiente.

Si bien cada individuo y cada colectivo están relacionados directamente con muchos otros, a veces de manera estable y otras de manera provisional, es evidente que la red es un artificio creado por el observador, que delimita unas fronteras arbitrarias sobre la realidad que analiza. Solo que este artificio es operativo y se ha revelado útil para leer algunas situaciones y actuar sobre ellas de manera eficaz. Carlos E. Sluzki (1996) señala que el modelo de red permite desalienar al individuo y a la familia, y hasta al terapeuta en su práctica profesional.

La frontera de la red social informal es, sin duda, más evanescente que la de la red familiar, en la medida en que para los vínculos que se establecen en esta última disponemos de nombres (padre, hermano, sobrino...), mientras que no los hay para hablar de relaciones sociales más laxas.

Ross V. Speck y Carolyn I. Attneave (1974), desde posiciones contraculturales, trabajaron con redes en torno al concepto de «retribalización» (no en vano Attneave era de origen nativo americano). A tal efecto, procedían a ritualizar, incluso mediante danzas colectivas, las sesiones de red con las personas necesitadas de ayuda terapéutica, facilitándoles el restablecimiento de los vínculos sociales que se les habían ido diluyendo en el imparable proceso de aislamiento inherente a la sociedad moderna.

Urie Bronfenbrenner (1986) argumenta que la capacidad de formación de un sistema depende de la existencia de las interconexiones sociales entre ese sistema y otros. Todos los niveles del modelo ecológico propuesto dependen unos de otros y, por tanto, se requiere tanto de una participación conjunta de los diferentes contextos como de una comunicación entre ellos. Bronfenbrenner propone un mapa para representar los procesos evolutivos, en el que se distingue un círculo interior o *microsistémico*, relacionado con la familia, un círculo intermedio o *mesosistémico*, que comprende las interrelaciones de dos o más entornos en los que la persona en desarrollo participa activamente, y un círculo exterior o *macrosistémico*, que se corresponde con la sociedad, sus valores dominantes, el poder político, económico, etc.

Propongamos, de la mano de Sluzki (1996), una definición de «red social» (recuérdese que hablamos de redes relacionales, no del concepto moderno de red social en internet): la red social personal es la suma de todas las relaciones significativas que el individuo percibe y que contribuyen de un modo especial a su propio reconocimiento y al mantenimiento de la imagen de sí mismo.

Coincidiendo con Gregory Bateson (1973) en que las fronteras del individuo no están definidas por la piel, sino por todo aquello con lo que el sujeto interactúa (familia, entorno físico, etc.), podemos añadir que tales fronteras no se limitan a la familia nuclear o extensa, sino que incorporan a todo un conjunto de vínculos interpersonales: la familia, ciertamente, pero también las amistades, los compañeros de trabajo o de estudio, y las relaciones comunitarias, tales como la pertenencia a partidos políticos, organizaciones, clubes, etc.

En esta red, el sujeto mantiene relaciones de carácter íntimo con un primer círculo, un grupo reducido de personas, con las cuales el grado de compromiso es siempre alto. Además, se vincula con una amistad social (con un menor grado de compromiso) con un círculo intermedio de la red. Por último, en un círculo más remoto, se relaciona ocasionalmente con un grupo de conocidos, sin apenas compromiso. Estos tres círculos conforman el mapa de la red social de cada individuo.

La experiencia de partida

Realicé la parte más relevante de mi formación sistémica en el Centro Milanese di Terapia Familiare, junto con Luigi Boscolo y Gianfranco Cecchin, cuyas enseñanzas representativas del llamado «Milan Approach» están presentes en lo que se ha denominado «modelo genovés». Algunas de las características de este modelo se forjaron en un contexto complejo, definido por la convergencia de recursos terapéuticos y de otros, como los judiciales, que no lo son. Por ejemplo, el trabajo con los casos derivados por los tribunales de familia condujo a una investigación sobre la relación servicio-tribunales, de la que surgió una nueva metodología: «la intervención para el cambio» (Mastropaolo, 2011; 2022). Se trata de transformar la petición del juez de realizar una valoración o pericia diagnóstica en un trabajo de cambio de las relaciones familiares y de superación de los conflictos, a pesar de las limitaciones iniciales de la derivación obligatoria. De este modo, el modelo genovés se construye con una amplia gama de intervenciones posibles: mediación, *counselling*, terapia, intervención para el cambio y trabajo de red.

La experiencia genovesa representa una novedad importante con respecto al muy conocido precedente de Luigi Cancrini (1994) en Palermo, que influyó notablemente en la experiencia de Ciutat Vella de Barcelona (Coletti y Linares, 1997). En efecto, en estos casos el trabajo terapéutico y formativo se desarrolló a partir de un encargo específico desde las altas esferas de la Administración (los ayuntamientos de ambas ciudades). Por el contrario, desarrollé mi labor en Génova desde la trinchera, generando una dinámica de cambio desde abajo hacia arriba.

El centro histórico de Génova se parece al de Barcelona y otras ciudades europeas, por cuanto en él coexisten imponentes edificios y bellos monumentos con un dédalo de callejones insalubres socialmente degradados y con graves carencias de recursos asistenciales. Se trata de un territorio habitualmente abonado a la prostitución, el contrabando, las mafias, el tráfico de drogas y otras modalidades de delincuencia, así como el lugar donde familias inmigrantes pobres, antes procedentes de otras regiones de Italia y cada vez más de países del tercer mundo, tradicionalmente han encontrado alojamiento precario.

En este contexto, el distrito sociosanitario es el conjunto estructurado encargado de programar, atender y dispensar de forma adecuada los servicios sanitarios (con relevancia sanitaria) y sociales (con relevancia social) en un territorio determinado. En este sentido, por prestaciones sociosanitarias se entienden aquellas actividades encaminadas a satisfacer, mediante intervenciones asistenciales integradas, tanto las necesidades de salud como de protección social de la persona capaces de garantizar, incluso a largo plazo, la continuidad de las acciones de tratamiento y de rehabilitación. Así pues, el foco de atención de los servicios sanitarios y sociales en el territorio está puesto en aquellas personas en estado de necesidad, en condiciones de discapacidad o de marginación que condicionan su vida.

El distrito que actúa en el centro histórico de Génova se ocupa fundamentalmente de situaciones individuales y familiares de violencia y abusos, de negligencia y abandono de niños, de robo y otras formas de delincuencia, así como de personas con trastornos mentales. En casi todos los casos se encargan los tribunales civil, penal o de menores, con derivación del juez, siendo muy frecuentes las situaciones de tráfico de drogas, luchas de pandillas, niños en la cárcel, pérdida de la patria potestad, viejas rencillas familiares, luchas de clanes, separaciones con uso de armas y hasta asesinatos. A menudo se trata de «familias multiproblemáticas», con incapacidad de cubrir aspectos importantes de la nutrición relacional de sus miembros y con una dependencia crónica de los servicios sociales (a veces recíproca, puesto que también existen «servicios multiproblemáticos»).

Trabajar con inmigrantes y matrimonios mixtos representa una experiencia muy rica en un servicio de trinchera, que expone a los profesionales en primera línea, sin que estén respaldados por una estructura fuerte, lo cual les genera intensos sentimientos contradictorios. Proponer a los trabajadores sociales una relectura sistémica de los casos que estaban llevando representó el inicio de una nueva etapa que suponía la inclusión de todos los sistemas implicados con el fin de integrar las competencias recíprocas para conformar un grupo que, mediante la puesta en discusión de la realidad observada, elaborase una epistemología compleja. Este abordaje ha durado en el tiempo, permitiendo trabajar con individuos, familias y grupos de diferentes culturas, con las más variadas demandas, tanto espontáneas como procedentes de instituciones como los tribunales o los servicios sociales.

Tres palabras clave constituyen el hilo conductor del trabajo que caracteriza a esta experiencia: complejidad, multiintervenciones y multiculturalidad. Hay que construir un contexto que haga posible las diferentes intervenciones de *counselling*, mediación y terapia, que permiten redefinir las relaciones familiares en el marco de las diversas redes. Una metodología de trabajo basada en multiintervenciones que tengan en cuenta la multiculturalidad (Linares, Moratalla y Pérez, 2021), que se adecua a las exigencias y solicitudes de los migrantes a un servicio público. Todo ello con base en límites y posibilidades y, en definitiva, en recursos y significados que originan historias y problemáticas diversas según la cultura. La complejidad supone un cambio epistemológico y el correspondiente trabajo sobre los prejuicios de los profesionales.

Tanto los casos que describiremos en este capítulo como las reflexiones teóricas derivadas de ellos parten de mi experiencia en el centro histórico de la ciudad de Génova. Se trató de un trabajo en el sector público, desarrollado durante muchos años con individuos y familias fundamentalmente migrantes provenientes de América Latina, países árabes, Nigeria, China, entre otras regiones del mundo.

Ciro y la reconstrucción de una red familiar

Ciro era un adolescente cuya madre, separada del marido, vivía en un pueblo del valle del Po con un nuevo compañero, antiguo amigo y mafioso como aquel. La mujer se llevó consigo a Ciro, dejando en Génova a dos hijas, una que entonces contaba 15 años y otra mayor de edad y ya emancipada. Ciro, maltratado por el compañero de la madre, se escapó de casa y huyó a Génova donde, localizado por los servicios sociales, fue enviado a una comunidad. Sin ningún punto de referencia, Ciro intentó suicidarse.

La trabajadora social y la psicóloga localizaron a los miembros de la familia y realizaron con ellos una serie de sesiones. El padre, detenido por contrabando, disfrutaba de permisos de trabajo y podía salir de la cárcel durante la jornada. La hermana mayor, casada, aunque vinculada a Ciro, intentaba alejarse del modelo familiar; vivía con el marido, trabajaba honestamente y no deseaba retomar el contacto con la familia, de la cual consideraba haber recibido únicamente daños. La hermana menor

> mostraba los primeros signos de malestar social: faltaba a la escuela, fumaba hachís y frecuentaba compañías poco recomendables. La madre y su nuevo compañero no representaban para Ciro una posible alternativa a la comunidad, dadas las malas relaciones que se evidenciaron desde las primeras sesiones.
>
> Ciro no quería quedarse en la comunidad, se escapaba a menudo y cometía actos autolesivos y finalistas. Su petición era regresar a Génova, con la expectativa de encontrarse con su familia que, de hecho, ya no existía, rechazando categóricamente propuestas de familias de acogida. Los profesionales, en diversos encuentros con el padre, las hermanas y Ciro, intentaban construir una red familiar capaz de acoger y sostener a todos, con sus malestares, brindándoles la posibilidad de un apoyo recíproco.
>
> Así se construyó una nueva organización familiar: la hermana más joven, que a esas alturas ya era mayor de edad, junto con Ciro, fueron a vivir a una casa junto a la de la hermana mayor. El padre, a pesar de vivir en la cárcel, tenía la posibilidad de salir a trabajar, pudiendo pasar primero por la casa de los hijos para despertar a Ciro y acompañarlo al colegio. Por la tarde, antes de regresar a la prisión, podía pasar un rato con los hijos, ayudándoles en lo que necesitaran. Esta experiencia de reconstrucción de los vínculos familiares emergía de nuevos hábitos aprendidos (comidas en familia el domingo, proyectos de futuro compartidos por todos, etc.).

En este caso es posible descubrir la presencia de una doble red: una social, de apoyo a la familia, compuesta por los profesionales y por el educador que servía de tutor a Ciro, y una familiar, construida inicialmente en torno al problema de Ciro, pero que luego respondió al «deseo de familia» de todos los componentes. Así como la ruptura del primer núcleo familiar había sido traumática y deprivante para todos, ahora Ciro retomó de modo regular la asistencia a la escuela y la hermana menor abandonó el estilo de vida previo para construirse un futuro profesional. En cuanto al padre, que nunca se había hecho cargo de los hijos, fue a vivir con ellos al salir de la cárcel, recuperando capacidades parentales. Son significativas las palabras del padre en una carta que envió a la trabajadora social y a la psicóloga para agradecerles el trabajo y el apoyo prestado: «Ustedes me han hecho saber lo que es ser padre».

La red social es un proceso en constante evolución, que surge de las interacciones entre los individuos y busca su sentido en el conjunto mismo de tales interacciones. Es un sistema abierto, multicéntrico y no jerárquico. Como se evidencia en el caso de Ciro, a través de la interacción permanente, el intercambio dinámico y diverso entre los actores de un colectivo (la familia, el equipo de profesionales, el barrio, distintas organizaciones, como la cárcel, la escuela, el centro comunitario, entre otros) y con integrantes de otros colectivos, posibilita la potenciación de los recursos que poseen y la creación de alternativas novedosas para fortalecer la trama de la vida. Cada miembro del colectivo se enriquece a través de las múltiples relaciones que cada uno desarrolla, optimizando los aprendizajes al ser estos socialmente compartidos. Veamos a continuación un caso ejemplar del trabajo de red con familias migrantes.

Samira y sus tres hijos

> Samira era una mujer de origen peruano con tres hijos, de 10, 8 y 6 años, cuyo caso fue derivado por el tribunal al distrito a raíz de una denuncia de los vecinos.
>
> En la primera reunión con ella fue evidente el hecho de que trabajaba por la noche (de las cinco de la tarde a las cuatro de la madrugada) como cocinera en un restaurante ubicado a una hora y media de distancia de su casa. Miguel, el hermano de Samira, vivía con ellos, era alcohólico y maltrataba a sus sobrinos. La madre, con pocos recursos y problemas de depresión, daba la impresión de encontrarse a merced de las olas. Tenía una pésima relación competitiva con su hermana Julia, que parecía ayudarla pero la descalificaba continuamente en sus roles de mujer y de madre. Los niños, abandonados a su suerte, vivían en la calle, donde a menudo hacían mucho escándalo. Cenaban en casa de la tía, pero regresaban tarde a la suya y, sin nadie que los acompañara, se iban a dormir solos.

La trabajadora social y la psicóloga invitaron a la familia a una sesión en la que, en vez de trabajar solo con ellos y hacer un diagnóstico, decidieron desarrollar un proyecto articulado que implicara a otros servicios. En calidad de distrito, se hicieron cargo de la situación familiar: asumieron la petición del juez y, en el marco de un contexto evaluador, propusieron transformar la peritación en una «intervención para el cambio» (Mastropaolo, 2019), una metodología orientada, como ya se ha descrito antes, para redefinir las relaciones familiares, con la instauración de una parentalidad más responsable.

La madre aceptó seguir este camino y se decidió trabajar con el sistema ampliado, interviniendo de forma específica sobre los diversos subsistemas: con Samira y Julia, para que emergiera la situación de conflicto entre las hermanas y ayudarlas a encontrar nuevas modalidades relacionales; con Samira y Miguel, para evidenciar el miedo que él le producía a ella. Además, en esta redefinición de las relaciones, se crearon las bases para motivar a Miguel a afrontar su alcoholismo, a cuyo efecto se entró en contacto con el servicio de tratamiento a las adicciones. Por último, se trabajó con Samira y con sus hijos para ayudarla a encontrar su función parental y a desarrollar su propia autonomía.

Se propusieron soluciones que, de hecho, permitieron una gestión alternativa de los niños. Se obtuvo de la Administración Municipal una modalidad particular de acogimiento educativo con apoyo económico: en vez de pagar un colegio, el Ayuntamiento financió la intervención de un educador en casa, tarde y noche, encargado de llevar a cabo un seguimiento a los niños, y también de procurar que Samira coincidiera algunas horas con él para sostenerla en la redefinición de su maternidad y de su capacidad normativa con los hijos.

La función de coordinación de las intervenciones por parte del equipo favoreció la colaboración con los otros servicios: con el de tratamiento a las adicciones por el alcoholismo de Miguel, con el de salud mental por la depresión de la Samira, y con la Administración Municipal por el singular acogimiento educativo de los hijos. Esta intervención integrada permitió

> redefinir la situación: en un tiempo relativamente breve la madre, sintiéndose apoyada, consiguió gestionar a los hijos, y su hermano, aunque con dificultad, siguió un programa de rehabilitación y después otro de reinserción laboral con una nueva vivienda independiente.

Este trabajo muestra claramente la importancia de la estructuración de la red. Aunque el sistema familiar aprovecha su propia red interna, cuando entra en contacto con los servicios sociales ingresa en un sistema más amplio que aporta nuevos recursos. Una característica de las redes es que, a mayor número de «nudos» y conexiones, más recursos ofrecen, por lo que tener un gran número de colegas y de relaciones en un determinado campo de trabajo ofrece grandes oportunidades.

Los profesionales trabajan a menudo en contextos en los que la cooperación resulta esencial, pues con frecuencia se ocupan del mismo caso desde perspectivas distintas, lo cual hace imprescindible coordinarse para lograr los objetivos que se persiguen. El proyecto sobre el caso se construye y se elabora de forma concordada entre los diversos servicios, y se desarrolla en una diversidad de intervenciones basada en las competencias de cada uno. El efecto final del trabajo es el éxito de un proyecto del cual se han movido los hilos conjuntamente.

Sin embargo, en la relación entre los servicios se comprueba a menudo una simetría, como, por ejemplo, cuando en un caso el servicio materno infantil se decanta por el hijo, mientras que el servicio de tratamiento a las adicciones se alinea con la madre. Solo superando la simetría entre servicios, en la coordinación por un proyecto común, se realizará una intervención eficaz para todos. En tales casos, el éxito o el fracaso de las intervenciones deben ser compartidos, porque la responsabilidad es de la red. Así pues, en contextos de creación de una red técnica de profesionales es necesario que la información circule correctamente para gestionar los recursos de la forma más eficiente.

De hecho, la gestión y la realización del proyecto no son tareas simples, ya que, con frecuencia, los profesionales están *cristalizados* en su propio rol y en la propia función institucionales. Hay que conseguir agrandar las mallas de la red que se moviliza para apoyar a la familia; una red capaz de acoger las necesidades de modo global y multidisciplinar, respetando los diferentes roles y las diversas profesionalidades. En el caso que nos ocupa, el servicio social asumió una función de coordinación de los restantes servicios, compartió el objetivo de la intervención y exploró distintas formas de actuación según las competencias particulares, haciendo posible que la madre recuperara su parentalidad, gestionando a los hijos y resolviendo algunas problemáticas familiares. Esta intervención, que duró casi dos años, permitió la recomposición del núcleo familiar.

Cada red define de manera implícita las características que deben tener sus miembros y actúa de forma conservadora, compartiendo determinados valores y una cierta condición con respecto a ellas. Esto se da en el mito familiar; por ejemplo, no se puede pertenecer a una red de judíos sin ser judío. No obstante, nada es inmutable, y lo imprevisto puede hacer que cambien las reglas y, eventualmente, el mito. Pero ¿qué es el mito familiar?

El primero en teorizar sobre el mito familiar fue Antonio J. Ferreira (1978), que lo consideró un elemento homeostático del sistema. Para este autor el mito sería una construcción simbólica de la familia, que la defiende y protege de las amenazas del cambio. Sería una distorsión de la realidad, inconsciente y disfuncional. Bagarozzi y Anderson (1987), en cambio, atribuyen al mito todas las ideas, creaciones y opiniones que forman la imagen de la familia, la cual, en general, se adapta a las transformaciones operadas por el sistema en el curso de su historia, y solo en algunas ocasiones se fija, se radicaliza y genera disfuncionalidades.

Un concepto más amplio que el de mito es el «paradigma familiar» (Reiss, 1980), que incluye no solo la imagen ideal que la familia tiene de sí misma, sino también la visión del mundo compartida por sus miembros. El paradigma se refiere a las formas en las que las familias construyen el ambiente social y a sí mismas con relación a este.

¿Cuáles son las características más destacadas de una red? La red se evalúa estructuralmente por las siguientes propiedades:

1. *Tamaño:* las redes pequeñas suelen ser poco efectivas; no cumplen su función cuando la situación de tensión y sobrecarga es excesiva o de larga evolución.
2. *Densidad:* es el grado de conexión entre los miembros. Si es muy elevada se favorece la conformidad con el grupo por presión social. Si el individuo se desvía, la densidad de la red favorece los procesos de exclusión y marginación.
3. *Composición:* proporción de individuos en cada área (familiar y profesional, principalmente, aunque también laboral, escolar, etc.).
4. *Dispersión o distancia geográfica:* afecta a los procesos de comunicación entre los miembros.
5. *Homogeneidad o heterogeneidad demográfica y social:* es el grado en el que se dan diferencias de clase social, género, cultura, etc.
6. *Atributos de los vínculos específicos:* duración de la vinculación, intensidad de la misma, etc.

La red relacional personal tiene unas funciones, definidas por el tipo de intercambios entre sus miembros. Algunas de estas funciones son la compañía social; dar apoyo emocional y consejo; servir de modelo de interacción; regular el control social (neutralizando desviaciones del comportamiento, disipando la violencia o el conteniendo la frustración); elaborar rituales sociales que favorezcan la retribalización; dar ayuda material y de servicios; permitir el acceso a nuevos contactos y relaciones sociales.

Las redes tienen un gran peso desde el punto de vista económico, siendo contenedores de recursos sociales y económicos, esto es, el llamado capital social. Por ejemplo, si mi hijo busca trabajo, hablo con un amigo; si estoy enfermo y en mi red hay tres médicos, me dirijo a alguno de ellos.

Si la red es amplia y con alto grado de densidad, dispone de un número mayor de recursos, que se construyen y se redistribuyen dentro de ella. Por otra parte, todas las redes sociales tienen un cierto grado de clausura: o formas parte de ellas o no. Para formar parte de ella necesitas poseer determinadas características, dado que, no lo olvidemos, son abiertas solo hasta cierto punto.

El nivel de pobreza de una familia pobre está determinado según esté más o menos inserta en una red. La solidaridad es una de las características del intercambio con el que se redistribuyen los recursos de la red. Si la familia es pobre pero forma parte de una red social relativamente rica, no le falta de nada, porque la red de solidaridad hace circular los recursos. Si una familia es pobre y está aislada, entonces es verdaderamente pobre y vive una pobreza dura y pesada.

Estas estrategias, que llamaremos «estrategias de vinculación» (Klefbeck, 1995), tienden al fortalecimiento del lazo social, promoviendo la restitución comunitaria como un modo de recuperar las modalidades sociales de resolución de situaciones percibidas como problemáticas. Considerada la ineficacia de numerosas mediaciones institucionales, dichas estrategias tienden a evitar la institucionalización de niños y niñas cuyos problemas pueden resolverse brindando apoyo a aquellos que sostienen su crianza.

La red promueve el reconocimiento de la transferencia de funciones básicas a sujetos sociales no percibidos con claridad por el sistema dominante, pero que desempeñan una función esencial en la vida de las personas. Desde esta perspectiva, la mirada no está puesta en relaciones prefijadas biológica o jurídicamente, sino que prevalecen los vínculos que se establecen en un momento histórico y en un contexto determinados, a través de territorios móviles, de múltiples interacciones y del reconocimiento de una diversidad de voces y saberes.

Caso Ahmed: mediación con familia acogedora

Ahmed, hijo de un camionero marroquí, llegó a Génova con su padre, mientras que su madre y sus hermanos se quedaron en Marruecos. A través de la relación amistosa con Paolo, compañero de escuela, Ahmed empezó a acudir la casa de este: con frecuencia comía allí y pasaba con ellos tiempo de ocio y tiempo dedicado a los deberes escolares.

La familia de Paolo pensaba que Ahmed podría pasar más tiempo en casa y se propuso espontáneamente como acogedora,

> algo que en principio no estaba en sus planes. Los servicios sociales intervinieron solo para sancionar oficialmente una relación ya existente, puesto que Ahmed ya vivía con ellos, regulando el vínculo mediante un proceso de acogida administrativa. Después de unos meses se decidió hacer una intervención.
>
> Se invitó a las dos familias a un encuentro con un mediador marroquí para facilitar el relato de las respectivas historias y el intercambio de puntos de vista respecto de lo que consideraran importante en sus modelos educativos. El objetivo era que se conocieran y pudieran entrar en la mentalidad de los otros con el fin de que Ahmed no perdiera sus referencias familiares y culturales de origen. La familia acogedora pudo exponer las dificultades que surgieron cuando Ahmed necesitaba disponer de espacios propios, que chocaban con la manera de funcionar de ellos. El hecho de realizar una serie de entrevistas conjuntas les permitió conocerse y entender las necesidades recíprocas, también desde el punto de vista cultural. Esto facilitó controlar el problema que surgió con la hermana de Paolo, Anna, que encontraba dificultades de acoplamiento en la nueva organización familiar, resultado de la llegada de Ahmed. En principio Paolo y Ahmed compartían y distribuían su espacio, lo cual ponía a la adolescente Anna en una situación difícil: se enfadaba, pero no decía nada. Se le preguntó directamente cómo había cambiado su vida desde la llegada de Ahmed, lo que le permitió hacer requerimientos familiares, solicitando un espacio propio. Esta revelación permitió explorar el problema existente entre Anna y Ahmed, evitando que la relación entre ellos derivara en conflicto.
>
> La estrecha relación entre Paolo y Ahmed también tuvo que reestructurarse: Paolo hizo nuevas amistades a través de las actividades en el gimnasio y Ahmed lo hizo con chicos marroquíes.

Este ejemplo demuestra que es posible construir una red espontánea entre culturas diferentes, que se mezclan con base en el entusiasmo. La intervención del servicio propició el encuentro entre el padre marroquí y la familia de acogida italiana. La participación del mediador marroquí permitió que de la confrontación de las dos culturas surgiera la comprensión, una definición sobre los significados recíprocamente atribuidos al proceso educativo y un acuerdo sobre las modalidades de crecimiento de Ahmed. Además, facilitó la emergencia de las problemáticas de identidad conectadas con la inserción de Ahmed en la familia de acogida: la fusión de las dos culturas había provocado un debilitamiento de las respectivas identidades, que necesitaban clarificación y reformulación. Así pues, la intervención asumió las connotaciones de una reorganización de la red sobre la base de la diversidad.

Todo sujeto tiene vínculos que no se limitan a la familia nuclear o extensa. Son vínculos que representan la red relacional personal, que constituye una estructura intermedia entre el sistema familiar y las otras estructuras sociales más amplias. En situaciones como las examinadas, hay siempre una red que hace de apoyo a las partes; para reestructurarla, hay que deconstruir las conexiones y reconstruir nuevos puntos nodales. Y para poder cambiar las relaciones es necesario discutir las premisas.

Desde una perspectiva narrativista, Sluzki (1992) diferencia en la red no solo su potencial apoyo social, sino también la relación que existe en ella entre la construcción de la identidad y la «construcción del problema». Según el modelo narrativo, las historias adquieren significado en determinados contextos y en marcos de referencia. La ecología de las historias comprende tanto el sistema familiar como el sistema cultural más amplio, que las avala. La descripción de las redes permite trabajar con sistemas pertinentes e individuar la red significativa.

Para Sluzki (1996), la red social contiene, sostiene y es producida por historias que constituyen la identidad de sus miembros, legitima la posición social de los participantes y es generadora, y a veces depositaria, de la existencia simbólica de sus miembros. Esta red social personal es una estructura frágil, cuyo centro es arbitrario, fluctuante y circunstancial. Así, estar presente en la vida de los otros constituye un proceso sin fin de construcción del yo y de los otros en la relación, de memoria y de reconstrucción del pasado, del presente y del futuro, individuales y colectivos, de sus miembros, entrelazándose hasta constituir el cuerpo de nuestro mundo social.

Una visión sistémica de la familia y de la propia red relacional significativa implica tener en cuenta que ambas son sistemas fluidos, de fronteras móviles y no siempre claramente definidas, y en evolución constante.

Sluzki y su modelo de red es una referencia útil para observar de forma circular no solo al individuo y a la familia, sino también al terapeuta (o mediador o consultor) en su práctica profesional.

Los recursos de la familia, tanto externos como internos, están estrechamente ligados entre sí. Es el observador quien los separa de forma artificial. La familia y el individuo no se apoyan solo en sus recursos internos, sino que existe una estrecha conexión entre ellos y los otros sistemas con los que recíprocamente se influencian, relacionándose exactamente como los nudos de una red.

Cuando hablamos de «nudos de una red» nos referimos a pequeñas estructuras que poseen coherencia interna, pero que forman el centro de una red más amplia. Por ejemplo, el tribunal forma parte de una red si lo conectamos con los servicios, las familias, etc., pero si lo observamos con más atención podemos ver su estructura de conjunto: magistrados, secciones diversas, presidentes, abogados, etc.

Desde la cibernética de segundo orden, el sistema es definido por el problema, o, lo que es lo mismo, el sistema se construye en torno al problema. Esto quiere decir que, en última instancia, el problema reside en su descripción. Es la definición del problema lo que decidirá quién formará parte de él y quién permanecerá ajeno. No siempre la familia será la protagonista, pudiendo ocurrir que lo sea, en cambio, alguna figura aparentemente periférica (un médico, una maestra, la tía anciana o una vecina demasiado voluntariosa), que contribuye a mantener el problema porque participa activamente en las narraciones en torno a él.

Todo sistema puede ser considerado como una aglomeración idiosincrásica de personas que comparten una definición, una narración, y la mantienen viva mediante el proceso de la conversación. En este terreno, todo profesional trabaja simultáneamente en, al menos, dos frentes:

1. *El dominio de las acciones:* se trata de la asunción de responsabilidades respecto del propio mandato social, por el cual el profesional debe decidir sobre algunas acciones a cumplir en tiempos establecidos (por ejemplo, alejar a un progenitor maltratador, asignar un alojamiento, valorar una violencia, investigar un posible incesto, etc.).
2. *El dominio de las narraciones:* se trata de trabajar con las explicaciones que las personas ofrecen sobre sus acciones para construir junto con los usuarios una narración compartida, que sea procesual y evolutiva y que englobe tanto aspectos negativos como las potencialidades de la misma situación.

Es importante que el profesional diferencie estos dos planos, tanto en su cabeza como explícitamente con los usuarios.

En cualquier caso, se ha de tener en cuenta que será el observador quien haga un corte arbitrario para definir cuál es la red del individuo y focalizar el trabajo sobre ella, creando de este modo un sistema más preciso y una red más nítida.

El análisis del contexto: red y nudos

En la red se distinguen los nudos y las líneas de interacción. La finalidad de la intervención dentro de la red relacional es potenciar la coherencia, entendida como compartir narraciones y visiones del mundo. Por ejemplo, promover que una pareja cuente su historia aumenta su coherencia y ayuda a coordinar las actuaciones en sentido concreto.

Un punto fundamental es la comunicación eficaz, en la que las personas se comprendan de verdad a través de la capacidad de descodificar la comunicación en todos sus aspectos y de metacomunicar. Otro elemento importante es que el sistema reconozca y valore los puntos de vista de los otros nudos de la red en los que se coloca para compartir su mapa con la mayor amplitud posible. De este modo la coherencia del sistema aumenta, haciéndose más flexible y proclive al cambio.

Una característica del modelo organizativo de las redes complejas es que las decisiones se elaboran de forma más eficiente cuando la información es compartida por toda la red, siendo los miembros que componen su periferia (que intercambian interacciones entre sí) los que toman las decisiones sin pasar por el centro directivo.

Mientras más densa es la red, mayores son las oportunidades. Cuanto mayor es el número de nudos y de conexiones, mayores son los recursos que la red ofrece. Por eso, tener un gran número de colegas y de conexiones en un campo de trabajo abre grandes oportunidades. Red llama a red. Toda red que nace de otras redes aporta algún recurso más. De las mismas redes pueden nacer otras estructuras de redes y otros grupos. Esta riqueza de conexiones pone en movimiento más ideas y promueve la construcción de proyectos y recursos en el territorio.

El educador está llamado a desarrollar un rol particular en la red, consistente en esencia en educar sin sustituir a los padres. En caso contrario, si se autopropone como «mejor progenitor» o como «mejor profesional» (terapeuta, asistente social, juez, etc.), entrará en simetría y su trabajo se perderá. Es fundamental compartir el propio rol con otros profesionales menos familiarizados con estos temas y salir de la lógica del juicio razón/equivocado.

Trabajo en red y contextos de colaboración

El campo de intervención mental revela, con el trabajo en red, la multidimensionalidad del marco de trabajo en el que los profesionales se deben mover. Estos no pueden ignorar que una buena parte de su labor no se puede circunscribir al individuo identificado como paciente, ni tan solo a la familia, sino que tiene que incluir el contexto interaccional significativo y el entorno social en el que los problemas adquieren su propia legitimidad.

Se ha de tener en cuenta que el perfil de la red es variable, y hay constancia de que la red relacional personal difiere bastante según se trate con la población en general o con personas psiquiátricamente consideradas problemáticas. Así, la red del «neurótico» tiene un alcance de seis a doce personas, a menudo muy alejadas geográficamente entre sí, o incluso difuntas; la red del «psicótico» es aún más frágil, aunque sus lazos sean más estrechos y de mucha más dependencia. Algunos autores han demostrado que la red de personas que han solicitado ayuda psiquiátrica suele estar dominada por la familia más próxima, y entre sus miembros hay pocos que cumplan una función ejecutiva utilitaria (Elkäim *et al.*, 2000).

Aunque la sociología ha explorado el concepto de red con mucha precisión, para el trabajo psicoterapéutico sus reflexiones resultan interesantes, aunque poco operativas. Es por esta razón que Gerald D. Erickson (1984) propuso una tipología ligada al trabajo con problemas de salud mental. Según este autor, habría tres niveles de redes técnicas con tres subclases, a saber:

1. *Red personal extensa:* incluye, con un tamaño variable, a la familia, amigos, vecinos, compañeros de trabajo y profesionales que el paciente puede nombrar.
2. *Red personal disponible:* estaría formada por todas las personas que interactúan con el paciente.
3. *Red personal efectiva:* sería el conjunto de personas que están implicadas en el momento de afrontar una dificultad.

Las subclases serían:

a. *Red de acción temprana:* definida por las personas que interactúan con el paciente antes de que se genere la crisis. Su participación es muy activa en la definición del problema y suelen sugerir alternativas que alivien la situación, ofreciendo apoyo moral, informativo o instrumental.
b. *Red de acción en crisis:* estaría formada por los profesionales implicados en la entrada del paciente en el circuito de atención especializada. Está compuesta por los trabajadores sociales, maestros, jueces, policía, etc.
c. *Red de tratamiento:* la componen las personas implicadas directamente en el tratamiento del paciente, y son un recurso para los profesionales, ya que es en este ámbito

donde se deben conformar los llamados contextos de colaboración.

El trabajo en red se centra, en su forma más clásica, en conseguir tres importantes objetivos:

1. *Construcción de la red:* se usa cuando el paciente carece de vínculos sociales o su red es escasa, por ejemplo, en casos de migración, situación de divorcio, enfermedad crónica o excarcelación. Se trata de volver a ligar al paciente a una red de vínculos significativos para él.
2. *Potenciación de la red:* se busca reorganizar la red ya existente del paciente para conseguir incrementar el apoyo social que la red puede brindarle. Son intervenciones guiadas en situaciones definidas como de «crisis», cuando el sistema parece haber perdido el control y los profesionales intentan evitar ingresos.
3. *Modalidad de prevención:* se trata de intentar, dentro de la propia red comunitaria, la detección temprana de los problemas, buscando medidas de contención para evitar la derivación hacia instituciones y profesionales especializados.

Como podemos observar, la intervención en red propugna ampliar la mirada del profesional sobre los fenómenos sociales que pueden estar influyendo en el mantenimiento de los problemas. Se trata de modificar la posición de los pacientes en su red o cambiar su función o, finalmente, ayudar a una revinculación diferente y nueva.

Estos objetivos no son, por supuesto, excluyentes entre sí. Juan Rodríguez Abellán (en Navarro Góngora y Beyebach, 2002) resume los objetivos de la terapia de redes en los siguientes puntos:

— Resolver un problema individual o familiar grave cuando las alternativas del sistema familia/terapeuta son insuficientes o han fracasado.
— Facilitar los procesos de comunicación entre redes familiares, sociales y asistenciales.

- Evitar situaciones de confrontación de instituciones asistenciales que trabajan sobre una misma problemática.
- Acelerar los procesos de resolución de crisis agudas en sistemas con alta incidencia social o institucional.
- Plantear nuevas alternativas asistenciales en situaciones de cronicidad clínica.
- Prevenir etapas de alto riesgo en sistemas familiares con problemas crónicos.
- Optimizar los recursos terapéuticos y asistenciales de determinados contextos (clínico, asistencial, educativo, etc.).
- Evitar disfunciones relacionales en el seno de las instituciones.
- Aplicar programas de salud mental en instituciones asistenciales de alto riesgo profesional.

Caso Gianluca

Los problemas de conducta de Gianluca en el colegio fueron el detonante para que sus padres se dirigieran al servicio asistencial. Se trataba de un niño discapacitado (tetraparésico), encerrado en sí mismo, que no hablaba con los compañeros y no caminaba. El centro de rehabilitación que lo atendía lamentaba no obtener resultado alguno. Gianluca habría podido caminar con muletas, pero, a causa de sus problemas psicológicos, ni siquiera se acostaba en la camilla. Varias veces había sido derivado para terapia, pero la familia no lo aceptaba.

Los padres, personas muy primarias, deprimidos por la discapacidad de su hijo, se sentían inútiles e impotentes, y transmitían estos sentimientos a Gianluca. La limitación que significaba la dificultad motora se había convertido en la limitación de su vida: debían transportarlo en brazos y los planes de rehabilitación fracasaban.

En la escuela habían dejado de protegerlo, eran muy exigentes con Gianluca, pidiéndole hacer las mismas cosas que demandaban a los demás alumnos, rechazando la petición de la familia de hacerlo repetir para poder recomenzar en otra clase.

Gianluca era inteligente, pero estaba solo; hacía bromas tontas y se mostraba agresivo con los compañeros. Los profesores lamentaban que no tuviera ganas de estudiar, y tendían a atribuir sus problemas a la familia. Esta, por su parte, al ver el cuaderno de su hijo lleno de notas, la emprendía con la escuela: «Pero ¿qué quieren en la escuela? ¿No se dan cuenta de que Gianluca es espástico?».

Solo después de tres sesiones, a las que se invitó a todo el cuerpo docente, se pudo redefinir el problema. Se evidenció una simetría escuela/familia. La familia se sentía acusada por la escuela de las dificultades escolares del niño, desbordada como estaba por los problemas de la rehabilitación. La escuela, a su vez, culpaba a la familia de no exigirle lo suficiente a su hijo por una mal entendida protección a causa de su discapacidad. Por último, Gianluca, como ocurre a menudo, intentaba utilizar el beneficio secundario de la discapacidad: «Puesto que las cosas están así, a ver quién me hace estudiar». Como no podía usar las piernas, se había empeñado en no usar tampoco la cabeza que, por otra parte, le funciona muy bien. Estaba obsesionado con su condición, desaprovechando sus otras aptitudes que podrían permitirle construir un futuro laboral.

En el curso de la intervención Gianluca cambió su comportamiento, permitiéndole obtener brillantes calificaciones al siguiente año, modificando las relaciones con sus compañeros de conflictivas a amistosas. Solo entonces pudo empezar la terapia y la familia aceptó el contrato que se le proponía para trabajar sobre el malestar que la situación de Gianluca había generado en todos.

¿Cómo se trabaja con los prejuicios?

El prejuicio puede representar un elemento de molestia y un obstáculo, cuando no un factor de bloqueo. Es una lente potente que impide el progreso de la intervención. Por tanto, es imprescindible una deconstrucción del prejuicio que permita una nueva construcción del contexto. En el caso de Gianluca, el prejuicio de la escuela era: «Podría hacer, pero no hace y la familia no le ayuda». En consecuencia, la dirección que toma la red es de tipo punitivo expulsivo. Si se desestructura el prejuicio y la perspectiva se modifica («Es un muchacho con dificultades»), entonces la dirección cambia también («Ayudémoslo, a ver lo que podemos hacer entre todos»), abriendo un espacio para la intervención y el cambio.

El prejuicio (*pre-iudicium*, juicio dado antes de la observación efectiva de cuanto ocurre en la interacción) permite una simplificación en los procesos de pensamiento y de comprensión del mundo circundante. La «cultura de pertenencia» influencia notablemente la emergencia y la consolidación de algunos prejuicios sociales: desde la simple diferenciación de los roles parentales hasta la marginación de ciertos grupos de individuos (homosexuales, inmigrantes, drogadictos, etc.).

La base del prejuicio es la adherencia a una «verdad», un modo de masacrar a los otros y a sí mismo. Y vaya por delante que no es posible no tener prejuicios, ya que estos permiten una economía de pensamiento, representando un modo para categorizar eventos, situaciones o individuos similares; en este sentido, en cuanto tal, el prejuicio poseen una función social. Son la obstinada rigidez y el uso exclusivo como modalidad de razonamiento lo que hace a los prejuicios peligrosos y destructivos.

¿Qué se puede hacer con el prejuicio, siendo de tal modo inevitable? Cecchin (1997) sugiere que el mejor tratamiento del prejuicio es ser claramente consciente de él, en vez de empeñarse en la inútil empresa de intentar sacárselo de encima; pero recomienda intentar al menos comprender a la familia antes de aplicarle el prejuicio, en caso contrario se corre el riesgo de quedar tan ciegamente adherido a él que se encontrará siempre en la familia el defecto que se está buscando. Por otra parte, un prejuicio alternativo podría llevar a preguntarse qué funciona en esa familia: qué les ha permitido sobrevivir por tanto tiempo, activos y razonablemente cohesionados, hasta el punto de poder ir a terapia unidos en el intento de hacer algo para resolver sus dificultades. Cecchin sostiene que incluso en la historia más terrible se podrá descubrir siempre algo interesante.

Así pues, los prejuicios son inevitables y no necesariamente tributarios de una opinión negativa. Vale la pena atribuirles un valor como necesarios y como «reciclables», si se ponen al servicio de la conversación que se desarrolla entre la familia y los terapeutas, entre estos y otros colegas o entre la familia y sus miembros. En tales contextos, se pueden hacer emerger mediante preguntas circulares, en las cuales *ponerse en el lugar de* conduce a su deconstrucción.

Si hablamos de preguntas circulares, hay que precisar que se trata de preguntas caracterizadas por una «curiosidad» general sobre la posible conexión entre eventos, que no consideran el origen preciso o la causa de un acontecimiento. Su intención es exploratoria, y el argumento que las sostiene es que todo evento está conectado con cualquier otro evento que pueda ocurrir en un contexto dado y en un determinado momento. Se trata de preguntas organizadas con la finalidad de que emerjan los patrones de conexión entre personas, acciones y creencias/valores para ofrecer a los interesados hipótesis en las que no necesariamente habían pensado antes. Las «preguntas estúpidas» de Raúl Medina (2018) son una interesante variante a este respecto.

Al reflexionar sobre las explicaciones que los otros aportan se construye un mosaico en el cual cada explicación es una pieza inadecuada para representar al conjunto. Sin embargo, mediante la confrontación de las posiciones parciales en el grupo, los prejuicios emergen y se reconocen más fácilmente.

Caso Igor

Igor, un niño de 5 años en seguimiento por la asistente social, fue derivado a la consulta psicoterapéutica porque manifestaba síntomas de malestar psicológico. Vivía con su madre, que en el pasado había tenido problemas con las drogas, y con su abuelo materno. Su padre había desaparecido apenas supo que esperaba un hijo, incapaz de asumir responsabilidades parentales. La madre contó que su excompañero se había marchado al Líbano y desde hacía años no tenía noticias suyas.

Durante las primeras sesiones emergió el hecho de que Igor frecuentaba a los abuelos paternos, por lo que fueron invitados a participar. En la siguiente sesión la abuela desveló el gran secreto familiar: el padre de Igor, Hugo, en realidad vivía en la ciudad con otra mujer, con frecuencia iba a comer con ellos y se marchaba un poco antes de que llegara Igor. Nunca ha querido ver al niño, pero su presencia en la casa de los abuelos es claramente perceptible. Igor, por tanto, vivía una situación de profunda confusión, en la que la figura del padre era imaginada, sentida, percibida, pero no conocida ni vivida.

Los terapeutas hipotetizaron que esta situación provocaba en el niño incertidumbre y confusión. La abuela afirmó que Hugo ya estaba dispuesto a ver a su hijo, y los terapeutas aceptaron contentos encontrarse con él, arguyendo que, en cualquier caso, sería bueno que definiera su posición, saliendo del limbo de indecisión para elegir si se ocuparía de Igor o no.

Tras fuertes presiones de su madre, Hugo se presentó en el servicio de asistencia expresando el deseo de empezar a ocuparse de su hijo. Vista la gran discrepancia entre el deseo expresado verbalmente por Hugo y sus actuales expectativas de vida, después de salir recientemente de problemas con las drogas y centrado en la historia con su nueva novia, la terapeuta valoró con él quién de su entorno estaría feliz con su decisión de hacer de padre. Hugo afirmó que toda su red familiar estaría contenta con esta opción.

La terapeuta le preguntó qué creía que pudieran pensar los servicios asistenciales, a lo que Hugo respondió que los servicios solo pueden pensar que es bueno para un niño tener un padre. Frente a esta respuesta, la terapeuta redefinió su posición: «Debería ser bueno para un niño tener un padre, pero no siempre es bueno para un niño tener un padre». Esto depende de las circunstancias y de las posibilidades de la relación.

Liberado del dilema del «deber ser», Hugo eligió seguir su camino, permitiendo a quienes continuarían junto a Igor que le aclararan la opción de Hugo de no hacer de padre. Hugo se sentía en conflicto consigo mismo y pensaba: «Haga lo que haga, me equivoco. Si tomo contacto con mi hijo me equivoco porque traiciono mis exigencias; si no lo veo, me equivoco también porque no respondo a las expectativas de los otros».

La terapeuta reelaboró el conflicto, transformándolo en alternativa de opciones, y redefinió la epistemología del servicio, liberándola de la colusión con el prejuicio de la familia.

El distrito: cómo se cambia la perspectiva de un servicio

Al terapeuta sistémico se le plantea a menudo la necesidad de cambiar la perspectiva de un servicio, pasando de una lógica dicotómica y lineal a otra compleja. Ello implica pasar de la costumbre de actuar con urgencia, sin reflexionar, a razonar juntos y comprender, para insertar el caso en el contexto más amplio de la familia en relación con las instituciones y los servicios.

Antes de intervenir hay que analizar los casos, controlando la tendencia a actuar. Se trata de verificar los espacios de una intervención correspondiente a un proyecto a largo plazo, que prevé la inclusión de los sistemas más amplios. Hay que ampliar el contexto, sin considerar solo el caso aislado, sino también la familia nuclear, la familia extensa, la escuela y otros macrosistemas implicados, como el tribunal («¿Qué creen que piensa el juez?»), los servicios sanitarios («¿Qué han hecho y qué pretenden hacer?»), el voluntariado, las asociaciones, etc. Y, claro está, ello supone pasar de intervenir aisladamente y sin intercambios a coordinarse con los otros profesionales, del propio servicio o de otros, comunicándose informaciones, construyendo y compartiendo un proyecto que incluya las aportaciones de todos. Es necesario creer en la fuerza de la coordinación de los servicios.

Finalmente, en referencia a los padres y a las madres, se impone pasar de la simple valoración diagnóstica a trabajar por la recuperación de sus capacidades parentales.

La idea de fondo

Un servicio que reproduce la lógica de los usuarios no puede introducir elementos de innovación que induzcan al cambio. Para superar el riesgo de que el equipo se estructure en la misma forma que la realidad de la que se ocupa (familias multiproblemáticas), saliendo de la dicotomía bueno/malo, se propone una lectura que supere estos prejuicios y que esté definida por la complejidad.

El servicio social funciona correctamente solo si tiene una epistemología fuerte y proyecta una imagen de asumir responsabilidades y capacidad de elegir a las personas, introduciendo perturbaciones que rompan la rigidez de ciertas formas relacionales y comunicativas que se han estructurado en el tiempo. Por otra parte, dado que los servicios se ocupan de realidades rotas y despedazadas, no es fácil que consigan dar a las familias una información fidedigna sobre la composición de la realidad. Es la colaboración de los servicios sociales implicados, mediante un proyecto de red, la que introduce complejidad y recompone la realidad de que se ocupa, reproyectándola de forma más funcional.

¿Cómo insertar la acción del profesional en las dinámicas interpersonales y sociales? Es necesaria la observación del sistema, pero también la observación de sí mismo por parte del profesional en la relación con el usuario. Los profesionales de las agencias sociales muy a menudo no son conscientes de que la propia acción, en el juego interactivo, contribuye a construir relaciones y realidades.

El método de la «doble descripción» propuesto por Bateson (1973) sugiere que, en el análisis del proceso de intervención, hay que asumir un punto de vista binocular, que combine la observación del usuario y de sus relaciones significativas con la de las relaciones que se establecen entre profesional y usuario, por una parte, y su sistema de pertenencia, por otra. Así pues, no se trabaja sobre las familias, sino con las familias. Mediante la doble descripción, el profesional reflexiona sobre las dinámicas de la relación usuario-servicios, sobre sus propias premisas y acciones y sobre los significados que la misma intervención adquiere en el contexto de las relaciones del usuario. La «pauta que los conecta» emerge solo si no se considera una única perspectiva: el resultado del proceso está influenciado por el reconocimiento de la autonomía de los puntos de vista de los sujetos implicados y de su influencia en la construcción de la realidad.

Red de profesionales

Caso Wang: médico chino que permite una opción

El mediador cultural es la figura profesional que cumple la función de puente entre profesionales y usuarios extranjeros, traduciendo a ambos la lengua y explicitando los aspectos culturales cuya mala interpretación puede ser fuente de incomprensión recíproca.

Esta historia procede de un servicio público en el centro histórico de Génova dependiente del Ayuntamiento. Se trata de un barrio en el que siempre hubo delincuencia y tráfico de drogas, a lo que se suma una alta tasa de inmigrantes árabes, subsaharianos, latinoamericanos, asiáticos y eslavos, muchos de ellos sin documentos. Los casos suelen ser derivados por los jueces del Tribunal Tutelar de Menores, pero a veces pueden acudir espontáneamente.

> En cierta ocasión llegó al servicio social un mandato judicial que indicaba:
>
> > Hemos constatado que la niña de 5 meses de nombre Shong, de madre Wang y de padre Liy, se encuentra en Palermo, por oscuros motivos, después de que la madre se fue de casa porque tenía conflictos con el padre de la niña, y no obstante habían concordado que podía ver a la hija. Visto que la policía ha comprobado que la niña vive en Palermo con una familia, y no se entiende la situación, el Tribunal dispone que sea dada en custodia al Ayuntamiento de Génova y confiada a una familia acogedora en Génova por medio del servicio. El servicio evaluará la relación: madre/hija y padre/hija.

Se entiende muy bien la preocupación del juez, pero no se puede buscar una familia de acogida en tres días. En su mandato, el juez obliga a una intervención que ya está previamente definida. Se deduce que el juez desconfía del servicio social y da por supuestas muchas cosas. Las terapeutas no conocen a nadie que pueda acoger a la niña e ignoran lo que les pasó a los actores de la historia. Deciden hablar con el juez y, tras explicarle lo que piensan, hacen una primera mediación evitando la simetría. Obtienen el permiso: el juez les deja hablar con el padre y con la madre para evaluar la situación.

Primera redefinición con el juez: impedir que las cosas siguieran como estaban y llegar a un acuerdo con él sobre el proyecto. Serían «rápidos», sin hacer daño, como muchas veces había pasado en la relación con el juzgado.

La niña fue trasladada de Palermo a Génova y confiada a un lugar neutral, que permitía más posibilidades. Se buscó a la madre, sin resultado. Tenía miedo… Al final fue ubicada a través de un médico chino que se relaciona con la comunidad y haría de mediador cultural, traduciendo y explicando la mentalidad de la mujer china y la diferente atribución de significados. La madre, Wang, estaba siendo vigilada, por lo que el trabajo se llevaría a cabo en clandestinidad. Todos tenían miedo. Durante esos días, la prensa hablaba del asesinato de una mujer a manos de la mafia china.

Finalmente, se logró un encuentro con Wang en la primera sesión de trabajo. Se le leyó el mandato judicial, procurando también comprender su historia.

Wang vivía en China. Expresó que llegó a Italia, enviada por sus padres, a casa de un tío que la maltrató, la violó y la dejó embarazada. Buscó abortar sin conseguirlo. Vivió todo aquello en extrema soledad y desconfianza hacia quienes la rodeaban, como si estuviese secuestrada. Estuvo tres meses con la hija, luego acordó con el padre de la niña (su tío) que la dejaría verla; en lugar de ello, el padre de la niña la envió a Palermo a una familia italiana sin hijos, se cree que vendiéndosela. Wang encuentra fuerzas para denunciarlo.

La denuncia fue un acto de coraje. Temía que su tío le hiciera daño, e incluso que pudiera matarla.

En lugar de evaluar la relación madre/hija, se intentó comprender qué quería ella, reconociéndole así su dignidad:

Terapeutas: ¿Cuáles son los principales problemas para ti?
Wang: El primer problema es la seguridad personal.

Habla mucho de reparación a todos los niveles, de que en su país reaccionan ante estas situaciones con justa dureza, de fusilamiento y prisión. Está sorprendida de que las leyes en Europa no protejan a quien ha sufrido un daño así.

Terapeutas: ¿Qué esperas de la justicia?
Wang: ¿Hasta que yo recupere a la niña puedo recibir reparación del mal que me hicieron?

Wang habló de la deuda que tenía por haber viajado a Italia, que su tío no la ayudó ni le pagó el trabajo, sino que la explotó y abusó de ella. Decía que quería llevarse a la niña, pero enseguida hablaba de problemas de seguridad, mantenimiento económico, etc. No sabía qué hacer, cómo tener un proyecto, con la niña o sin ella. Pasaba de una posición a la otra y evaluaba con el equipo cada posibilidad: qué haría para trabajar en Génova o en otro sitio y si podría regresar a China.

Terapeutas: ¿Podrías regresar a China con la niña?
Wang: No, tengo que cumplir con las deudas.
Terapeutas: ¿Qué es pecado para ti?
Wang: En China pecado es perder la cara [el honor], no poder mirar de frente, a la cara, a las personas que me han querido. Nadie querrá unirse conmigo por haber tenido la niña. Cualquier hombre dirá por qué voy a unirme con una mujer que tiene una niña y el germen del mal.

Sus padres lloraban y no podían salir de casa por la vergüenza. El padre defendía al tío y la culpaba a ella.

El equipo empezó a introducir esta idea: Wang podía decidir si en ese momento era mejor que se ocupara de sí misma o de la niña; ya tendría la ocasión de hacer de madre, pues no todos los momentos son buenos para ello. Esta introducción de la elección del tiempo permitió a Wang evaluar todas las alternativas:

WANG: Si las cosas no van bien, esta niña siempre va a estar a merced de los acontecimientos. Educarla sería el problema menos grave, y si no lo consigo, dejarla después sería un sufrimiento mayor. Es mejor que vosotros, que me dais confianza, elijáis una familia. Pero si la familia no es buena, me sentiré culpable dos veces *(llora)*.

TERAPEUTAS: Es importante que tú te sientas libre para elegir: no es culpable quien elige por otro con honestidad [con cariño].

[...]

TERAPEUTAS: ¿Qué quiere decir para vosotros dar un hijo en adopción?

WANG: Hacerle fácil la vida. En China no se puede tener más que un hijo. Varón mejor que mujer, ya que entonces hay el problema de la dote. Es normal para los chinos, si nace una niña, darla a parientes cercanos que puedan adoptarla, así la pueden seguir viendo y van buscando tener un hijo varón.

Al final Wang decidió:

WANG: Me parece que para mí y para ella es mejor que se quede con otros.

Las terapeutas salieron de la sala para comentar. La trabajadora social expresó sus dudas:

TRABAJADORA SOCIAL: Me parece que Wang ha decidido, pero yo me quedo muy mal. Si no le hubiéramos dado toda la información...

Al regresar a la sala dijeron a Wang:

> Terapeutas: Fuimos encargadas por el juez, que nos ha pedido evaluar la relación madre/hija. Nosotras hemos tenido un objetivo diferente: hacer que tú decidas por ti misma y para tu hija lo que te parecía mejor y que evaluases hacer lo que permitiera estar bien a las dos. Que tengas en cuenta en tu elección cómo te ves mejor en el futuro: si madre con una niña, o sola. Respetamos tu decisión, sea la que sea, y pensamos que tú eres una persona digna de todo el respeto, con capacidad de tomar decisiones adecuadas para ti misma y para tu hija, aunque suponga dolor. Tú viniste aquí diciendo «me llevo a la niña». Nosotros hemos hecho contigo un trabajo de comprensión para ayudarte a salir del conflicto en el que te encontrabas contigo misma, intentando comprender qué es para ti pecado, ofensa, y justicia en tu cultura. Hoy has tomado una decisión diferente. Nosotros la aceptamos, pero nos hemos planteado una cuestión y la hablamos contigo: «¿Wang decide así porque no tiene toda la información y por eso se percibe más débil para tomar una decisión distinta de la adopción? ¿O porque, evaluadas todas las posibilidades, decide con libertad? ¿Sabe que renuncia al permiso de residencia porque en Italia una ley lo permite a quienes son madres aquí?».

> En el informe al juez se explicó el trabajo hecho con Wang y se adjuntó la carta que Wang escribió a mano en chino, traducida por la mediadora en italiano, dicen la que expresó: «He decidido dar a Shong en adopción, y pido garantías al juez de que vaya a una familia que le asegure una vida serena a la niña».

Este es un ejemplo de las transformaciones que se pueden llevar a cabo en un contexto complejo. Una transformación efectuada por los profesionales se dio en lo referente al mandato del juez, comunicando a la madre la opción de lo que era mejor hacer. Otra transformación fue la del contexto de pertenencia de la madre y de la niña, que posee valores, creencias, mitos sociales y familiares que solo pueden ser comprendidos con una intervención de redefinición y de atribución de significados específicos para la cultura a la que pertenecen. Los comportamientos, las opciones y las modalidades de acción no pueden escindirse de la cultura en la que se insertan. El mediador cultural ha ofrecido la posibilidad, a todos los sujetos implicados, de comprender el significado de las acciones emprendidas y de las que están por realizarse. Asimismo, es un ejemplo de una manera de transformar un mandato de diagnóstico en una reapropiación de posibilidades de elegir superando el conflicto. También lo es de una modalidad de trabajo mediante preguntas circulares, hipotéticas, sobre el futuro, así como de trabajo con la multiculturalidad.

La mediación en la multiculturalidad

Se trata de tener conocimiento de la cultura, de los hábitos de vida, de los valores sociales y morales de un pueblo. ¿Qué significado tiene, qué costumbres existen en China respecto a entregar un hijo en custodia, cuando la ley dice que solo se puede tener un hijo y la exigencia social añade «que sea varón»? ¿Qué significado tiene en la cultura china la adopción, acostumbrados a abandonar a los hijos, cuando ya tienen demasiados, especialmente si se trata de niñas, en la puerta de algún pariente? ¿Cuándo se puede llevar a cabo y cuándo el niño ha de permanecer en la familia?

¿Qué significa para Wang el sentido de culpa o de pecado? Resulta necesario entender su sentido de la vergüenza, porque si en su país se dice que ha vendido a su hija, sus padres no la dejarán entrar nunca más en casa. ¿Cuál es el sentido de la relación de respeto que mantiene con sus padres, cuando allí no es fundamental hablarse, y qué representa el respeto para los progenitores allí?

Hay que nombrar los prejuicios sobre la cultura y hacerlos entender. Para un asistente social trabajar con inmigrantes quiere decir evitar la alternancia entre dos comportamientos: debo «defenderlos para tenerlos en consideración» y «mantenerlos a raya para que respeten la ley». Solo la auténtica neutralidad, la curiosidad respecto al otro y el respeto permiten una intervención mediadora.

Conviene hacer uso de la transparencia. Facilitar información, proporcionar elementos relacionados con las leyes y sobre aquello que pensamos que son los significados de la cultura del lugar, brindar claves de lectura para explicar los acontecimientos. Se debe ofrecer a las personas la posibilidad de escoger. ¿Cómo puede hacerse esto con gente de culturas diferentes? ¿Cómo se da a alguien de una cultura diferente la posibilidad de escoger? ¿Sobre qué limitaciones culturales, religiosas o sociales?

Las confrontaciones bloquean, paralizan. Sin embargo, las diferencias, cuando están conectadas, crean alternativas de elección, todas factibles. Esto ofrece la posibilidad de escoger, y en el momento en que uno escoge se hace responsable. Por tanto, el servicio social, o cualquier otra institución, ya no escoge por quienes acuden a él, sino que son las personas las que eligen en condición de adultos, aportando elementos de conocimiento y aclarando las limitaciones legales y culturales del lugar de acogida. Es entonces cuando un extranjero puede escoger. De no ser así, si no hay elementos para decidir, se encontrará perdido. No distingue, no puede escoger. Pasar de la limitación lingüística a superar la limitación «atribución de significados» le permite al extranjero, a partir de ese momento, ver con claridad la situación, pudiendo escoger, por ejemplo, quedarse con su hijo o darlo en adopción (esto último no porque sea una persona malvada, sino porque las condiciones no le permiten quedárselo). Poder elegir conscientemente supone la posibilidad de una intervención constructiva que no intente sustituir a los otros, sino aportar elementos: se trata de la restitución de competencias.

Veamos un ejemplo de construcción de contexto que hace posible una intervención de mediación.

El caso de Katima

Katima, una joven inmigrante nigeriana, se encontraba en situación irregular en Italia y ejercía la prostitución. Su pareja, un hombre de 40 años, europeo, primero la puso en la calle al saber que estaba embarazada, aunque luego, empujado por su entorno, la aceptó. Empezó a pensar en la posibilidad de una paternidad que no esperaba, con la ventaja añadida de dar un nietecito a su madre y un sobrino a su hermana. Tuvieron un hijo, aunque su ya difícil relación se complicó por la necesidad de un permiso de residencia.

A pesar de los problemas de la pareja, los sistemas implicados, el voluntariado y los amigos, los impulsaron a una boda supuestamente reparadora, en vez de a una definición de la situación. El asistente social coincidía con esta idea, por temor a que el juez, que tenía prejuicios sobre la capacidad maternal de las nigerianas, pudiera quitarle el niño. Fue así como, intentando ayudar a Katima, fueron superponiendo sistemas que empujaban a una unión matrimonial con la que todo se debería de solucionar: «Es mejor que se case con el padre del niño, aunque la pareja explote», expresó el voluntario de apoyo a extranjeros.

El primer objetivo era evitar la posibilidad de una entrega en adopción. El hecho de que Katima fuera una mujer extrajera sin residencia fija e indocumentada sin duda no hacía pensar es una «bonita familia», por lo que el primer paso para que ella dejara de estar en situación irregular era que el padre del bebé lo reconociera. Tras aceptar el planteamiento del voluntario se le dijo a Katima: «No te pelees con este hombre, a todos los efectos ¡espera el reconocimiento!».

El asistente social describía así a Katima: «Bueno... las africanas, ya sabemos... Ella es orgullosa, valiente; hacen lo que les viene en gana, sacan adelante su idea sin sopesar pros y contras; es cabezota, peleona...». Se confunde, atribuyendo esta descripción a las características de una cultura más que a la mala relación entre ella y el padre de su hijo. De hecho, se peleaban por cualquier cosa, todo iba mal, de modo que la intervención de terapeuta/mediadora fue abordada como un problema de pareja.

Después de las primeras sesiones emergieron los intereses de ambos. El de ella consistía en el reconocimiento del hijo por parte del padre, que le permitiría dejar la situación irregular en la que se encontraba; el de él se centraba en el hecho de ser padre y dar un nieto a su madre. Había, pues, un choque de intereses no verbalizados, sostenido por sistemas que gravitaban alrededor (voluntariado, servicio social, etc.), amplificando la idea de que «lo mejor, la que da más garantías, es una organización familiar».

Mientras tanto, el conflicto en la pareja estaba cada vez más encendido, sin que se vislumbraran posibilidades de solución. La terapeuta/mediadora les aclaró que, en esta situación, la relación de pareja se confunde con la idea de que, si no están juntos, se podría perder el derecho a vivir con el hijo en Italia. Esta confusión de fondo mantenía unida a la pareja y al mismo tiempo originaba peleas furiosas, como entre dos presos que, aunque no se soporten, no pueden abandonar la celda.

El nivel de comunicación de la pareja estaba basado en la desavenencia afectiva, acentuada por la incomprensión lingüística (ella hablaba inglés y él no), que estructuraba una relación construida sobre la mentira y determinada por los intereses, que los llevaba a la agresión física recíproca.

La intervención tendió a hacer que los dos redefinieran su posición, afrontando y desconectando entre sí los diversos problemas. En esta línea, llegaron a entender sus posiciones y a comunicárselas, separando el problema de ella del reconocimiento en Italia como madre del niño y la posibilidad de solicitar un permiso de residencia (gracias a un decreto que tutela a la madre extranjera a pesar de estar en situación irregular en el país), del problema de él, que como padre temía perder al niño si la madre se iba a Nigeria. De esta forma fue posible que pudieran distinguir entre la relación de pareja y su papel de padres, ayudándolos a ver las diferencias.

En este recorrido, tras expresar cada uno sus sentimientos y convicciones, lograron hablar sobre el deseo real de estar juntos y acerca de la posibilidad de tener un hijo estando separados. Esto se llevó a cabo con la presencia de un mediador cultural (fundamental en situaciones como esta), que traducía tanto a ellos como al equipo el lenguaje y la cultura de los dos países.

El trabajo desarrollado con Katima y su pareja les brindó la posibilidad de percibirse como personas que pueden elegir, como individuos, como pareja, como padres, y decidieron separarse. Solo al llegar a este punto dio comienzo el proceso de mediación. Por fin empezaron a definir el compromiso y la responsabilidad sobre la decisión de desempeñar su función de padres hasta la consecución de los acuerdos que, a continuación, fue posible presentar en los juzgados.

El caso de Katima demuestra cuán difícil y complejo puede llegar a ser construir un espacio de mediación. Hace falta despejar el campo de la confusión y de los sistemas que amplifican la conflictividad, complicando la situación. No es posible iniciar un proceso de mediación si no se desenreda primero la madeja, teniendo en cuenta la complejidad de los sistemas: por una parte, el miedo a un tribunal que juzga y expulsa a los indocumentados; por otra, el temor del servicio social a no lograr explicarle al juez que se ha estructurado una relación positiva entre el hijo y los padres.

La mediación avanza a través de una serie de pasos, entre los cuales cabe destacar:

- La definición y la construcción de contextos.
- La identificación de un uso correcto de la comisaría y del tribunal, que ayudan en las formas establecidas, dan información sobre las leyes, acompañan y no expulsan.

Qué difícil es hacer llegar la información del instrumento, que solo se puede utilizar cuando las personas vislumbran una posibilidad concreta de elección que pasa por la comprensión y también, en caso de extranjeros, por la gestión de las cosas prácticas.

La clarificación de la hipótesis basada en «intereses indecibles» permite a todos los miembros ver las cartas sobre la mesa. En el caso de Katima, mediante la deconstrucción, se construyó un espacio de respeto recíproco en el que los dos, en lugar de mentirse sobre los motivos de estar juntos, compartieron la necesidad de ella de un reconocimiento (superación de la situación irregular) y la de él de tener un hijo y ofrecer la ocasional presencia de un nieto en casa a su madre y de un sobrino a su hermana. Que los movimientos se decidan de manera transparente. Se pasa de jugar al póquer a jugar al ajedrez.

¿Cómo se pueden dar elementos de una realidad tan compleja a un extranjero que no tiene una clave de lectura de la situación? Con personas de culturas diferentes, que no saben moverse en un país que no es el suyo, qué manipulador es dejar que decidan sin ofrecerles los elementos de conocimiento de la realidad. Si se les hubiera ofrecido una mediación antes de haber dado los instrumentos para elegir, sin eliminar el miedo y los prejuicios sobre el tribunal, sin aclarar cómo podían actuar, dicha mediación hubiera sido falsa e inaceptable.

En la experiencia de emigrar ocurre con frecuencia que el individuo, desarraigado de la trama relacional hecha de tradiciones y solidaridad, y obligado a afrontar otros tipos de contextos, corre el riesgo de verse en la tesitura de redefinir también su identidad. Esta temática, más que cualquier otra, pone al desnudo los prejuicios con los que debe bregar el terapeuta (o mediador o consultor). En efecto, el profesional que entra en contacto con diversas culturas debe ser más proclive a cuestionar y a no dar por sentado que a ciertas actitudes correspondan los mismos valores, mitos o prejuicios, iguales para todos. El contexto compartido conduce a valorar los comportamientos según ciertos parámetros, inadecuados para explicar los significados del comportamiento en una cultura diferente.

Un buen ejemplo es el del niño africano que acaba de llegar a Italia y es matriculado en una escuela, que da problemas a los maestros hasta el punto de hacerles pensar en derivarlo a los servicios de salud mental. Efectivamente, cuando va solo al baño, se pone a gritar y a golpear la puerta haciendo unos ruidos fortísimos. Los maestros ven en este comportamiento un síntoma de grave trastorno mental. En cambio, el mediador cultural lo explica como una transposición de lo que se hace en la sabana, donde el ruido sirve para alejar a los animales.

Tenemos prejuicios que compartimos con todos aquellos que pertenecen a nuestra cultura, con los cuales habitualmente leemos la realidad. Pero la confrontación con otras culturas necesariamente nos hace tomar conciencia no solo de nuestros propios prejuicios, sino también de los de los demás. Los nativos de cualquier cultura se dan cuenta de la propia solo al confrontarse con otras. El encuentro puede suscitar diversas reacciones, desde una muy rígida («Yo, con base en mi cultura, lo comprendo todo, mientras que otros, en cambio, no comprenden nada») hasta otra igualmente rígida pero que atribuye a los otros la superioridad cultural («Los otros tienen razón, yo con mi cultura no comprendo nada»). En la posición de «negociación» las personas se dan cuenta de que existen varias culturas, todas igualmente respetables, y cada cual valora, a partir de la propia manera de pensar, qué está dispuesto a poner en riesgo y qué no. La negociación se basa en el respeto mutuo.

Los emigrantes, quienes cambian de país y deben enfrentarse a una nueva cultura (como los italianos y los españoles hace algunos años) son especialmente sensibles al concepto de red. Mediante la lente de observación que es la red, se pueden leer las diversas situaciones que se presentan en un marco familiar, social y cultural. El uso de una contextualización en la red, utilizada como clave de lectura para las diferentes situaciones, ayudará a considerar intervenciones diversas, según las limitaciones y las posibilidades, con base en los recursos de las personas y teniendo en cuenta los significados que originan determinadas historias y problemáticas según la cultura.

Caso Valli

Este caso es un ejemplo de una red de profesionales que estaban obstaculizando el posible cambio de una pareja de padres (de dos hijas). La terapeuta involucró a esos profesionales en la nueva red para negociar su inmovilismo, de forma que su interés de parte se resituara a un nivel jerárquico inferior del interés de las chicas, que a su vez resultaba redefinido.

El abogado de la madre mostró su posición con tono agresivo hacia las terapeutas y hacia la otra parte, el padre, pero no porque este se desentendiera de las chicas, sino porque afirmaba que era «necesario que las chicas estén con su madre; esto es el bien para ellas». Por su parte, el abogado del padre aseguraba que la madre era «una desequilibrada y, por tanto, las niñas estarán mejor con el padre».

La redefinición de tales premisas y su subsiguiente negociación aportaron nuevas vías de acción que permitirían su reorganización jerárquica, resultado de la cual será la nueva premisa: «las chicas tienen derecho a disfrutar de su padre y de su madre».

Casos de valoración de la parentalidad

Hay casos en los que los niños son confiados al servicio social ya desde el nacimiento, generalmente por problemas de adicción o de salud mental de los padres, pero el juez no decide la adopción. Se procede entonces con un proyecto concordado entre los servicios implicados (distrito sociosanitario, tratamiento a las adicciones, salud mental, etc.) para poner a punto una «intervención para el cambio» durante un tiempo determinado. Se trata de que cada servicio, según su propia competencia, apoye a los padres a fin de que recuperen su parentalidad.

Si al cumplirse el tiempo acordado la valoración es negativa, se tienen argumentos para proceder a una adopción. Si la valoración es favorable, es decir, si se ha podido verificar una evolución positiva de la parentalidad, se continúa trabajando con el proyecto.

Caso Cristian

El caso de Cristian, un niño que desde que nació fue intervenido por el tribunal de menores a causa de las adicciones de sus progenitores (confirmada la de la madre en los análisis realizados durante el parto) ilustra del trabajo de red que es posible, y a veces obligado, realizar en contextos en los que un grave malestar se infiltra en ámbitos diferentes. La medida del juez estaba dirigida a garantizar a Cristian un ambiente idóneo para sus necesidades, ambiente que los padres naturales, en su condición, no podían ofrecerle.

Los profesionales de los servicios sociales, encargados de seleccionar una familia de acogida, se encontraron con importantes resistencias por parte de los padres, que se sentían «víctimas del sistema y de la sociedad». De hecho, mostraban la típica actitud de los que se oponen a los servicios y ven en las instituciones a sus perseguidores. Esta actitud no colaboradora hizo difícil la construcción de un compromiso. Los profesionales estimularon a los padres a adoptar un recorrido que los pudiera conducir a una recuperación completa de la parentalidad.

Frente a la necesidad de confiar al niño a una nueva familia, los parientes (hermanas y padres) de ambos se propusieron como posibles candidatos. Insistían para que Cristian permaneciera en la propia familia natural, para darle la posibilidad de establecer vínculos que pudieran resistir el tiempo. Entre las varias personas que se ofrecieron como acogedores de Cristian había una tía paterna, casada, que había perdido un hijo. A pesar de que la petición de acogida era legítima y venía acompañada de una voluntad real de apoyo al hermano en dificultad, los profesionales se mostraron escépticos: Cristian podía convertirse en sustituto del fantasma del hijo perdido.

Por tal motivo, los servicios ofrecieron a los padres que apoyaran la opción de una familia de acogida que pudiera sostener adecuadamente las necesidades de Cristian, con un mandato limitado y definido temporalmente. De hecho, las familias de acogida suelen ser conscientes de que su intervención es un apoyo a una dificultad parental momentánea, y su operativo se inscribe en una visión que tiene por objetivo el regreso a la familia natural. Contrariamente, la acogida de la hermana del padre habría podido obstaculizar esta finalidad, teniendo ella misma un vacío que llenar.

Los padres comprendieron la importancia de esta decisión e iniciaron un proceso que los acogiera como drogadictos, como pareja y como padres. Un abordaje global y multidisciplinar parecía la única solución para desenredar esta maraña.

Psicóloga y asistente social se dispusieron a construir una red compleja de apoyo, capaz de sostener a los padres de Cristian. Los servicios de tratamiento a las adicciones y de salud mental, los educadores, los servicios sociales y el tribunal de menores desempeñaron un trabajo de equipo constante dirigido a la recuperación de los padres. El servicio de tratamiento a las adicciones alcanzó la completa abstinencia a través de etapas sistemáticas y progresivas. El servicio de salud mental dio soporte al padre y a la madre en sendos recorridos individuales orientados a la resolución de las problemáticas subyacentes al consumo de sustancias como refugio. Los educadores, apoyados por los servicios sociales, promovieron una continuidad entre la familia de acogida y la natural, acompañando el regreso de Cristian a la segunda. De hecho, en la práctica, los educadores hicieron posible un proceso gradual de acercamiento entre el niño y los padres, primero con encuentros protegidos que se desarrollaban en presencia de la asistente social, sucesivamente con encuentros con la única presencia de los educadores y, por último, estos acompañando a Cristian en las visitas a la casa de los padres, con un compromiso personal constante.

La gestión y la realización del proyecto no fue tarea fácil, ya que cada profesional parecía cristalizado en su propio rol institucional y en su propia función. Había que lograr ampliar las mallas de la red que se había movilizado para apoyar a la familia. Una red capaz de acoger las necesidades de forma global y multidisciplinar, a partir del respeto de los diferentes roles y profesionalidades.

Los servicios sociales consiguieron coordinar las diversas intervenciones que se entretejían en torno al núcleo familiar, estimulando en los padres la constancia y la voluntad de reapropiarse de su parentalidad. La intervención duró casi dos años y permitió la recomposición de la familia. Todos los profesionales trabajaron poniendo en el centro de su intervención a Cristian y su necesidad de tener padres capaces de cuidarlo.

Reflexión teórica sobre la relación con las familias y los usuarios

Los servicios sociales alimentan una cierta polarización, según la cual o la familia o el paciente son el problema. En consecuencia, o ignoran a la familia y tratan al paciente o consideran a la familia sana y aliada del servicio y al usuario como portador de problemas o a la familia como inadecuada y causante de los problemas del usuario. Todas son caras diversas del mismo modo de focalizar la polarización entre familia y usuario.

A todo esto, la familia suele ser considerada inmutable y el profesional es «quien resuelve los problemas», por lo que, frente a la familia y el usuario, su asunción de funciones suele ser del tipo «dejadme, que ahora pienso yo». Y es justamente esta expropiación de los procesos evolutivos lo que confirma la inadecuación con la cual los sujetos involucrados interpretan la situación propia. Ya no serán depositarios de recursos, respuestas o soluciones, sino de metodologías que los hacen catalizadores de procesos de los que, sin embargo, los sujetos son reconocidos responsables y autores en primera persona. La premisa constitutiva del sistema entra así en cortocircuito: informa de los comportamientos interactivos que la confirman reflexivamente, en un juego sin fin o sin evolución.

Se aplicarán, por tanto, metodologías que se rigen por presupuestos nuevos y diferentes, que implican pensar en un profesional que:

1. Traza las conexiones entre eventos que tienen lugar en un contexto relacional con los que ocurren en otros contextos relacionales; un profesional que no considera la relación con el usuario como alternativa a la que mantiene con la familia, sino que interactúa con un usuario que está en relación con su familia (o sistema significativo).
2. No aplica protocolos, sino que se observa en la construcción de la propia relación con los otros.
3. No tiene el objetivo de reparar carencias, sino, en todo caso, de hacerlas emerger y utilizar recursos.

En definitiva, un profesional que reflexiona sobre sus propias premisas y sobre cómo estas tienden a construir la relación con el otro, y que ayuda a los demás a encontrar respuestas diversas y más evolutivas. Un profesional que participa en la construcción de relaciones complejas, en las cuales todos los sujetos (incluido él mismo) puedan ser competentes.

Respecto al proceso de confirmación de la culpa de la familia, que se realiza en la interacción entre profesional, usuario y familia, estos tienen en común el siguiente recorrido: una vez detectado el problema/necesidad (delincuencia, etc.), el profesional activa soluciones/respuestas, tales como la comunidad (el alejamiento del origen del problema y la reeducación), las técnicas o el programa de reinserción. El programa de intervención prescinde de la familia en cuanto que esta carece en él de un espacio como interlocutor activo o pasivo. Es un modo de proceder que se articula en torno a algunas premisas propias de la intervención:

1. La separación conceptual entre usuario y familia.
2. Limitar el ámbito de ejercicio de la competencia del profesional exclusivamente a la relación con el usuario.
3. La asunción por parte del profesional de funciones que sustituyen a las de la familia.
4. La conducción del análisis en términos de necesidad del usuario y respuesta del profesional.

La configuración del sistema de relaciones entre los profesionales, el usuario y la familia se caracteriza por la separación que se efectúa en el curso de la intervención entre el usuario y su familia. Se trata de una vieja polarización en la historia de los servicios sociosanitarios, si bien en diferentes momentos ha asumido distintas formas: ignorar a la familia tratando solo al paciente, o bien considerar a la familia como sana y al usuario como portador de problemas o necesidades, para cuyo abordaje se requiere a la familia como aliada; o bien, incluso, considerar el problema del usuario como causado por la familia. Son caras diversas de un mismo modo de abordar la polarización entre usuario y familia. No tener en cuenta a la familia, percibirla como aliada-colaboradora o como enemiga-causante del problema, es siempre definirla como diferente del usuario.

En cualquier caso, el objetivo de la intervención del profesional es el usuario, de quien se pretende modificar una condición individual. La familia es valorada como una realidad estática e inmodificable, paralela a la relación profesional-usuario, como si esta fuese independiente y desconectada de las relaciones entre usuario y familia.

En este panorama, hay una asunción de funciones por parte del profesional: sustituir a la familia en la resolución de los problemas del usuario. Este «ahora pienso yo» se produce porque se considera que la familia no sabe hacer, porque no se la percibe siquiera o porque se quiera aliviarla de un peso de responsabilidad excesivo. Y es justamente esta expropiación de los procesos evolutivos lo que confirma la inadecuación con la que los sujetos involucrados interpretan la propia situación.

De esta manera, el usuario se encuentra en posición pasiva, ya sea como objeto de una intervención o como víctima de una situación. Pasividad que es solo la otra cara de considerar la intervención en términos de respuesta del profesional a una necesidad del usuario.

Henos aquí en presencia de una nueva dicotomía (las otras eran usuario-familia y profesional-familia), de una polarización que asigna al usuario solamente el estado de necesidad y al profesional los recursos para colmarlo.

Si interpretar los fenómenos sociales a través del paradigma necesidades-respuesta es ya discutible, dada la ambigüedad del concepto de necesidad (véase al respecto la discusión de Margarido, 1974), tal polarización introduce además una asimetría estática en la relación, que está en contradicción con la evolución que debería caracterizar a cualquier intervención de un servicio sociosanitario.

Bronfenbrenner (1986) define como relaciones evolutivas aquellas caracterizadas por reciprocidad, por el incremento progresivo de la complejidad, por el sentimiento positivo recíproco y por el desplazamiento gradual en el equilibrio del poder. La relación entre madre e hijo es también considerada recíproca, dado que la madre evoluciona y cambia junto con el niño; justamente esta alternancia entre el dar y el recibir es lo que garantiza el proceso de desarrollo.

Pero una relación construida sobre el supuesto de que uno de los interlocutores representa el estado de necesidad mientras que el otro está en la posición de aportar la respuesta está caracterizada por dualismos que tienden a atribuir realidad a las posiciones de los interlocutores según un modelo rígidamente desigual. Dar/recibir, activo/pasivo, competente/incompetente, acertado/equivocado, sano/enfermo, carente/poseedor de recursos, son algunos de los dualismos que derivan del principal, a saber, necesidad/respuesta, y que terminan caracterizando a la relación con la rígida asignación del polo activo y competente al profesional y del pasivo y carente al usuario.

El paradigma «respuesta del profesional a la necesidad del usuario» contiene en sí una concepción de la intervención de los servicios sociosanitarios como reparadora (algo se ha roto o falta en el usuario que los servicios van a reparar) que termina creando una situación paradójica, por la cual, en el momento en que se efectúa la respuesta a la necesidad (se realiza la reparación), se confirma el estado de necesidad del usuario, construyéndose una interacción no dinámica, no emancipadora y, por tanto, no evolutiva.

No obstante, el paradigma necesidad-respuesta sigue siendo fuerte en las culturas de los servicios sociales. Lo es cuando se lo invoca como criterio de racionalización de la organización propia de los servicios o cuando es reivindicado para establecer una ética de los profesionales: «Debemos responder a las necesidades reales del usuario; debemos poner las necesidades del usuario en el centro de la intervención, etc.».

Pero renunciar a una perspectiva de parcialización en favor de otra relacional que reconozca la conexión entre usuario y familia, sin una reflexión profunda sobre lo que significa, en la construcción de las relaciones interpersonales, «ver» al interlocutor solo a través de la lente de la necesidad, no es suficiente para modificar la sustancia de la intervención. Es decir, pasar de un individuo en estado de necesidad a una familia en estado de necesidad no anula los dualismos aludidos, no incide sobre la asimetría no evolutiva de la relación y continúa confirmando el sentido de inadecuación de la familia, con las consecuencias pragmáticas que se han descrito. Solo mediante una redefinición del paradigma «respuesta del profesional a las necesidades del usuario» se puede restablecer una coherencia entre las modalidades de construcción de la relación profesional-usuario y los objetivos de cambio que persiguen los servicios sociales.

La redefinición pasa por la restitución al usuario, o al grupo significativo, de la responsabilidad de la respuesta a las propias necesidades, así como del reconocimiento de su competencia para asumirla. Para que esto se materialice se debe, antes que nada, modificar el modo de pensar del profesional, esto es, que deje de ser el depositario de recursos, respuestas y soluciones, y pase a serlo de metodologías que lo convierten en catalizador de procesos en los que los sujetos sean reconocidos artífices y responsables en primera persona. Metodologías que, por tanto, se inspiran en presupuestos nuevos y diversos, que implican pensar en un profesional con ciertas características:

1. Traza las conexiones entre eventos que tienen lugar en un contexto relacional, con otros que tienen lugar en otros contextos relacionales. Un profesional que no opone su relación con el usuario como alternativa a la que tiene con la familia, sino que interactúa con un usuario que se relaciona con su propia familia o grupo significativo.
2. No aplica protocolos, sino que se observa en la construcción de su relación con los otros.
3. No tiene el objetivo de reparar carencias, sino de utilizar recursos y, eventualmente, de hacerlos emerger.

¿Cuál es el presupuesto de la comunidad de observadores (psicólogo, educadores, tribunal y familia) sobre el que se construye el sistema terapéutico? Se intenta hacer un análisis de los diversos comportamientos interactivos, buscando los contextos de significado que estos construyen y que, a su vez, son los responsables de la construcción de los comportamientos mencionados.

La premisa que emerge como constitutiva del sistema en el caso de Cristian es que sus padres no son capaces de hacer de padres, aunque llegan a serlo gracias a la intervención de los servicios sociales. Como siguiente paso, se analiza el tipo de dinámica sistémica construida entre significados y comportamientos.

Con base en la premisa de que los padres no saben realizar su rol, aunque podrían aprenderlo, ocurren una serie de hechos:

- El tribunal decreta el alejamiento de los hijos y condiciona su regreso a la superación de la incapacidad de los padres, reforzando así la idea de que los profesionales puedan convertir en capaces a los padres.
- Toda decisión relativa a cómo los padres de Cristian puedan aprender a hacer de padres corresponde a los profesionales, quienes deciden si, y cuándo, los niños van a casa, cuándo realizar las sesiones de pareja, etc., manteniendo así a los dos cónyuges en una posición de irresponsabilidad respecto de su proceso evolutivo.
- Se les ofrece una terapia de pareja para resolver sus problemas, pero el hecho de que emerjan problemas es el elemento que confirma su incapacidad y, por tanto, la medida de separación de los hijos.
- Los niños están separados de los padres, pero se mantiene su relación con ellos mediante periódicos regresos a la familia, lo cual, paradójicamente, se convierte en la prueba de la incapacidad de los padres.
- Los educadores hablan con los niños de los ratos que pasan en casa, subrayando que se trata de su familia, pero si los chicos se refieren con realismo a sus padres (y, por tanto, a sus problemas), terminan confirmando la utilidad de la separación.
- La familia pide ayuda, confirmando a todos los restantes observadores la idea de su incapacidad. Aunque no renuncian a ser familia, confirman la idea de que pueden aprender a ser padres.

El trabajo de red implica conseguir algunos objetivos importantes. En el caso de los emigrantes, a menudo privados de vínculos sociales, se trata de reconstruir una red, o de incrementar la precaria ya existente, potenciando el apoyo social que la red puede ofrecer. Ello es más evidente en situaciones de crisis, cuando el sistema parece haber perdido el control y los profesionales intentan prevenir la emergencia de grandes malestares y evitar internamientos.

Las funciones de las que hablábamos antes se pueden agrupar en cuatro grandes categorías: control, desarrollo de las relaciones, coordinación y prevención.

Si el trabajo de red potencia los recursos que en ella existen para que las personas los recuperen, existe también otro tipo de red que activa la cooperación y la colaboración. El sistema familiar tiende a utilizar la propia red interna, pero, en contacto con los servicios sociales, entra en un sistema más amplio que posee nuevos recursos.

Los profesionales trabajan a menudo en contextos en los que la colaboración y la cooperación resultan esenciales, básicamente porque se ocupan del mismo caso desde perspectivas diferentes. La coordinación, en tales casos, es necesaria para conseguir los resultados que se pretende obtener. El contexto de colaboración es, como dice Lamas (1997), prácticamente universal. En tales situaciones, es bueno que distintos profesionales y técnicos trabajen juntos de forma coordinada sobre el mismo caso, fijando claramente cuáles son los objetivos particulares de cada uno y en qué medida se pueden apoyar en los otros como recurso para su trabajo.

En los contextos de colaboración, la relación entre los profesionales es simétrica, y el éxito o el fracaso de las intervenciones son compartidos, porque la responsabilidad recae en la red. Sin embargo, aunque el objetivo de la red sea común, la colaboración de todos los profesionales no está automáticamente garantizada. Tampoco se puede pensar que existan contextos en los cuales los profesionales trabajen en el mismo tiempo sincrónico actuando en distintos tiempos virtuales, aunque sea con el mismo caso.

En los contextos de derivación resulta necesario crear espacios de intercambio de información y de ayuda, recayendo la responsabilidad sobre quien tiene el encargo del caso. En general, en estos contextos de trabajo, para crear una red técnica de profesionales es necesario que la información circule correctamente con el fin de gestionar los recursos de la mejor manera y con eficiencia.

El proyecto para el caso es construido, elaborado y acordado por los diversos servicios en conjunto y luego es desarrollado en una diversificación de intervenciones basada en las competencias de cada servicio. El efecto final del trabajo es el éxito del proyecto común, del cual se obtienen los beneficios de modo conjunto.

Es necesario recontextualizar los roles parentales, las responsabilidades y las necesidades mediante una diversificación de lenguajes, de procedimientos y de lugares en los que abordar el correspondiente malestar. Por tanto, es fundamental el análisis de la demanda y de las necesidades, tanto del niño/niña como de la familia, como también el análisis de los contextos, tanto el familiar como el social, para decodificar las necesidades y las demandas y poder construir respuestas idóneas. Para la formación, se parte del conocimiento de una particular epistemología, que permite el diálogo con otros modos de pensar y de actuar.

En el ámbito del maltrato, es deber primario de los servicios sociales acoger tanto las necesidades de la víctima como del victimario, obviamente evidenciando las diferencias, a cuyo efecto es de gran utilidad contar con servicios que se ocupen específicamente de adultos y otros que lo hagan de los niños. Igualmente, es esencial la capacidad de los servicios de contextualizar la demanda y los diversos sentidos de las denuncias. Por ejemplo, es muy distinto intervenir en un caso en el que ya participan instituciones (policía, juzgados, servicios sociales, etc.) que hacerlo en un caso de sospecha de maltrato. Un servicio territorial debe saber leer las relaciones y valorar los riesgos y las ventajas de una denuncia; en pocas palabras, debe saber qué movimiento es más útil en cada momento para salvaguardar los derechos de los usuarios, pero también los deberes institucionales propios.

Metodología de la escuela genovesa

Basándose en la riqueza representada por los servicios públicos, diversificados por funciones y competencias, se puede estructurar una metodología de trabajo compleja, compuesta por intervenciones diversificadas e integradas en diversos niveles. Es lo que se propuso la escuela genovesa en los siguientes pasos:

1. Contextualizar los casos en una perspectiva sistémica que permita individuar los recursos de cambio para la familia y los restantes actores involucrados.
2. Elaborar intervenciones que utilicen los diversos recursos ofrecidos por los servicios en el territorio.
3. Construir una base de intercambio e integración de competencias entre servicios que permita una mayor coordinación y colaboración.
4. Saber proyectar un proceso de intervención que tenga siempre presente las necesidades de los usuarios y de los servicios, siendo suficientemente flexible para adaptarse a los cambios del contexto, de las demandas y de los recursos a lo largo del recorrido.
5. Saber proyectar las diversas intervenciones «a medida», recontextualizando los roles parentales, filiales, de alumno o de trabajador, así como las responsabilidades y las necesidades, a través de una diversificación de intervenciones, contextos, competencias, lenguajes, procedimientos y lugares donde afrontar el correspondiente malestar.

El desafío: un ejemplo de cómo se puede modificar la lógica del servicio

La autora acepta y escoge una consulta de dieciséis horas a la semana, renunciando a ver casos y proponiendo al grupo de trabajadores sociales hacer un trabajo sobre los casos que ellos tienen en seguimiento. Dedican a esta actividad dos mañanas por semana primero y después una, haciendo un análisis de los casos con lectura sistémica. Se trata de evaluar e integrar las recíprocas competencias, constituyendo un grupo que, mediante la puesta en discusión de las realidades observadas, elabore una epistemología compleja.

La idea es analizar en grupo los casos problemáticos, qué se ha hecho y qué se podría hacer, así como qué proyecto desarrollar para cada caso, confrontando las posibles claves de lectura diferentes. Los trabajadores sociales, conscientes de la dificultad de su trabajo, aceptan con entusiasmo.

El objetivo es cambiar la lógica del servicio implementando nuevas premisas:

- Pasar de un modo de pensar dicotómico y lineal a otro basado en la complejidad.
- Abandonar la costumbre de actuar sin reflexionar, con base en la urgencia, sustituyéndola por esfuerzos por comprender, razonando juntos para colocar el caso en el contexto más amplio de la familia y en el marco de la relación con las instituciones.
- Ampliar el contexto, considerando no el caso solo, sino la familia, nuclear y extensa, la escuela, el tribunal («¿qué creéis que piensa el juez?»), los servicios sanitarios («¿qué han hecho y qué pretenden hacer?»), el voluntariado, etc.
- Pasar de actuar unilateralmente, sin intercambios, a coordinarse con los otros profesionales, tanto del propio servicio como de los restantes, comunicándose informaciones, construyendo y compartiendo un proyecto que incluya las aportaciones de todos.
- Sustituir la valoración de la capacidad parental por trabajar para la reapropiación por parte de los padres y las madres de su capacidad parental.

En la base de este cambio de lógica está el convencimiento de que una realidad que se quiere modificar, la de los usuarios, no puede cambiarse desde otra realidad especularmente idéntica. La realidad social de la que se ocupan los servicios se caracteriza por el predominio de la inmediatez en el actuar sobre la valoración de las posibles alternativas, por la tendencia a la dicotomía y por la incompatibilidad de los roles separados: maltratado/maltratador, víctima/verdugo, abusado/abusador, ladrón/robado, prostituta/proxeneta, enfermo/sano, todo ello indicador de una comunicación rígida y pobre.

De este modo, los dos sistemas, observado y observador, tienden a influenciarse y a reproducirse mutuamente, en un círculo vicioso en el que nada puede cambiar, mientras que el cambio sobreviene cuando se introduce una diferencia (Bateson, 1973). Un servicio que reproduce la lógica de los usuarios no conseguirá introducir elementos de innovación que realicen el cambio, sino que solo definirá situaciones y aplicará medidas de represión y de contención. Nada cambia si los profesionales reproducen estas estructuras y las dos realidades se yuxtaponen especularmente. El servicio se limita a hacer de notario, certificando la imposibilidad y el final de una relación, o bien asumiendo un rol solo de control social, similar al de la policía. Si, cuando llega una situación problemática, el profesional usa como intervención la denuncia al juez, practica el mismo paso al acto, propio de la realidad sobre la que desea incidir y en la cual querría provocar un cambio.

Para superar el riesgo de que el equipo se estructure especularmente reproduciendo la realidad de la que se ocupa (familias multiproblemáticas), la propuesta es utilizar una lectura que salga de los prejuicios y entre en la complejidad. Esto solo puede ocurrir si el servicio tiene una epistemología fuerte y se apresta a restituir una imagen de dignidad y de responsabilidad de elección a las personas. Para ello debe funcionar de manera inversa, introduciendo perturbaciones que consigan romper la rigidez de unas formas relacionales y comunicativas cronificadas.

Por otra parte, mientras los servicios se ocupan de realidades separadas y desintegradas, no logran dar a las familias información precisa sobre su situación. En cambio, la colaboración de los servicios implicados, mediante un proyecto de red, puede introducir complejidad y recomponer la realidad de la que se ocupan, reproyectándola de modo más funcional.

Los derivantes determinan la intervención, pero el profesional elige la modalidad

Si el caso implica una denuncia, los derivantes son los *jueces con sus correspondientes medidas*. Pero los casos pueden llegar a los servicios sociales también *espontáneamente* o según sus *necesidades*. Y en ello radican importantes diferencias. En las derivaciones judiciales se aplicará la *intervención para el cambio*, mientras que en los casos espontáneos o por necesidad la respuesta será la *terapia no explícita*. A continuación se examinan diversas posibilidades.

El modelo genovés que aquí presentamos prevé cuatro tipos diferenciados de intervención para afrontar el tema de los conflictos familiares y sociales:

1. *Intervención de construcción de contexto:* dirigida a situaciones complejas y ambiguas, con profundo malestar y sufrimiento, pero sin demanda explícita de ayuda y con fuerte implicación de instituciones y de redes profesionales. Por ejemplo, con familias multiproblemáticas, de inmigrantes, dificultades escolares, etc. Se trata de articular un contexto que haga posible la intervención propiamente dicha.
2. *Intervención para el cambio:* dirigida a los casos que parten de una derivación de los tribunales que obliga a intervenir. Mediante una negociación con el sistema judicial, se sustituye la simple peritación y el diagnóstico por un trabajo dirigido a la recuperación de recursos y capacidades. Esto ocurre en los casos de separación de parejas muy conflictivas, de violencia doméstica, tanto conyugal como parentofilial, con delincuentes o drogadictos, en conflictos por la custodia de los hijos, etc. En todos estos casos, la «derivación obligatoria» por parte de un juez, que solicita a un servicio una consulta o un peritaje, es transformada en un proceso de reapropiación de la capacidad parental o del control de la propia vida.
3. *Intervención de terapia:* dirigida a sistemas que desarrollan estrategias inadecuadas de resolución de conflictos enquistados o, eventualmente, con recurso a síntomas o a violencia, pero que muestran capacidad de aceptar una vía de trabajo asumida voluntariamente.
4. *Intervención de mediación:* dirigida a los sistemas con conflictos enquistados que eligen o aceptan una vía de

colaboración, con petición voluntaria, fuera de los circuitos judiciales y con respeto del secreto profesional, aun en presencia de conflicto. Es el caso de parejas en crisis, de conflictos entre vecinos o en el medio escolar o el laboral, e incluso entre víctima y verdugo (mediación penal), así como en los conflictos internacionales.

Caso Rossi-Bianchi: la red familiar que se modifica según las alianzas

Este caso muestra, por una parte, cómo en la red se verifica una fluctuación de las alianzas con el fin de mantener estable el sistema mediante los mitos. Por otra parte, ilustra cómo el trabajo en un ámbito pericial puede transformarse en un proceso de cambio para la familia.

Se trató de una separación traumática entre Santo y Rita, que prolongaba un conflicto muy intenso a base de recursos y denuncias, con despliegues rígidos y contrapuestos que durante dos años impidieron a la madre ver a los hijos. El juez solicitó una consulta técnica de oficio (pericial), con objeto de indicar el progenitor más idóneo al cual confiar los hijos, que, por el momento, vivían con el padre. La abuela y una tía maternas, con toda su familia, se alinearon con el yerno y repudiaron a la hija y hermana.

En el primer encuentro se percibió este juego de alianzas y coaliciones contra Rita, que llevó a la terapeuta a preguntarse cómo se había alcanzado semejante polarización, ya que por mucho tiempo Santo y Rita eran considerados en la familia una pareja feliz, realizada y perfecta en la gestión de los hijos, que todos elogiaban. Cuando Rita dejó al marido, su familia no pudo evitar tomar partido contra ella.

Se trabajó con ellos a lo largo de dieciocho sesiones y, en el informe al juez, se propuso una hipótesis sistémica que daba cuenta de la red en los siguientes términos.

En esta familia habría un mito que estaría siendo salvaguardado cuidadosamente por todos: «es imprescindible mantener la estabilidad familiar a cualquier precio, incluso a costa de sufrir relaciones que han dejado de ser satisfactorias» (como ocurre con algunas mujeres de la familia, que no se han separado para resguardar la estabilidad del núcleo). Por tanto, la idea de separarse en el caso de que la relación de pareja no funcionara no formaba parte de las premisas de esta familia.

La familia Bianchi-Rossi estaba muy unida, tanto internamente como con la familia extensa (la abuela, la hermana de Rita, el cuñado, los sobrinos, etc.), compartiendo reuniones e intereses afectivos. En su historia, la pareja Santo-Rita ocupaba un lugar central, como se ha dicho, rayano en la perfección, siendo ella una madre cariñosa que cuidaba muy bien a sus hijos. «Una madre maravillosa hasta que se marchó de casa», como la define Santo, también él un marido presente y un buen padre. También eran considerados como «habiéndose hecho a sí mismos», mejorando con su propio esfuerzo su posición económica y social.

Que Rita se fuera de casa, abandonando al marido y a los hijos, determinó una profunda ruptura y una toma de posición radical por parte de todo el sistema, que le impidió seguir siendo madre en el momento en que decidió dejar de ser esposa. Todos se comportaban como si fueran actores dotados de un guion predeterminado por la dirección de un mito familiar construido en el tiempo, y que les ha sido de gran utilidad en momentos difíciles, evitándoles incurrir en otros modos de pensar y ahorrándoles el esfuerzo de construir en lo inmediato otras posibilidades de salida que, no obstante, habrían podido ser útiles para todos los miembros.

De hecho, como ocurre con todos los mitos, el de la indisolubilidad familiar ha operado en lo específico a nivel inconsciente en esta familia, dando a todos la clave de lectura para definir la educación de los hijos, el vínculo conyugal y el modo de vivir y de entender la familia. La ruptura del mito por parte de Rita creó consternación en los restantes miembros, impidiéndoles moverse de forma diversa. Así, la familia de Rita la despreciaba y se alineó con Santo, los hijos cayeron en la red de coaliciones, dejaron de hablar con la madre, e incluso, cuando esta volvió a casa más tarde, las cosas no funcionaban. Rita expresó que Santo y el hijo Gianluca se encerraban en la habitación para no verla. Santo refirió que Rita salía todas las noches y Gianluca añadió que «de cómo se vestía y se maquillaba se comprendía cuando no iba a trabajar». Como si fueran maridos celosos.

En Santo se apreciaba una profunda herida narcisista, reforzada por la familia de Rita, y en esta emergió una personalidad depresiva, con sentimientos de culpa por haber dejado a los hijos. Un intento de volver juntos fracasó y Rita fue expulsada de casa, o se hizo expulsar, en abril de 2004.

Tras la separación, la abuela materna se ocupó de los nietos y de Santo, los visitaba todos los días y les hacía de comer, confirmando el vínculo con esta familia, mientras que no vería a su hija durante mucho tiempo. Lo mismo hicieron la hermana y su núcleo familiar, considerando a Rita «una desvergonzada».

Como se puede apreciar, la familia no contemplaba en su horizonte relacional la posibilidad de una separación, por lo que, con el hundimiento de la pareja considerada perfecta e indisoluble, el mito familiar resultó insoportablemente cuestionado. Incluso el vínculo parental no resistió a esta catástrofe, y es por ello por lo que la familia de Rita se decantó por Santo contra la hija/hermana. Salvaron así el mito de la «pareja inseparable», sacrificando la relación con quien puso en duda la estabilidad, considerada el principio fundamental de la familia.

Con en el tiempo se generó un verdadero choque entre dos culturas evolucionadas de forma diversa; un choque de ideas, de mentalidades, de modos de pensar, que determinó dos alineaciones: la de quienes defendían a toda costa mantener el sistema familiar tal como era y la de quien lo ponía en duda. Todos, en esta situación, eran alternativamente víctima o verdugo del mito de la indisolubilidad matrimonial.

A raíz de un largo trabajo de «intervención para el cambio», la madre volvió a ver a los hijos con la colaboración del padre, que se redefinió con la familia de Rita y, saliendo de la coalición contra esta, provocó una verdadera revolución. En un momento del trabajo, Santo redefinió claramente su propia posición con los cuñados: continuaría frecuentándolos e iría a comer con ellos, y les pidió explícitamente que no «hablaran mal de la madre a los niños o en presencia de estos».

No faltaron los ataques a este nuevo panorama familiar: la hermana de Rita mantuvo su posición inicial y la abuela pasó de la alianza con Santo a una con Rita, demostrando su necesidad de ser parte de uno de los frentes. Era el turno del yerno y de los nietos, a los que no veía desde hacía meses y con los cuales se produjeron discusiones y peleas.

Se decidió no trabajar directamente con la familia extensa, sobre todo con la abuela y la tía, sino indirectamente, a través de Santo y Rita. Se consideró que eran estos los únicos que podían silenciar los tambores de guerra, reapropiándose de un rol de sujetos activos en las relaciones con todos los parientes.

Este caso evidencia cómo se construye una hipótesis sistémica y se reestructura una red a raíz del cambio de un mito. El mito precedente era único y basado en la idea de que «la familia no se divide, y Rita se ha vuelto loca». Cuando entran en interacción la actividad del juez y la de los terapeutas, el sistema se amplía y se reorganiza la jerarquía de las narraciones, apareciendo la posibilidad de ser buena madre aunque se esté separada. En torno a este cambio en la mitología, se deshacen y se crean alianzas y la red se reorganiza. Los excónyuges construyen una nueva alianza como padres separados, que les permite continuar tutelando a los hijos. Las familias extensas tienen la posibilidad de hacer emerger y afrontar viejos conflictos, y la red relacional recupera fluidez.

Referencias

Bagarozzi, A.D. y Anderson, S.A. (1987). L'uso dei miti familiari nella terapia strategica. *Terapia Familiare*, *25*, 5-22.

Bateson, G. (1973). *Steps to an ecology of mind*. Nueva York: Ballantine Books [trad. cast.: *Pasos para una ecología de la mente*, Buenos Aires, Carlos Lohlé, 1976].

Bronfenbrenner, U. (1986). *Ecologia dello sviluppo umano*.

Bolonia: Il Mulino [trad. cast.: *Ecología del desarrollo humano*, Barcelona, Paidós, 1991].

Cancrini, L. (1994). *Palermo viva: Storia di un progetto per la prevenzione delle tossicodipendenze*. Roma: Carocci.

Cecchin, G.F., Lane, G. y Ray, W.A. (1997). *Verità e pregiudizi: Un approccio sistemico alla psicoterapia*. Milán: Raffaello Cortina Editore.

Coletti, M. y Linares, J.L. (1997). *La intervención sistémica en los servicios sociales ante la familia multiproblemática: La experiencia de Ciutat Vella*. Barcelona: Paidós.

Elkäim, M. *et al.* (2000). *Las prácticas de la terapia de red. Salud mental y contexto social*. Barcelona: Gedisa.

Erickson, G.D. (1984). A framework and themes for social network intervention. *Family Process*, *23*(2), 187-197 [https://doi.org/10.1111/j.1545-5300.1984.00187.x].

Ferreira, A.J. (1978). Miti familiari. En P. Watzlawick (ed.), *La prospettiva relazionale* (pp. 47-54). Roma: Astrolabio.

Klefbeck, J. (1995). Los conceptos de perspectiva de red y los métodos de abordaje en red. En E. Dabas y D. Najmanovich (eds.), *Redes, el lenguaje de los vínculos* (pp. 133-145). Buenos Aires: Paidós.

Lamas, C. (1997). Los primeros contactos. En M. Coletti y J.L. Linares (eds.), *La intervención sistémica en los servicios sociales ante la familia multiproblemática* (pp. 55-70). Barcelona: Paidós.

Linares, J.L., Moratalla, T. y Pérez, A. (2021). *Las parejas interculturales*. Madrid: Morata.

Margarido, A. (1974). La réciprocité dans un mouvement paysan du sud du Brésil. *Annales. Économies, societés, civilisations*, *29*(6), 1338-1345 [www.persee.fr/issue/ahess_0395-2649_1974_num_29_6].

Mastropaolo, L. (2011). Crisi e conflitto: Mediazione familiare, «intervento per il cambiamento» e terapia. En P. Chianura, S. Mazzone *et al.* (eds.), *Manuale clinico di terapia familiare* (pp. 47-60). Roma: Angeli.

— (2019). Dentro la perizia: L'«Intervento per il Cambiamento» nelle Consulenze Tecniche d'Ufficio. En P. Barbetta y

U. Telfner (eds.), *Complessità e psicoterapia: L'eredità di Boscolo e Cecchin* (pp. 125-144). Milán: Raffaello Cortina Editore.

— (2022). Suggestions for a creative manual. The «Intervention for Change» and The Therapeutic Relationship. The Floating Therapies and Working On The Self. En M. Mariotti, G. Saba y P. Stratton (eds.), *Handbook of systemic approaches to psychotherapy manuals: Integrating research, practice, and training* (pp. 373-390). Nueva York: Springer.

Maturana, H. y Varela, F. (1985). *Autopoiesi e cognizione: La realizzazione del vivente*. Padua: Marsilio [trad. cast.: *De máquinas y seres vivos. Autopoiesis: la organización de lo vivo*, Santiago de Chile, Editorial Universitaria, 1998].

Medina, R. (2018). *Cambios modestos, grandes revoluciones. Terapia familiar crítica*. Guadalajara: Imagia.

Pearce, B. y Cronen, V. (1980). *Communication, action and meaning. The creation of social realities*. Nueva York: Praeger.

Reiss, D. y Oliveri, M.E. (1980). Family paradigm and family coping: A proposal for linking the family's intrinsic adaptive capacities to its responses to stress. *Family Relations*, *29*, 431-444 [https://doi.org/10.2307/584456].

Rodríguez Abellán, J. (2002). La terapia familiar sistémica en autismo y alteraciones profundas del desarrollo. En J. Navarro Góngora y M. Beyebach (eds.), *Avances en terapia familiar sistémica* (pp. 247-272). Barcelona: Paidós.

— y Navarro Góngora, J. (2004). *Intervenciones en redes sociales*. Buenos Aires: Paidós.

Sluzki, C. (1992). Transformations: A blueprint for narrative changes in therapy. *Family Process*, *31*(3), 217-230 [https://doi.org/10.1111/j.1545-5300.1992.00217.x].

— (1996). *La red social: frontera de la práctica sistémica*. Barcelona: Gedisa.

Speck, R.V. y Attneave, C.L. (1974). *Redes familiares*. Buenos Aires: Amorrortu.

Varela, F. (1985). Complessità del cervello e autonomia del vivente. En G. Bocchi y M. Ceruti (eds.), *La sfida della complessità* (pp. 45-60). Milán: Feltrinelli.

Von Foerster, H. (1987). *Sistemi che osservano*. Roma: Astrolabio.

2. Niños, adolescentes y sus familias: terapia y mediación sistémicas *online*

Lia Mastropaolo

En el tiempo de la COVID-19

Desde hace tiempo utilizo las tecnologías de la información en psicoterapia, que he sumado a mis habilidades y han representado la evolución natural de las técnicas ya en uso, herramientas de trabajo que encuentran una forma más avanzada. Mensajes, vídeo, WhatsApp y videojuegos han dado nuevos rasgos comunicativos a mi modalidad terapéutica, respetando el significado y las diferentes funciones en la intervención para el cambio del malestar y de las patologías, como se puede apreciar en el artículo que escribí sobre *hikikomori* (Mastropaolo, 2011).

En mi experiencia previa a la pandemia ya había utilizado las plataformas digitales en terapias con familias o parejas que viven en lugares diferentes y distantes, así como en casos derivados del juez con parejas muy conflictivas y niños triangulados o con derivantes prestigiosos que mostraban poca aceptación del problema. Ahora, con la distancia debida a la COVID-19, hacer terapias *online* se ha convertido en práctica habitual y por eso he desarrollado una metodología adecuada.

Hemos vivido, y estamos viviendo, un momento histórico muy particular, que ha cambiado nuestras relaciones y comportamientos; un momento de desorientación, incertidumbre, desánimo, emociones fuertes, miedos, etc. Ha sido un cambio social importante, un cambio de contexto. Un virus, imperceptible e invisible, un enemigo impalpable, ha doblegado a todo el sistema terrestre: como un mago invisible de largas piernas, se ha ido de un país a otro tocando y tiñendo nuestros mapas de rojo, primero en China, luego en Italia y España, en Francia, Inglaterra, Estados Unidos, Brasil, etc.

El castillo de naipes se derrumba. La idea de la omnipotencia del hombre fuerte, en general blanco, rico, que es capaz de definir y controlarlo todo: la vida y la muerte, la paz y la guerra, el destino de Occidente y de los países emergentes, se rompen como una ola fuera de control contra un acantilado. Este virus ha puesto en duda algunos poderosos mitos que han dominado y caracterizado nuestra era moderna: con el colapso de algunos principios del capitalismo, con el hundimiento del mercado económico y el PIB, han caído los mitos del poder, del hombre que lo controla todo, el mito del desarrollo infinito. Nos hizo comprender que no somos dueños de todo; ha cuestionado la explotación indiscriminada de la naturaleza.

En Italia, primero «todos encerrados en casa»: el triunfo de la razón de la salud. Ahora todos fuera de casa a pesar del virus: el triunfo de la razón económica. En familia con la COVID-19: el tercero a la cabeza de la mesa, un intruso entre nosotros; el virus ha sellado la transición de vivir con prisa a detener todo el planeta inmovilizándonos como en el cuento del país embrujado.

La COVID-19 cambió nuestra forma de trabajar y estudiar a una velocidad vertiginosa, y sobre todo la forma de relacionarnos y mostrar nuestros afectos. El ser humano es un ser social, y ante esta nueva situación nos hemos visto obligados a reinventarnos para mantener nuestra esencia, a detenernos, a mirar dentro de nosotros, a hacer balance, a reflexionar sobre nuestras relaciones. Incluso en el lenguaje, reflejo inmediato de lo que sentimos, hemos empezado a usar palabras diferentes como «obligados, forzados, arresto domiciliario, reclusión, aislamiento». En la fase 1 «Espacios estrechos»: la rutina de antes interrumpida, paradójicamente las distancias acortadas, todos juntos apasionadamente en unos pocos metros cuadrados, todo el día (se trabaja, se estudia, se juega, nos enfadamos, etc.). El fin de semana, un mito del pasado, el imaginario cambia. «Tiempos dilatados»: antes de la emergencia siempre íbamos con prisa, el tiempo era dedicado a producir; el calendario, caracterizado por hacer; se cenaba de prisa por la noche, a veces con pocos contactos; ahora, ante esta importante crisis económica, nos hemos despertado como después de una pesadilla, hemos pasado a reflexionar sobre cómo buscar una nueva organización de trabajo, de vida. Con este hacer balance se explica la depresión de muchos.

Los conflictos latentes de parejas o de padres e hijos o han aumentado, estallando en violencia y suicidios, o han sido atemperados por la cercanía y el conocimiento, o se han puesto en espera para enfrentar a un enemigo común, y luego, en algunos casos, reactivarse en la segunda fase. Los que ya tenían patologías como autismo o psicosis estaban mejor: se ha reducido el enfrentamiento con el exterior, se ha interrumpido la desigualdad, efecto de la sensación de estar «todos en el mismo barco». Por ejemplo, en las residencias para psicóticos durante este período todos se sentían iguales y unidos. La estructura ha funcionado como un contenedor: un elemento tranquilizador que vio a pacientes y operadores unidos contra el enemigo común (nadie ha salido, nadie ha visto a familiares, nadie ha asistido a actividades exteriores).

La pandemia de coronavirus también fue una pandemia emocional. Pero ¿cómo se frena este contagio? Las reacciones emocionales son un signo de la reactividad del organismo social: las emociones no son síntomas de una enfermedad, sino un recurso. Hoy estamos viviendo una pandemia emocional, pero el término no debe entenderse en sentido negativo: también hay un intercambio de inteligencia, de investigación científica. Es cierto, la reacción es muy pronunciada, todos comentan, todos se cuestionan, pero la reactividad es una señal positiva, es un síntoma de una respuesta inmunitaria.

La vida en el momento de la COVID-19 cambió y encontró diferentes expresiones:

- *La necesidad de conexión:* estar distanciado físicamente ha creado la necesidad de cercanía emocional.
- *Aprovechamiento de los medios para mantenerse conectados:* fue el «oxígeno relacional durante el encierro», buscando altos niveles de conexión para crear nuevos niveles institucionales.

— *Compartir espacios privados:* por ejemplo, en la terapia ha cambiado el contexto de los pacientes y del terapeuta a través de la red y las plataformas: uno entra en la casa del otro.

Incluso para mí, como terapeuta, fue un cambio repentino: mantuve *online* las sesiones con parejas, familias e individuos que ya estaba tratando en el Centro de terapia Il Metalogo, y participé en el programa de apoyo psicológico del Ministerio de Salud de Emergencias COVID-19, con un número de teléfono gratuito para cuatro sesiones gratuitas. Un observatorio variado, desde los que solicitaron terapia por problemas graves hasta los que, tras este evento traumático, presentaron síntomas: fobias, crisis de pánico, depresión, conflictos agudos y viejos problemas reactivados.

El tiempo de pandemia fue la primera vez que una atmósfera de fondo unió al terapeuta y a los pacientes: ambos con los mismos problemas, afectados por los mismos temores, incertidumbres y desconcierto. Además, mostró tanto la capacidad como la incapacidad de los dos de hacer frente a la crisis y a los conflictos.

Las terapias evolucionan como evolucionan los tiempos

Las premisas cambian, también las terapias, y con ellas nosotros, los terapeutas, que como ellas siempre nos hemos adaptado a los contextos: también la nuestra es una historia de cambio. De la terapia familiar a la terapia individual (Boscolo y Bertrando, 1996) y a las «terapias fluctuantes», de la terapia en la sala específica para contextos terapéuticos a los que no son rigurosamente clínicos. Por tanto, las terapias evolucionan a medida que evolucionan los tiempos a través de factores contingentes, de cambios sociales, de las necesidades de las personas y con ellas las tecnologías como internet y las plataformas digitales. Todo esto es expresión de una necesidad de cambio, y es necesario ser un terapeuta que se observe con otros ojos. Yo misma me pregunto

¿cuántas veces he cambiado? La evolución de una epistemología implica la evolución de una práctica: de la primera a la segunda cibernética, el aporte de la teoría de la complejidad, a la narrativa, la atención a las emociones. Diferentes contextos me han obligado repetidamente a reflexionar sobre cómo adaptar a ellos la epistemología: tribunal, escuela, terapias con familias, con niños, con adolescentes, trabajo en red, y a todo esto hoy puedo agregar trabajo *online*.

Los retos en las terapias *online*

Con el uso de la terapia *online* algo ha cambiado: somos nosotros los que entramos en diferentes contextos. En el servicio o en el centro de terapia son los clientes los que vienen y trabajamos en un contexto definido por nosotros, en la sala de terapia adecuadamente equipada y protegidos por nuestro rol. En cambio, en el trabajo *online* nosotros somos los invitados que entramos en sus casas, pero ellos también entran en la nuestra; compartimos espacios privados, el terapeuta se incluye más, se pone más en juego. Se presentan en pijama o con la cama sin hacer. ¿Qué es esto? ¿Es más intimidad o una descalificación del contexto? ¿Se cuestiona el contexto?

Para nosotros, los terapeutas, es como trabajar sin red, como los trapecistas más atrevidos. Tanto el contexto en el que se mueven los pacientes como aquel en el que actúa el terapeuta han cambiado; se trata de construir un nuevo contexto terapéutico más allá del rol y de la inversión institucional.

Estos son los nuevos retos de las terapias *online*: el contexto terapéutico cambia. El contexto es la textura de la tela en la que se cruzan y se construyen las relaciones, no es solo un lugar físico y no coincide con los espacios físicos. Según Bateson (1976), el contexto es «la matriz de significados». Ningún hecho puede explicarse sin considerar el entrelazamiento de circunstancias en las cuales este hecho emerge y se desarrolla.

¿Cómo se define un contexto terapéutico *online*?

Preguntarse si el contexto terapéutico *online* es adecuado o no es inútil; en cambio, debemos acordarnos de cuántas veces hemos adaptado el marco a nuestras necesidades e intentar adaptarlo también en este caso. Creo que debemos tratar el trabajo *online* exactamente como un nuevo contexto: analizarlo y explotar todo su potencial. Como sistémica, siempre he empezado las investigaciones desde el análisis del contexto más amplio, leído con un enfoque sistémico.

El contexto terapéutico se redefine sobre el enganche y la metacomunicación. Creo que los problemas que tenemos que enfrentar para definir un contexto como terapéutico van más allá del discurso de la pantalla o de la sala de terapia y que un terapeuta sistémico debe hacerse algunas preguntas: «¿Este contexto es reconocido como un espacio terapéutico y para el cambio?». «¿Qué hacer cuando no hay motivación en la familia, apática e incrédula, para venir a la terapia?».

También en el contexto *online* nos confrontamos con casos derivados o con otros que acuden espontáneamente a la terapia; esto hace la diferencia y, con mayor esfuerzo, necesitamos construir un contexto en el que sea posible una relación terapéutica. Ya en otras situaciones me he enfrentado a este problema, como en los casos en los que el tribunal deriva a la familia que ha acudido al juez para pedir la resolución de un conflicto y que, en cambio, es enviada, de mala gana, a un perito. En estas situaciones, he ideado una intervención que he denominado «intervención para el cambio» (Mastropaolo, 2019), en la que acepto y defino el contexto del informe, pero propongo, en este marco, a todos los sistemas involucrados, en particular a la familia, la transformación de la demanda de diagnóstico en un camino de cambio de relaciones familiares y superación de conflictos, a pesar de las limitaciones iniciales de la «derivación obligada». Entonces, en este caso, uniéndome a un pacto fuerte con la familia a través de un compromiso, creo un contexto donde las personas logran reconocer una motivación para el recorrido y convertirse en actores del cambio.

Así, en el contexto *online* ¿cómo puedo construir un contexto en el que las relaciones tengan significado? En particular si no hay motivación en la familia, que se muestra apática e incrédula frente al trabajo terapéutico y se presentan distraídos, en pijama o con la cama sin hacer me pregunto: ¿cómo puedo crear una motivación a través de la pantalla? Esta pregunta encuentra respuesta a través de la fuerza del enganche y la metacomunicación, en la comprensión de las necesidades que están detrás de la indiferencia, contrastando la atribución de la culpa y las responsabilidades de la problemática al otro, mostrando la posibilidad de abordar los problemas relacionales subyacentes.

Por eso, para construir una relación con la familia o con el paciente/familia, el primer paso es la estructuración de una alianza: todo lo que pasa en la sala de terapia, como en la pantalla, ocurre porque se ha estructurado una relación significativa entre el terapeuta y el paciente. Pero las técnicas también facilitan y posibilitan la relación terapéutica: por ejemplo, durante la pandemia, el hecho de poder dejar de usar la mascarilla durante una sesión *online* facilitaba la comprensión de la expresión no verbal. La relación terapéutica es un requisito previo y una consecuencia, una prerrogativa indispensable para resolver el problema y para el cuidado o el tratamiento también en la pantalla.

Incluir al derivante para motivar a la familia: Carla

En muchas situaciones, invitar al derivante e incluirlo en el proceso ayuda al terapeuta a desarrollar la motivación de la familia. Veamos un caso.

> Carla se autolesionaba y odiaba a sus padres. El psiquiatra del servicio de salud mental me derivó la familia, que no estaba motivada al seguimiento: los padres estaban ausentes y el hermano, fugitivo. Carla dijo: «Siempre he tenido problemas. Siempre me he sentido sola y abandonada y por eso me sale una rabia que me quita la piel». Invité a todos a la primera entrevista, incluso al psiquiatra. El psiquiatra, que los conocía bien desde

hacía tiempo, contó la historia del caso y explicó los graves problemas y crisis que eran silenciados por la familia, que se sentía juzgada y culpabilizada. Me di cuenta de que el miedo a ser juzgado por el otro se convertía en agresión. Intenté eliminar el juicio verbalizando que aquel clima de «caza de brujas» solo acentuaba la desconfianza mutua y la descalificación que pesaba sobre todos. Todos intentaban defenderse en un clima de acusaciones y silencio. Los padres parecían no tener voz, susurraban, parecían tan aterrorizados por las reacciones de su hija que solo confirmaba la idea de Carla de no estar verdaderamente interesados por ella. Al trabajar sobre su relación, permití que verbalizaran la rabia y los ayudé a buscar los elementos de estima y la confianza mutua, evité la connotación patológica de Carla, quitando el énfasis sobre el miembro individual y explicando que era la relación familiar la que estaba «enferma».

En otra fase del recorrido, sobre un episodio de autolesión y una crisis de pérdida de control de Carla, que se encontraba en una verdadera tormenta emocional («me tiro por la ventana... mato a alguien...»), los padres aterrorizados llamaron a urgencias, pero la comunicación inmediata entre el psiquiatra del servicio que intervino de forma urgente y yo, terapeuta, permitió gestionar la situación. Utilizando todas las herramientas de comunicación rápida y *online*, nuestra intervención en red conjunta nos permitió entender lo que había sucedido, logrando trabajar junto con la paciente y con la familia, evitando la hospitalización, gracias a que pudimos seguir el trabajo en red, cuya importancia quedó demostrada.

La red entre profesionales es una importante herramienta de trabajo que, como hemos visto en este caso, permitió llevar a cabo un proyecto común, dividir competencias y compartir habilidades: la responsabilidad es de la red. La circulación de información evita el riesgo de posibles simetrías entre los operadores de servicios y la cristalización del «rol» y la función.

Otra red que poco a poco se fue estructurando era la familiar: los hermanos, de indiferentes pero enemigos, pasaron a asumir una función de mutuo apoyo. En todas las situaciones siempre hay una red que apoya a las partes; para reestructurar la red, se deconstruyen conexiones y se construyen nuevos «puntos nodales». Para cambiar las relaciones se ponen en duda las premisas vigentes.

En el caso de los hermanos, este fue el efecto del trabajo terapéutico realizado con el subsistema. Ahora, siempre hablando de Carla y su familia, ilustro otra metodología que utilizo desde hace muchos años y que también he utilizado en el trabajo *online*: «las terapias fluctuantes». Después de un trabajo terapéutico de cinco sesiones con la familia sobre las relaciones entre ellos, los dividí en subsistemas (el de los padres y el de los hermanos) para que pudieran salir de la amalgama y afrontar por separado los problemas de padres/parejas y de hijos que necesitan volverse autónomos e independientes. Ofrezco también un espacio individual, en el caso de hijos adolescentes o adultos.

Las «terapias fluctuantes»

Pensar que hay problemas que son más apropiados de abordar con el individuo y otros que son más apropiados de abordar con la familia me ha ayudado mucho y me ha permitido idear una forma de trabajar más flexible. Se trata de identificar tiempos, momentos, formas y situaciones en las que es posible salir y entrar en un escenario diferente que rentabilice la intervención redefiniendo de vez en cuando los sistemas significativos. En las terapias fluctuantes (Gaspari y Mastropaolo, 2008), utilizo el espacio-tiempo terapéutico como un *continuum:* en este caso el proceso es un todo que se ramifica en una alternancia de convocatorias. Una vez definido el marco familiar, después de algunas sesiones en conjunto, evalúo, de vez en cuando, con qué partes del sistema es mejor trabajar. La mayor flexibilidad permite ampliar y reducir el sistema familiar, «fluctuando del individuo al sistema y del sistema al individuo» dentro de la misma terapia. Me muevo con facilidad entre los diferentes niveles de complejidad del sistema, convocando a las personas con las que me parece más apropiado trabajar en ese momento, abriendo un espacio sobre el sí mismo del joven adulto y otro con la pareja.

Al igual que las piezas de un mosaico encuentran evidencia en la singularidad de la imagen compuesta, el proceso terapéutico encuentra su definición utilizando piezas de diferente forma y color. Las convocatorias de individuo, subsistema y sistema representan los pasos que he llegado a apreciar como ventajosos y funcionales, a fines del conjunto: «composición del cambio». El reencuentro de la familia en la última sesión permite a todos compartir lo que quieren comunicar del camino recorrido; sin embargo, aparecen como personas distintas con pertenencia a un grupo.

Al separar y unir a padres e hijos en sistema y en subsistemas hemos logrado unos resultados: en las terapias fluctuantes se transmiten algunos mensajes implícitos a partir de la amalgama fusional inicial, se enfatiza la posibilidad de los miembros de la familia de identificarse y evolucionar de forma autónoma, se marcan la confidencialidad y el respeto a las fronteras, y se introduce la idea de compartir y confiar.

En las terapias *online* el «posicionamiento» es una importante información de contexto

Comprender la elección del lugar de posicionamiento del cliente/usuario es información de contexto fundamental y muy importante en las terapias *online* de la cual se puede aprender mucho. Estas son algunas situaciones nuevas a las que me enfrenté:

- En el coche, en el aparcamiento aislado del pueblo.
- En el trabajo, en la terraza atacada por gaviotas.
- En los jardines debajo de la casa.
- ¿Una familia con cuatro ordenadores o solo uno para cuatro?
- ¿Una familia con cuatro ordenadores en cuatro habitaciones de la misma casa o en cuatro casas diferentes? ¿Hay libertad para hablar en casa donde hay otros miem-

> bros de la familia? ¿Quién está detrás de la puerta escuchando? ¿Cómo garantizarse la privacidad y cuáles son los límites?

La presencia del perro o del gato de la familia, que intervienen en la sesión, y la información que, una vez cuestionado con una pregunta triádica, logra dar desde su punto de vista, por boca de su dueña «si el perro pudiera hablar lo que diría sobre la relación entre tu hermana y tú y entre tus padres como pareja» son respuestas interesantes: «Fuffi es el hijo más querido de mi padre, siempre lo sigue, los ojos que no tiene para mí los tiene para el perro; si este ve que mis hermanas y yo estamos peleando, se va a refugiar entre las piernas de mi padre; cuando mis padres pelean, se lleva a mi padre y lo saca de la casa al jardín».

En cierta ocasión un paciente revisionó la sesión en Skype. Me sorprendió que una de mis herramientas de trabajo sea utilizada directamente por él. Incluso me comentó: «Verme tal como aparezco cuando hablo contigo, me hizo percibir lo que soy cuando estoy ansioso y cuáles son mis miedos y pensamientos detrás de esta situación que no he podido verbalizar».

Otra consideración sobre el contexto terapéutico: como sistémica, utilizo una sala con espejo unidireccional, grabando en vídeo las sesiones y con los alumnos que observan mi interacción con la familia. Así, estoy acostumbrada a verme de nuevo, a comentar la sesión grabada con los alumnos, a observar a la familia, a mí misma como terapeuta, y a nuestra interacción, también con los ojos de un alumno. En el contexto *online* esta experiencia se ha convertido en verme en directo, en formato Zoom, simultáneamente en la sesión con la familia o con el individuo, o verme a mí misma con expresiones faciales intensas, significativas y reactivas, esto es, el uso inconsciente del lenguaje no verbal que demuestra mi participación emocional como terapeuta. Ello me ha ayudado a tocar de primera mano la interacción con la familia. Lo que siempre se ha dicho es que es importante observar la interacción entre el terapeuta y el paciente y que, le guste o no, el terapeuta también influye en el sistema; lo he visto en vivo por primera vez en terapias *online*.

El uso terapéutico de las posibilidades que brinda el contexto *online*

¿Lo virtual aparece solo como un cierre autista o tiene nuevas conexiones con lo real?
Lévy, 1997

¿Parece predominante el aspecto de cierre o el aspecto de potencial?
Carr, 2011

Debemos utilizarlo como una posibilidad, incluso en el campo terapéutico. Mensajes, WhatsApp, vídeos como metáforas, comunicaciones rápidas entre paciente y terapeuta, entre colegas, entre personas que trabajan en diferentes lugares, incluso lejanos (Manfrida *et al.*, 2020). El antepasado de la tecnología digital ha sido la ficha telefónica, que todavía uso porque me permite preparar la primera sesión e identificar a las personas que me parece oportuno invitar a la terapia. Los mensajes de WhatsApp se han convertido en el sustituto de las cartas en terapia: intervenciones terapéuticas, reales y precisas, que involucran a varios miembros de la pareja o de la familia o que promueven el compromiso de un miembro ausente.

El uso de vídeos como metáforas es útil y creativo: por ejemplo, he mostrado un vídeo que circulaba en internet sobre el uso creativo del turbante entre mujeres africanas a una mujer en crisis que tenía problema para aceptar la caída del cabello, después de una cura, y se resistía a usar algo que pudiera cubrir su cabeza.

En la investigación que realicé sobre el *hikikomori* (Mastropaolo, 2011) describo los casos de adolescentes o adultos jóvenes que se encierran en casa navegando por internet durante todo el día, interrumpiendo las relaciones con el exterior y creando una identidad virtual en paralelo para vivir una realidad ficticia. Siguiéndolos en terapia, llegué a conocer el mundo de los juegos de rol. Mi curiosidad, así como mi interés por los jóvenes y sus juegos, me ha permitido, sin enjuiciar su pasatiempo como síntoma patológico, transformar su comportamiento solipsista en un juego relacional, convirtiéndolo así en un vehículo de cambio.

Hablar y trabajar *online* con los niños y sus padres

Me ha sorprendido que, en los casos que he visto *online*, he podido trabajar con niños pequeños que se han quedado conmigo y con su familia, delante de la pantalla, hasta durante una hora y media. Por ejemplo, pude seguir a una familia en terapia vía Skype: la niña, Ginevra, se negaba a hablar en la guardería y golpeaba a otros niños. Los maestros asustaron a sus padres al hacer un diagnóstico grave. En la primera entrevista con sus padres, Ginevra, vía internet, después de un silencio reticente, a fuerza de provocarla con simpatía, empezó a contestarme. Utilizando uno de sus títeres, me expresó sus dificultades contándome en detalle las cosas que le preocupaban. Les propuse a sus padres que la pequeña representara su historia a través de un pequeño espectáculo teatral: la madre lo filmó y me lo envió por WhatsApp.

Con los niños utilizo una forma simple y real de comunicar: les dejo introducir libremente pensamientos, emociones o cualquier preocupación; reconozco su habilidad para discutir sus puntos de vista, pero no reemplazo a los padres. Generalizo el problema para disminuir la ansiedad y su sentido de responsabilidad. Verbalizo sus emociones y meta-comunico. Permito que los niños no respondan si no lo creen necesario. Tengo en cuenta sus opiniones y sugerencias incluso si son niños pequeños y las uso como parte de las hipótesis sobre la familia. Los niños y los adolescentes pueden recibir incluso mensajes duros, siempre y cuando sean claros y bien explicados. En cambio, los mensajes confusos y ambiguos, «Te quiero, pero no te quiero», inducen síntomas graves (anorexia, psicosis, neurosis).

Terapias *online*, ¿funcionan?

En mi experiencia, en los casos ya consolidados, la terapia *online* ha funcionado bien, incluso mejor que la presencial en algunos casos. Se puede estructurar entre el paciente y el terapeuta una relación íntima más intensa, con amplio espacio para las emociones y las experiencias siguiendo los procedimientos explicados en los párrafos anteriores. El terapeuta puede observar en directo sus propias reacciones.

Estos son algunos comentarios de las personas en tratamiento:

- Me centro más.
- Hay menos estímulos externos en la pantalla.
- Es una relación más directa contigo, cara a cara.
- Es una comunicación más inmediata, trabajando en otro país.

Durante la fase 2 de la COVID-19 propuse la terapia *online* en casos nuevos. Al principio los participantes se quedaron sorprendidos y luego prefirieron las sesiones a través de la pantalla que con la mascarilla en la sala de terapia.

En la mediación con parejas separadas desde hace muchos años y muy conflictivas ha sido más fácil realizar la sesión *online* desde sus respectivos hogares que recibirlos juntos en la sala de terapia, al menos en la primera reunión.

Los sistemas evolucionan: del obstáculo a la posibilidad

Los sistemas evolucionan, cambian de forma y adquieren nuevas configuraciones. En el sistema mundo de los humanos, el obstáculo no simplemente limita, también es una oportunidad: es una especie de Jano de dos caras (Govigli y Mastropaolo, 1990). Solo si se ven los obstáculos y se aceptan se pueden descubrir las posibilidades.

Ante un evento traumático, como la pandemia por la COVID-19, el sistema (Estado, país, familia) sufre una perturbación que lo desestabiliza hasta que se estructura una situación de crisis. Más allá de un umbral crítico, lejos del equilibrio, se requiere una nueva reorganización evolutiva. Se destaca la necesidad de reubicarse en una visión ecológica.

Referencias

Bateson, G. (1976). *Verso un'ecologia della mente*. Milán: Adelphi [trad. cast.: *Pasos para una ecología de la mente*, Buenos Aires, Carlos Lohlé, 1976].

Boscolo, L. y Bertrando, P. (1996). *Terapia sistemica individuale*. Milán: Raffaello Cortina Editore [trad. cast.: *Terapia sistémica individual*, Buenos Aires, Amorrortu, 2000].

Carr, N. (2011). *Internet ci rende stupidi? Come la rete sta cambiando il nostro cervello*. Milán: Raffaello Cortina Editore.

Gaspari, G. y Mastropaolo, L. (2008). Le terapie individuali, le terapie fluttuanti: Riflessioni di due psicoterapeute sistemiche sulla loro pratica clinica. *Connessioni*, *20*, 107-128 [https://www.scuolagenovese.it/wp-content/uploads/2018/05/terapie-individuali-2008-connessioni.pdf].

Govigli, G. y Mastropaolo, L. (1990). Handicap: vincolo e possibilità. *Terapia Familiare*, *34*, 33-49 [https://www.scuolagenovese.it/wp-content/uploads/2018/05/handicap-vincolo-1990-terapia-familiare.pdf].

Lévy, P. (1997). *Cyberculture. Rapport au Conseil de l'Europe dans le cadre du projet «Nouvelles technologies: coopération culturelle et communication»*. París: Odile Jacob.

Manfrida, G., Albertini, V. y Eisenberg, E. (2020). *La clinica e il web: Risorse tecnologiche e comunicazione psicoterapeutica online*. Roma: Franco Angeli [trad. cast.: *Psicoterapia online. Recursos tecnológicos en la clínica psicológica*, Madrid, Morata, 2011].

Mastropaolo, L. (2011). Nuove patologie adolescenziali o nuove emergenze sociali? L'hikikomori è solo giapponese? *Terapia Familiare*, *97* [vers. cast.: «¿Nuevos trastornos adoles-

centes o nueva emergencia social? ¿Es el *hikikomori* solo japonés?», *Redes*, 28, 2013, pp. 115-140].
— (2019). Dentro la perizia: L'«Intervento per il Cambiamento» nelle Consulenze Tecniche d'Ufficio. En P. Barbetta y U. Telfner (eds.), *Complessità e psicoterapia: L'eredità di Boscolo e Cecchin* (pp. 125-144). Milán: Raffaello Cortina Editore.

3. Trabajar con las organizaciones: romper el esquema

Lia Mastropaolo

Premisas epistemológicas

En el trabajo con las organizaciones, sean instituciones o empresas, con frecuencia nos llaman para resolver un problema circunscrito a la necesidad del momento, y nuestro solicitante a menudo no coincide con el destinatario del servicio o de la intervención. Me refiero, por ejemplo, a aquellas situaciones de tribunal en las que nos piden una consulta para el juez, esto es, hacer un peritaje, expresar una opinión, un diagnóstico sobre el progenitor más adecuado en casos de separaciones por litigio o de maltrato; otras en las que es la escuela la que nos llama, en casos de acoso entre iguales *(bullying)*; o cuando es el director de una empresa el que contacta con nosotros, planteándonos un problema con el personal.

En estos casos los profesionales se sienten, con frecuencia y con razón, frustrados porque, respetando el mandato, se encuentran con dificultades para desempeñar la propia función de técnico. Incluso los sistémicos desempolvan una perspectiva lineal, olvidando aquello que usan en otros contextos.

A veces la tarea que nos es confiada simplifica y reduce nuestra posibilidad de intervención, y el encargo contiene no solo el problema a resolver, sino que da, de forma implícita, las indicaciones acerca de la manera de resolverlo. En estas situaciones ¿cuál es la respuesta más adecuada que, manteniendo íntegro el marco en el que estamos llamados a intervenir, permita al mismo tiempo desarrollar una intervención eficaz que garantice la expresión de nuestra profesionalidad activa?

La cuestión que me propongo es cómo acotar un espacio de autonomía que vuelva incisiva la intervención y transforme el obstáculo de la obligatoriedad en consenso; que prevea la participación activa en el proceso o que consiga quitar al demandante el barniz de derivante incómodo.

¿El marco de la obligatoriedad o la solicitud del encargo son verdaderamente elementos tan poderosos como para marcar un contexto e impedirnos usar los instrumentos a nuestra disposición? Creo que un análisis cuidadoso del contexto y del macrocontexto es la clave para releer los varios sistemas, individuando una posible conexión, a fin de que resulte un todo armónico (Fruggeri, 1998). Para elaborar una intervención, deconstruir un contexto para reconstruirlo según una lectura sistémica es el primer e inevitable paso de redefinición de las relaciones en juego.

El análisis de los contextos y de los macrocontextos (familias, instituciones, servicios, organizaciones, voluntariado, etc.) nos permite ampliar la mirada y producir una intervención que, poniendo en orden como en un rompecabezas la loca disposición de los sistemas involucrados que han definido el problema, los convierta en nudos de una red y redistribuya competencia en un proyecto que une y sigue el mismo hilo conductor.

No me parece ventajoso limitar ni canalizar la intervención solamente a la respuesta a la solicitud, precipitada por su ansiosa y ansiógena emergencia, sino que creo útil como objetivo primario el cambio del modo de acercarse a los problemas: nuestra finalidad no es resolver el problema sino poner a las personas en condición de pensar ante el problema y de hacerse preguntas para afrontarlo.

Opino que no se puede desaprovechar la ocasión de entrar en un sistema para introducir un cambio en la organización, pero sin pensar que cumplimos un acto heroico y sí con particular atención a las relaciones y al contexto. Busco así favorecer una modalidad distinta de acercarse a los problemas, introduciendo complejidad (Bocchi y Ceruti, 1986).

Tocar los puntos neurálgicos de una organización, romper el esquema, significa discutir la visión del mundo de los otros, construida en el tiempo. Esto puede ser visto como peligroso. Por otro lado, si las personas (sean profesores, dirigentes, familias en crisis, etc.) perciben la adquisición de una capacidad nueva en el afrontar los problemas, concentran la acción no sobre el miedo sino sobre los propios recursos, y trabajan junto al profesional a partir del respeto y del cambio compartido. Así, acepto el encargo del demandante, pero redefino. Estoy en la regla, pero puedo cambiar las disposiciones internas a la intervención. Por ejemplo, amplío el contexto respecto de la solicitud e involucro en un proyecto común, en el caso del tribunal, al juez, a los abogados y al CTO (consultor técnico de oficio); en la escuela, al consejo de clase, al director, a los profesores y, a veces, a los padres; en la empresa, a todo el equipo de trabajo.

Pido un espacio y un tiempo sin enjuiciamiento, en el cual se puedan compartir los diversos puntos de vista para prever una intervención que sea sostenible y construida para el contexto específico, buscando la toma a cargo y la responsabilidad de cada uno de los sistemas implicados, conquistando el consenso y la colaboración.

El cambio de lo micro pasa por el macrocontexto; por ello propongo la implicación del grupo ampliado a fin de que la información sea compartida, se identifiquen los objetivos comunes y sean reelaborados en una visión más compleja. El todo pasa por la construcción de un espacio en el cual mantengo una relación no enjuiciadora, curiosa (Cecchin, 1988), de las opiniones de los otros, próxima, que reconozca a la persona en su modo de expresión y, al mismo tiempo, las diversas posiciones ocupadas como instrumento de conocimiento, de información, y no como gestión del poder, pasando así de una competición por la definición del propio rol a la colaboración para la solución del problema.

Ocuparse de la complejidad de los procesos interactivos y de las relaciones implica asumir al menos una doble posición. La visión binocular suministra otras informaciones e introduce la tridimensionalidad: así como los ojos permiten la profundidad de campo, una doble descripción hace emerger la conexión y las relaciones. Para los operadores, los niveles de observación son los datos en bruto y la organización de los datos en hipótesis (proceso interactivo), con la conciencia de que la realidad que emerge es fruto de una construcción que podría venir ensamblada de otras maneras. La comprensión del comportamiento, a través de la relación, favorece un nuevo tipo de aprendizaje: el «deuteroaprendizaje» (*Telfener,* 2011).

Por todos estos motivos, considero que la misión del consultor no es ofrecer soluciones, sino más bien introducir una lógica, indicar un método, que permita a quien entra en contacto con nuestras praxis aprender a afrontar los problemas y elaborarlos. No nos referimos a un técnico que de manera instructiva dé recetas y sugiera a las personas qué deben hacer o cómo comportarse, sino que concebimos un consultor que tenga como peculiaridad actuar para introducir en el sistema una información distinta: cómo se puede reaccionar para afrontar un problema. Queremos favorecer tanto la adquisición de una modalidad repetible en otras situaciones como la capacidad de comprender y transformar la solicitud inicial ampliando el contexto: es la introducción de un método que genera cambio.

La intervención del consultor adquiere un sentido diverso si se consigue que se discutan las premisas de la institución y transformar en protagonistas justamente a los que pensaban en delegar en el técnico. Trabajar con las organizaciones, instituciones o empresas es «romper el esquema» con delicadeza, respeto y atención a las retroacciones, aceptando la marca de contexto, el marco predefinido. El cambio se construye a través de la deconstrucción de las premisas iniciales de la organización. Partiendo de la solicitud, el consultor hace emerger distintos puntos de vista, intenta una reestructuración a través de preguntas circulares, hipotéticas, etc., y reorganiza el contexto en función de cómo la persona reacciona a la hipótesis de un posible cambio. Es propiamente la redefinición de las premisas en el contexto en el que se desarrolla el proyecto lo que hace brotar una nueva jerarquía de acción y desencadena el cambio.

Mis consideraciones nacen de la experiencia de años de trabajo conjunto en los cuales hemos construido diversas praxis de consulta según el contexto: tribunales, escuelas, hospitales, empresas, etc. Nuestra idea de construir proyectos y abrir nuevos espacios ve en el consultor un profesional capaz de aprovechar la ocasión de entrar en el sistema para introducir un cambio en la organización, para favorecer una modalidad distinta de acercarse a los problemas, introduciendo complejidad.

Presento a continuación mi elaboración en diversos contextos, como consultora, *coach* o supervisora de proyectos realizados en el marco de la escuela genovesa. Describo primero el trabajo con el tribunal y después dos experiencias de trabajo en la institución escolar, seguidas en supervisión, que evidencian cómo el distinto modo de afrontar el problema por parte de los consultores se vuelve determinante para definir la intervención y provocar el cambio. Ilustro después un proceso de consulta en una empresa, seguido en supervisión.

El trabajo con los tribunales: análisis del contexto y los dobles vínculos

Me refiero a una reelaboración teórica en el trabajo con los tribunales, fruto de una experiencia que he desarrollado desde la década de 1980 en Génova, primero en un servicio público y luego en la práctica privada. Al principio se trataba de un servicio territorial de prevención, diagnóstico y tratamiento para niños, adolescentes y sus familias, en el que se unieron a las competencias sanitarias las competencias sociales, incluidos todos los casos derivados por el juez. Me encontré por primera vez tratando los casos de separación de parejas, muy en conflicto por la custodia de los hijos, casos de violencia doméstica y maltrato a los hijos o en la pareja misma, adolescentes delincuentes o adictos a las drogas, etc.

Muy pronto me di cuenta de las dificultades de relación entre las dos instituciones: servicio social y juzgado. Tener una formación sistémica desde el modelo de Milán me dio la oportunidad no solo de crear un centro especializado en terapia familiar en el servicio público, donde hacía actividades de terapia, formación de un grupo de profesionales y supervisión, sino también de plantearme cuestiones sobre cómo trabajar en contextos no terapéuticos utilizando el enfoque sistémico. Así nació el análisis del contexto institucional formado por nuestro servicio y el juzgado para definir diferencias entre los dos sistemas. No era posible trabajar en los casos sin antes aclarar la relación entre las dos instituciones.

En la primera investigación nos dimos cuenta de que, por un lado, el tribunal hacía una solicitud ambigua y, por el otro, el servicio no decodificaba los mensajes. La decodificación de los mensajes del juzgado al servicio muestra las características típicas de las prescripciones paradójicas. Se identificaron una serie de dobles vínculos:

- El juez nos ordena:
  - Sé un técnico independiente, pero dentro de los límites que yo te doy.
  - En tu autonomía técnica haz un papel de control social en mi lugar.
  - Asume una función de control y al mismo tiempo terapéutica.

Se demostró que, si bien las características formales de los sistemas son muy diferentes, en realidad la interacción entre los dos presentaba confusión y superposición de roles respecto a poder, funciones y lenguajes.

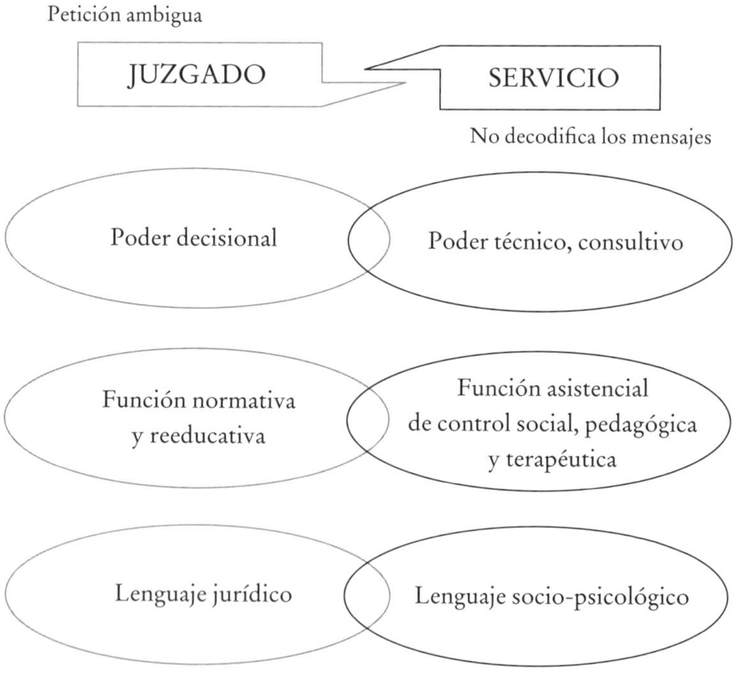

La definición de los límites de cada institución permitió que cada sistema recuperara sus competencias y desempeñara su tarea, dibujando un contexto interactivo nuevo y diferente.

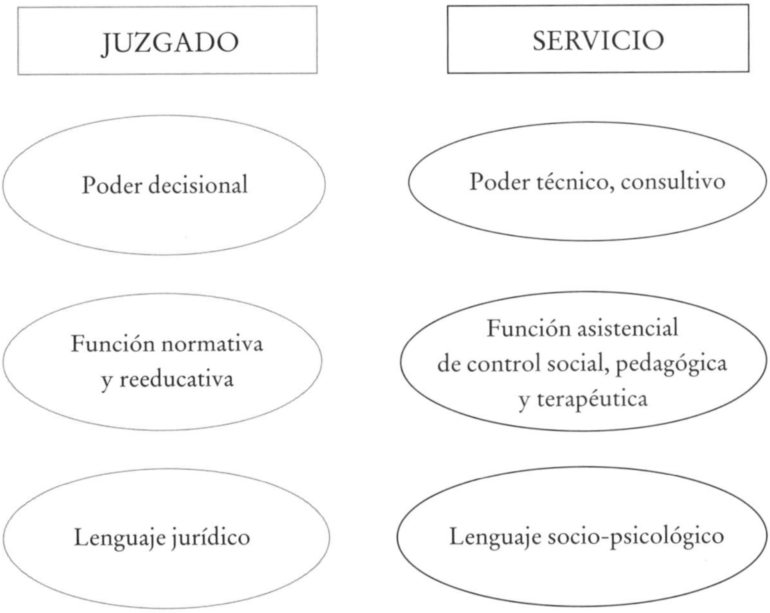

Del mismo modo, se identificó una serie de dobles vínculos entre el servicio social y la familia: puesto que no se hacía claramente explícito el mandato del juez a las familias, la función de control se mezclaba con la función terapéutica.

Dicho análisis servía como relectura sistémica en las situaciones de consulta al juzgado incluso en los casos de separación y divorcio, en los que se revisaba la posición de la pareja ante el juzgado, al que se le pedía que resolviera sobre la separación, para que definiera quién era el mejor padre para los hijos.

La «intervención para el cambio» en caso de peritaje, según el modelo de la escuela genovesa

Se trata de separaciones judiciales muy conflictivas en las cuales, en ausencia de un acuerdo entre las partes, corresponde al juez tomar las decisiones correspondientes, incluidas las relativas a la prole. El mecanismo legal favorece la prolongación de la lucha y la exasperación del conflicto. En ellas se ha desencadenado un procedimiento de recursos, denuncias y querellas, que dura años y que conduce a una derivación por parte del juez, que solicita una consulta o un peritaje al técnico.

En las separaciones, el juez se puede valer de la consulta con un experto (o un servicio social o un CTO), con objeto de valorar cuál de los progenitores es el idóneo para obtener la tutela. Con base en la normativa vigente, el CTO no debe tomar decisiones, sino aportar al juez elementos «objetivos» de valoración que puedan ayudarlo a decidir. A tal efecto, presentará al juez un informe (consulta técnica de oficio) en el que expondrá su valoración del caso. Las partes también pueden consultar a un consultor técnico de parte (CTP) y presentar los correspondientes informes, confirmando o refutando lo expuesto por el CTO.

El juzgado, vista la alta conflictividad en la situación, requiere del servicio social un diagnóstico para conceder la custodia de los hijos al mejor padre. En mi segunda investigación centré mi atención en el hecho de que la pareja que esperaba una definición inmediata del juez se encontraba obligada a acudir a un servicio social o a un perito con el que no había pedido trabajar, lo cual planteaba la idea de cómo superar el problema de una derivación obligada. En tales situaciones, un simple diagnóstico equivale a una fotografía que quizá da respuesta al juez que pide la consulta, dejando el conflicto de pareja inalterado. Esto suscita la cuestión de cómo se puede trabajar con padres que no han hecho ninguna petición y no solo devolver un diagnóstico al juez, sino implicar a la pareja o a la familia en la resolución del conflicto para que colaboren en el bienestar de los hijos.

Mi idea es que, aceptando este contexto, y a pesar de las limitaciones iniciales de la «derivación obligatoria», es posible transformar la demanda de diagnóstico en un recorrido de cambio de las relaciones familiares y de superación de los conflictos.

Esta metodología, puesta a punto hace ya varios años bajo la denominación de «intervención para el cambio», supone una subversión del significado de la peritación y una respuesta alternativa a la derivación obligatoria del tribunal. De hecho, reformula junto a las partes la petición del juez (Mastropaolo *et al.*, 1985; Mastropaolo, 1989), aunque obtiene su fuerza de la potencia de la derivación judicial. La intervención para el cambio, dirigida a los casos que parten de una derivación obligatoria, y mediante una negociación con el sistema, sustituye al simple peritaje o al diagnóstico por un trabajo dirigido a la recuperación de recursos y capacidades.

El siguiente esquema muestra la posición de la pareja parental que se dirige al tribunal con expectativas resolutivas pero que, en cambio, es derivada obligatoriamente al servicio o se le pide una CTO. En este momento, es el técnico quien asume la responsabilidad de una derivación obligatoria, y la redefine transformándola en una ocasión para que los padres recuperen el poder de decisión sobre los hijos, poder que actualmente tienen delegado en el juez.

Casos notificados del tribunal al servicio o del servicio al tribunal

«DERIVACIÓN OBLIGADA DEL JUEZ»

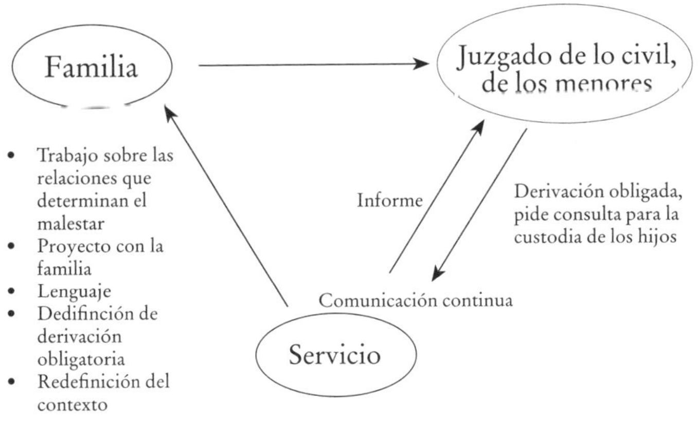

INTERVENCIÓN PARA EL CAMBIO

El caso de Carlos

Los padres de Carlos estaban separados y desde hacía tres años recurrían al juez, luchando por la custodia del hijo con recursos, denuncias y querellas. Carlos, de 9 años, mostraba problemas de comportamiento, estaba en medio del conflicto; a veces hacía de abogado defensor de su padre y a veces de su madre.

El juez me encargó como perito (CTO) y, después de jurar, propuse un proyecto común y construí un contexto de consenso:

- Pedí al juez que su dictamen fuera escrito, anunciándole que utilizaría una metodología e instrumentos sistémico-relacionales.
- Pedí a los abogados consenso y a los peritos de las partes que compartiéramos un recorrido común para intentar, dentro del peritaje, una intervención que permitiera a la pareja superar la grave situación de conflicto para que pudieran reapropiarse de la parentalidad compartida.

De entrada, se aseguró la posibilidad de construir un contexto de consenso en el cual el juez, los abogados y los peritos de parte declararan su adhesión al proyecto de llevar a cabo una intervención que permitiera, mediante la reelaboración del conflicto de pareja, redefinir las relaciones familiares.

Invité a la primera sesión a los padres con Carlos, para sacarlo del conflicto, y a los peritos de las partes (CTP). El propósito de la primera entrevista fue definir la derivación del juez, por cuanto era obligada, y redefinir el contexto para proponer a los padres, en el marco de peritaje, una transformación: «Si quieren, pueden usar el tiempo y el espacio en vez de para un diagnóstico, para afrontar juntos las problemáticas y superar las relaciones altamente conflictivas para que se apropien de su parentalidad, ahora delegada al juez».

En términos coloquiales, era como una suerte de «pacto con el diablo» («¿Por qué un juez, ahora que están separados, pregunta quién es el mejor padre?» «¿Por qué no están contemplados ambos en la tarea de ser buenos padres?»). Procedimos a definir con claridad el contexto de CTO (derivación por parte del juez con el que estamos obligados a relacionarnos, la ausencia de secreto profesional, el posterior envío de un informe al tribunal) y comunicamos a la familia la preocupación del juez por los hijos a causa de la alta conflictividad o incapacidad de los padres.

Teniendo muy en cuenta el tipo de contexto en el que se desarrollaría la intervención, definimos la obligatoriedad institucional, pero procurando obtener la colaboración de las partes mediante un «reclutamiento inicial» que, aunque difícil y complejo, tuvo como objetivo la recuperación de la parentalidad. Gracias al reclutamiento se introdujo la idea de que las personas pueden cambiar si aceptan el proyecto, a la vez que admiten el riesgo de que, si fracasan, deberán compartir el requerimiento legal, es decir, el regreso a la intervención diagnóstica. Se trata de una idea fuerte y poderosa que devuelve a los padres una imagen diversa de la que, por lo general, les brinda un CTO (Mastropaolo, 2010).

Los padres de Carlos aceptaron y concluí con la intervención final, explicándole al niño: «A menudo veo parejas que están tan enojadas, tan monopolizadas por su pelea... Pero ahora tus padres han decidido abordar aquí su conflicto, voy a trabajar solo con ellos y tú, Carlos, puedes sentirte libre para volver a hacer las cosas de tu edad, sin tener los ojos fijos en mamá y papá».

En este caso el recorrido permitió a los excónyuges enfrentarse con la rabia, el resentimiento como pareja y, finalmente, ser capaces de centrarse en el hijo para poder cuidarlo.

El informe que derivo al juez como CTO contiene:

— La historia de la familia según una lectura sistémica: hipótesis sistémica.
— La descripción del recorrido hecho y del desarrollo de las entrevistas.
— Los acuerdos escritos por los padres en el informe.
— La respuesta a la pregunta.

La estructuración de una intervención de este tipo se ha visto favorecida por una colaboración de algunos jueces que, de hecho, suspenden la apremiante tramitación jurídica y esperan, dándonos a la familia y a mí el tiempo para trabajar, sin entrar ya en la materia de nuestro trabajo o en lo que se desprende de las reuniones. El informe al tribunal representa el acuerdo al que los padres hayan llegado, convenido entre ellos aunque trascrito por mí. Si el proyecto funciona, el juez no hace otra cosa que levantar acta de ello.

El uso de una perspectiva sistémica me ha servido como marco, como lente, como metateoría, y me ha proporcionado directrices para una diferenciación de las intervenciones. La metodología que he propuesto siempre en estas situaciones es permitir al padre y a la madre afrontar la separación en términos distintos, y priorizar la cuestión de «cómo es mejor organizar la vida de un hijo que tiene a los padres separados, metiéndose en su piel». A través de este recorrido he sistematizado la metodología que conduce a la pareja a superar la fase conflictiva, incluyendo la derivación del juez, para recuperar la propia capacidad parental.

Por otra parte, está la derivación del juez. Institucionalmente, no hay secreto profesional, pero la introducción de otra perspectiva en el trabajo con la pareja reformula, de hecho, la petición del juez. El enganche, por muy difícil y complejo que sea, si se diseña entre técnico y familia, llega a la estructuración de un proyecto común: superar la situación de conflicto de la pareja, estar atentos al bienestar de los hijos, para que sean los padres quienes decidan en primer lugar sobre ellos. Esto quiere decir que la pareja de padres no acepte ya la idea de que pueda haber un tercero que decida en su lugar (el juez). También quiere decir que la pareja, de cualquier modo, niega la función del juzgado y pone en duda la delegación, dada anteriormente a este último: el juicio.

De esta manera, he transformado una consulta al juez en una «intervención para el cambio» de la familia. Este cambio de perspectiva sitúa a los padres como actores, permitiéndoles reapropiarse de sus propias capacidades: tomar decisiones respecto de los hijos, llegar a acuerdos, etc. Por eso la introducción de esta perspectiva de trabajo ha constituido la parte original y la peculiaridad de la experiencia genovesa: sin ser importada como un producto prefabricado, se ha construido a lo largo del tiempo con nuestra exigencia de abandonar un rol de control o de diagnóstico para, en cambio, ayudar a la pareja parental a volver a hacer suya la capacidad de decidir.

El ámbito de la colaboración entre tribunal y servicio social representa un complejo contexto de interacciones, conexiones y contradicciones de muchos sistemas implicados que intentan diferenciarse y a su vez integrarse, que procuran encontrar objetivos comunes y modalidades distintas. En mi trabajo, el problema de la relación tribunal-servicio social ha sido uno de los primeros en ser afrontado, y su relectura, según la perspectiva sistémica, ha permitido seguir un camino que se ha modificado en el tiempo y en la operatividad, influenciado por distintos presupuestos teóricos que, en el ámbito de esta perspectiva, poco a poco se han desarrollado.

Intervención de consulta en una escuela (heredada y difícil de redefinir)

En una situación de apertura de una ventana de consulta dentro de un instituto, las consultoras respondieron a la solicitud y al proyecto que se les había encargado: abrir un espacio destinado a alumnos y profesores. Aceptando del todo la consigna dada, entraron en el instituto limitadas por un proyecto definido con anterioridad. Realizaron un trabajo óptimo respecto a los muchachos que se presentaban, pero construyeron un espacio de consulta blindado, del cual no habían logrado salir, como si se tratase de una consulta privada, sin rasgar la organización.

Durante la supervisión se definieron los pasos que habían determinado el fracaso parcial: se reorganizó el organigrama del instituto, se analizó el contexto y se evidenció la posición de las consultoras respecto a los distintos actores en juego. La lectura de la situación fue: «Las consultoras han conseguido entrar en un espacio ya construido de una asociación que, el año precedente, había recibido el mandato».

Puesto que la escuela ya no estaba en disposición de pagar, la asociación había mantenido la función de referente y supervisora del proyecto, pero había delegado la ventana de consulta a las residentes, aceptando de buen grado que se ocuparan gratuitamente del trabajo operativo. El mismo convenio con nosotros, como escuela genovesa-Il Metalogo, no fue estipulado, en este caso, directamente con el instituto, sino con la asociación, a través de la cual había que hacer el trámite.

Las consultoras, de las cuales una era profesora en el mismo centro escolar, entraron en la escuela de puntillas. No ampliaron el contexto, abrieron la ventana, desarrollaron su trabajo con los alumnos, respetaron el contrato y no salieron de los confines, es decir, de los límites de la solicitud.

A pesar de que en el curso de la supervisión se evidenciara muchas veces la necesidad de redefinir los roles, de ampliar contexto, de involucrar de otra forma al personal de la escuela, se quedaron «congeladas» en el espacio de consulta. En la tesis escribieron:

> La perfecta coincidencia entre nuestros prejuicios y las premisas explicitadas de la asociación acerca del sistema escuela nos ha llevado a olvidar todo lo aprendido. Así hemos aceptado pasivamente una metodología ya predefinida por otros, sin redefinir el contexto y madurando una especie de «dependencia de reconocimiento» frente a la asociación, que nos ha llevado a aceptar, además de los formales, los aspectos substanciales del proyecto, sin discutir premisas, roles y expectativas de los varios actores de los sistemas implicados. Reflexionando con Lia Mastropaolo, se ha hipotetizado que esta posición hallaba su origen también en el hecho de que, siendo una de las consultoras internas del sistema, se hubiera adecuado más a causa del conocimiento de las expectativas del mismo sistema. Nos hemos movido «dentro del marco», operando, por tanto, a los fines de un cambio 1 y no de un cambio 2.

Una intervención de consultoría en la escuela: la que introduce un cambio

En otra situación de consultoría en la escuela, ya desde el principio la metodología utilizada fue completamente diferente: el acuerdo se estableció directamente entre la escuela genovesa-Il Metalogo y el colegio. De esta manera las profesionales definieron enseguida su rol e indicaron líneas precisas para entrar en el sistema escolar: en primer lugar, pidieron encontrarse con todos los profesores y participar en sus reuniones. En una primera reunión describieron el proyecto pensado para los alumnos y los profesores y presentaron los objetivos. En otra reunión se encontraron con los coordinadores de todas las clases. De este modo, entraron con autoridad en el sistema.

La siguiente fase fue operativa: una consultoría para alumnos y profesores. Dos profesores, de los que parecían más disponibles y colaboradores, señalaron a las consultoras algunos problemas. En particular, uno de ellos expuso algunos hechos y dinámicas de una de sus clases. Describió a los alumnos como chicos muy desinteresados por la actividad escolar, a pesar de que en breve tuvieran un examen; subrayó algunas conductas sexualizadas, basadas en el contacto físico entre las chicas durante la clase; habló de una agresión verbal a través de las redes sociales, de insultos escritos en las paredes de los baños entre compañeras de curso; también de una agresión física entre dos chicas y la relacionó con un episodio ocurrido fuera de la escuela en el que ambas fueron importunadas por un adulto. El profesor pidió, como si fuera un deber exclusivamente suyo, una intervención de las consultoras con el fin de analizar estos problemas y mejorar la calidad de vida de los estudiantes.

Las consultoras se sintieron angustiadas y me pidieron por Skype una supervisión, en la que señalé los pasos necesarios para salir de la limitación de la petición y de la negatividad manifiesta en la forma en que el profesor señaló el problema. Subrayé cómo el profesor, presentándose como confidente de las chicas y el único legitimado para tener con ellas una relación estrecha, expuso un secreto que ponía a las consultoras en una situación ambigua, bien con las alumnas bien con los otros profesores de la clase. Trabajar con un secreto limita la posibilidad de acción y, por este motivo, las consultoras se vieron atrapadas en un doble vínculo por lo que no podían intervenir.

Propuse ampliar el contexto e involucrar a todos los profesores para escuchar todos los puntos de vista. Introduciendo nuevos actores y rechazando una comunicación «especial» con un único profesor, podrían salir del doble vínculo y evitar ser identificadas como depositarias de secretos.

En la reunión con los profesores, las consultoras presentaron la petición del profesor y, antes de organizar la intervención, preguntaron qué problemas tenían los otros profesores con estos alumnos. Después de una confusión inicial en relación con el episodio desconocido por los otros profesores, empezó un debate. En primer lugar, todos estaban de acuerdo en que estos alumnos se portaban mal: no los respetaban, no eran capaces de respetar la asimetría de la relación y se ponían como pares.

A continuación, las consultoras pidieron a los profesores que describieran las conductas de los alumnos, antes de buscar el por qué los alumnos no sabían respetar los diferentes roles. De esta manera, la introducción de preguntas circulares (Tomm, 1984) permitió a los profesores salir de una perspectiva lineal y de una dicotomía bueno/malo e introducir circularidad, exponiendo sus diferentes opiniones. Fue muy útil el momento en que una profesora describió un episodio ocurrido durante una excursión con la clase. Un alumno le preguntó por qué durante las clases ella no era tan disponible y «buena» como era ahí. Esta información le permitió a las consultoras cambiar la historia de la clase. Los profesores empezaron a ver una nueva imagen de los alumnos como necesitados de cariño y dejaron de ser percibidos como «malos». La circularidad de la historia permite generar un cambio. Estuve muy satisfecha con el trabajo de las consultoras en este punto, pues consiguieron cambiar la mentalidad de todos los profesores, que pasaron de una visión lineal a una circular (Mastropaolo, 2008).

Así empezó un debate en el que los profesores por primera vez se plantearon qué era lo que necesitaban los alumnos. Las consultoras propusieron a los profesores organizar un trabajo con la clase, que tenía el objetivo de hacer que los alumnos reflexionaran sobre sus sentimientos y relaciones con los compañeros, y se definieran como clase. La reflexión y el trabajo del grupo, a través de unas palabras clave e imágenes representativas de la clase, haría emerger el malestar de los chicos y abriría un posible cambio en la clase.

Trabajando de esta manera, los alumnos contaron su vivencia en un ambiente negativo de desorden y discusiones frecuentes, porque todo el mundo se ocupaba de la vida de los demás para criticar, ofender y juzgar. Así emergió el malestar de los alumnos, sobre el que se pudo reflexionar, en un segundo momento de trabajo, con la clase, durante el que los chicos individuaron una imagen del grupo posible y diferente.

La exposición de estas reflexiones a los profesores, los cambios ocurridos en la clase y el ambiente diferente que hubo a fin de año, constituyeron en conjunto un excelente experiencia de trabajo que involucró a toda la clase y, sobre todo, en la que los profesores se demostraron a sí mismos que podían razonar sobre los problemas, utilizando, para resolverlos, una metodología diferente. Esta experiencia llegó a ser para el grupo de profesores algo adquirido y repetible.

En definitiva, cuando es la escuela la que nos demanda una intervención específica, por ejemplo, en el caso de *bullying* que se produce en una clase, en vez de ver al agresor y a la víctima por separado, trabajando individualmente, introducimos una metodología que involucra a los distintos sistemas implicados (profesores, alumnos y padres). Con esta metodología activamos en el proceso la participación de todos los actores significativos, a partir de la hipótesis de trabajar las relaciones conflictivas para introducir un cambio en las modalidades relacionales disfuncionales.

Una intervención de *counselling* en una empresa

El consultor solicitó mi supervisión para un caso en el que el director de una empresa tenía problemas con el grupo operativo de la compañía y pidió una intervención en el grupo para que este funcionara mejor, para que mejorara el ambiente interno y la productividad a través de una acción a nivel de la motivación de los trabajadores. El consultor me presentó un proyecto de trabajo con el que pensaba intervenir con los individuos o con el grupo operativo. No obstante, mi supervisión daría otro tipo de indicación.

La premisa necesaria para crear el proyecto era definir una perspectiva sistémica del marco en el que el consultor tenía que actuar, de su rol dentro del sistema y de la supervisión de la escuela genovesa-Il Metalogo; comprender las expectativas del demandante; analizar el contexto del sistema de la empresa a nivel productivo, jerárquico y relacional respecto de la sociedad matriz (¿cuál es el marco más amplio en el que opera la empresa?). De esta manera, durante tres reuniones, el consultor delimitó la petición y el organigrama de la empresa, constituido por dos grupos diferentes: el grupo operativo y el directivo.

Del análisis del organigrama en el contexto más amplio de las diferentes sedes se pudo determinar que la empresa estaba en una fase de desarrollo en el mercado y construyendo una nueva realidad empresarial, por lo que tenía que reformular la manera de trabajar. Esta situación de continuo proceso de cambio resultaba poco clara para la empresa. Por otra parte, se evidenció un fuerte contraste entre la dirección y los trabajadores, si bien el objetivo de la compañía era el desarrollo personal y profesional de sus trabajadores para alcanzar las metas de la compañía.

A partir de lo anterior empezamos a elaborar una hipótesis sobre el funcionamiento de la empresa, no sin antes crear un contexto autónomo respecto del demandante. Debíamos superar la natural desconfianza de los trabajadores, que tienen miedo a hablar, uniendo nuestro encargo con las expectativas de los empleados y pensando en una intervención no impuesta desde arriba sino construida por todos.

En la supervisión definí con el consultor la metodología. Había que exponer a la dirección los objetivos a alcanzar, conservando autonomía y libertad de acción. Era necesario aclarar que el resultado de las entrevistas individuales sería protegido por el secreto profesional, siempre respetando el encargo. El resultado de este trabajo sería comunicado a todos.

Detrás de todo esto está la preocupación de que los empleados vieran en el consultor a la misma dirección y, por tanto, se opusieran, aunque fuera de manera irracional e inconsciente, a la búsqueda y recopilación de información y a la intervención del consultor. Para evitar esto, se pidió una reunión con los empleados en la que el director presentaría al consultor, quien a su vez expondría sus objetivos. El consultor subrayó la confidencialidad de las entrevistas y manifestó que la descripción del trabajo hecho sería comunicada en un encuentro final a toda la empresa, relación que sería a su vez elaborada y construida por todos, a través de entrevistas individuales y grupales.

En las entrevistas individuales emergió el malestar y el conflicto. El consultor estaba desbordado por la información que recibía. Le era difícil evitar la influencia de (no dejarse influir por) las narraciones individuales de conflicto con los demás empleados, así como superar una visión limitada para centrarse en la situación general de la empresa (Radaz, 2004).

El consultor analizó el contexto, sus reglas implícitas y explícitas, sus valores y creencias (que emergen de la política empresarial, de la manera «normal» de hacer las cosas). En esta fase hay que construir relaciones abiertas y claras entre las personas, conocer y entender el rol y las expectativas de cada uno y su manera de relacionarse con el consultor. Para esto construimos un mapa del sistema con el fin de reconocer los puntos de contacto y de conflicto de los diferentes subsistemas.

En el trabajo de *coaching*, puesto que el demandante (la directiva) no había pedido nada sobre el grado de satisfacción de los empleados, el trabajo sobre lo singular se limitó a lo que surgió en las entrevistas (Govigli, 2006). De todos modos, esta intervención produjo un cambio. Hacer preguntas circulares y construir hipótesis permitió a algunos empleados verse de manera diferente dentro de la organización empresarial.

En la supervisión propuse al consultor reunirse con los dos grupos por separado, construir con ambos su propio organigrama y analizarlo. El organigrama hecho por la directiva era completamente diferente al propuesto por el grupo operativo y, de la misma manera, ambos grupos describieron el sistema de un modo diferente. Fueron apareciendo dos equipos de trabajo diferentes, simétricos y en conflicto. Había dificultades comunicativas y una confusión general relativa a los deberes de cada uno. El único enlace entre los dos grupos era el secretario, que representaba el «puente» entre ambos subsistemas. Por este motivo, el secretario era necesario en la estructura del sistema.

El director muy a menudo no estaba en la empresa y temía al secretario: no lo limitaba, sino que favorecía que su poder creciera. Este era el problema de la dirección. Por otro lado, los empleados (todos hombres) se sentían abandonados; el grupo estaba organizado jerárquicamente y los mayores enseñaban a los más jóvenes sin reconocerles nunca una competencia adquirida. El grupo administrativo, constituido solo por mujeres, valoraba más las capacidades intelectuales que la experiencia. Los dos grupos no se comunicaban, se evitaban y no reconocían el rol del otro. Ambos grupos describían al director como una persona ausente y desconectada de la estructura. Había un problema de poca claridad en la dirección y de confusión de competencias.

Los mitos presentes en esta empresa permitieron comprender mejor el funcionamiento del sistema. Era el momento de reunir a toda la empresa y devolver el resultado del trabajo hecho.

El consultor mostró, a través de diapositivas, el análisis del sistema con sus elementos positivos y negativos; expuso el encargo dado por la dirección, mostró el trabajo realizado y presentó los organigramas construidos antes y después de las entrevistas individuales y grupales, destacando las diferencias. Ilustró los mitos de la empresa, subrayando cómo, por un lado, unían al grupo y, por otro, lo bloqueaban impidiendo el cambio. Finalmente, habló de las posibilidades de intervención.

Más tarde, en la supervisión, pensamos proponer un ejercicio «práctico». Organizamos un día experiencial fuera de la sede de la empresa para buscar un contexto que pudiera favorecer la expresión libre y donde fuera posible que emergiera el potencial de todos los empleados. El objetivo era mirar a los trabajadores y a la estructura empresarial de una manera renovada, más curiosa y empática. Así, con una perspectiva de complejidad, fue posible favorecer un cambio, reconociendo a los demás sus recursos y capacidades, así como la comunicación, entendiendo lo que la bloqueaba y lo que la favorecía, en pro de encontrar soluciones: con esto plantamos las premisas para «metacomunicar», esto es, para aprender a hablar de la misma comunicación.

La construcción de espacios para los subsistemas y para el grupo entero permitió a cada uno verse de manera nueva, más abierta y flexible, pasando de una visión monocular de la empresa a una binocular (Bateson, 1984). Por último, la idea era dejar una nueva competencia, una manera nueva de pensar y de actuar cambios.

Conclusión

A través de la presentación de estos tres diferentes contextos he intentado ejemplificar cómo se puede transformar un encargo limitado en un proceso compartido que lleve a un cambio y que pasa por una libre elección en el momento en que se otorga responsabilidad. Hemos trabajado añadiendo complejidad, ampliando el contexto e involucrando no solo al grupo que no funciona, sino a todos los actores presentes. Esto ha permitido a todas las personas colocarse en el sistema y ver los problemas no como límites, sino como posibilidad de reflexionar sobre las necesidades de los diferentes miembros. En el nuevo escenario comunicativo es posible reconocerse a sí mismo y a los demás en la diferencia de rol, competencia y relación, superando las simetrías. Destruyendo las premisas iniciales que estaban en la base del problema, se definen nuevas premisas que facilitan la comunicación y pueden llegar a ser una manera diferente de enfrentarse a las dificultades: una experiencia adquirida y repetible.

Referencias

Bateson, G. (1984). *Mente e natura: Un'unità necessaria*. Milán: Adelphi [trad. cast.: *Espíritu y naturaleza*, Buenos Aires, Amorrortu, 2006].

Bocchi, G.L. y Ceruti, M. (1986). *La sfida della complessità*. Milán: Feltrinelli.
Cecchin, G.F. (1988). Hypothesizing, circularity, and neutrality revisited: An invitation to curiosity. *Family Process, 26*(4), 405-413 [https://doi.org/10.1111/j.1545-5300.1987.00405.x].
Fruggeri, L. (1998). Dal contesto come oggetto alla contestualizzazione come principio di metodo. *Connessioni, 3*, 75-85.
Govigli, G. (2006). Il coaching sistemico nelle organizzazioni. *Connessioni. Processi, organizzazioni, incertezze, 18*.
Mastropaolo, L. (1989). Ridefinire la coazione: Terapeuta sistemico e tribunale. *Ecologia della Mente, 4*(8), 82-100 [https://www.scuolagenovese.it/wp-content/uploads/2018/05/coazione-1989-ecologia-della-mente.pdf].
— (2008). Il lavoro di rete con i migranti. En P. Chianura, L. Schepisi, A.C. Dellarosa, M. Menafro, P. Peruzzi (eds.), *La relazione e la cura* (pp. 321-328). Milán: FrancoAngeli.
— (2009). La mediación y la intervención para el cambio: Recorridos diferentes de la Escuela Genovesa. En R. Medina, E. Agulló, R. Castro, R. Calderón y L. Eguiluz (Coords.), *Consultoría colaborativa. Intervención sistémica en redes y organizaciones* (pp. 95-124). Guadalajara: Red América.
— (2010). La violencia familiar en la encrucijada entre terapia, mediación y justicia. *Redes. Revista de Psicoterapia relacional e Intervenciones Sociales, 23*, 39-61 [https://www.scuolagenovese.it/wp-content/uploads/2018/05/redes-23-violencia.pdf].
— (2022). Suggestions for a Creative Manual: The «Intervention for Change» and the Therapeutic Relationship. The Floating Therapies and Working on the Self. En M. Mariotti, G. Saba y P. Stratton (eds.), *Handbook of Systemic Approaches to Psychotherapy Manuals: Integrating Research, Practice, and Training* (pp. 373-390). Nueva York: Springer.
— *et al.* (1985). L'interazione Consultorio Tribunale. Strategie sistemiche operative. *Terapia Familiare, 17* [www.scuolagenovese.org].
Radaz, S. (2004). La consulenza «senza consigli»: Fare coaching in campo professionale. *Rivista Europea di Terapia Breve e Sistemica, 1*, 146-153.

TELFENER, U. (2011). *Apprendere i contesti: Strategie per inserirsi in nuovi ambiti di lavoro*. Milán: Raffaello Cortina Editore.

TOMM, K. (1984). Circular interviewing: A multifaceted clinical tool. En D. Campbell y R. Draper (eds.), *Applications of Systemic Family Therapy: The Milan Approach* (pp. 33-45). Londres: Grune & Stratton.

4. La inteligencia terapéutica en el trabajo con redes relacionales

Juan Luis Linares

La elección de una modalidad de intervención terapéutica adecuada en situaciones patológicas de alta complejidad es una cuestión ardua que, inevitablemente, remite a la multicausalidad y, en un giro recursivo también inevitable, a pautas complejas de actuación.

Podemos definir la inteligencia terapéutica como el modo en que utilizamos los recursos del terapeuta para, en estrecha conexión con el objeto de la intervención (individuo, pareja, familia, y ahora añadiríamos red), optimizar sus efectos (Linares, 2012). Todo ello enmarcado en un modelo (casi cabría llamarlo metamodelo) como el sistémico, fundamentalmente interesado en las relaciones. De lo anterior se deduce la gran importancia que, en la perspectiva sistémica, adquiere el juego de lentes que permite enfocar los distintos planos citados, con el referente conceptual de una vinculación flexible entre ellos en cuanto que subsistema, sistema y suprasistema.

Parece lógico considerar que, con tales premisas, mientras más se amplía el foco, más se cumplen las expectativas del modelo (o de los profesionales que lo asumen y manejan) de trabajar con las relaciones, tarea mucho más complicada si se focaliza al individuo que si, de manera progresiva, se focaliza a la pareja, la familia y la red. Pero hay otra consecuencia inherente al juego de lentes que, digámoslo claramente, estamos propugnando, y es que mientras más ampliamos el foco, más nos alejamos de una lógica estrechamente causalista para adentrarnos en la equifinalidad (y aquí puede que salte la sorpresa...) y el pragmatismo. Porque, en efecto, sería cuando menos enrevesado atribuir a una red la causa de un malestar o de una patología, mientras que esa misma red se convierte en un poderosísimo instrumento para el cambio terapéutico.

Pero que nadie se inquiete: la pareja y la familia van a continuar brindándonos inestimables elementos de comprensión e inspiración para armar nuestras intervenciones terapéuticas, que, con un poco de suerte (ecosistema mediante), y al menos en algunos casos privilegiados, hallarán en las redes un espléndido cauce de realización práctica.

La relación y, de su mano, la configuración de la mente humana, tienen tres grandes vías para construirse, y también para expresarse, dándose a conocer: la *cognitiva*, la *emocional* y la *pragmática*. Los procesos ideativos, las dinámicas afectivas y los mecanismos de actuación, lejos de contraponerse, se entrelazan y complementan, brindando una trama extremadamente compleja en la que cada componente mantiene su relativa autonomía a costa de enriquecer a los demás. Es así como la *capacidad literaria*, abanderada cognitiva consistente en la disponibilidad para construir historias alternativas a las que aportan los clientes (aunque inspiradas en ellas), se combina con la *inteligencia emocional*, representante del universo afectivo, que, guiada por la comunicación analógica, permite el procesamiento de las más sutiles informaciones y las más finas conexiones. Y ambas interactúan con el *espíritu práctico*, emblemático del mundo de la acción, capaz de poner en marcha nuevos modos de actuar que, aunque presentes en el horizonte relacional de las personas, no estaban siendo suficientemente implementados.

Reformulaciones, *expresiones emotivas* y *prescripciones* serían, cada una, los grandes instrumentos de estas tres lógicas de la relación humana al servicio del cambio terapéutico, asociadas en infinitas versiones posibles de una ecuación de *inteligencia terapéutica* (véase cuadro en la página siguiente).

Queremos decir con ello que hay infinitas maneras de manifestar inteligencia terapéutica, con la única condición de que se apoyen en los recursos propios del terapeuta, naturales o adquiridos, y reconozcan la condición de la problemática sobre la cual intervienen, acoplándose adecuadamente a sus características relacionales y a las cualidades de sus actores más representativos.

Vías para construir relaciones	Elementos fundamentales	Cualidades psicorrelacionales	Recursos terapéuticos
Cognitiva	Procesos ideativos	Capacidad literaria	Reformulaciones
Emocional	Dinámicas afectivas	Inteligencia emocional	Expresiones emotivas
Pragmática	Mecanismos de actuación	Espíritu práctico	Prescripciones

Sorprende que, a pesar de tratarse probablemente de la intervención más representativa del espíritu sistémico, haya tan pocos autores que se hayan ocupado de las redes relacionales. Están, desde luego, los padres fundadores, Ross V. Speck y Carolyn L. Attneave (1974), merecedores de figurar en el selecto club de los pioneros de la terapia familiar. Su libro es fascinante por lo innovador, y su idea de la *retribalización*, coherente con los orígenes nativo-americanos de Attneave, posee una indudable coherencia con la esencia misma del concepto de red. Al fin y al cabo, la tribu, en sentido real o metafórico, es un macrosistema dotado de una mitología que podemos llamar «cultura» (Linares, 2012). Sin embargo, la propuesta de poner a danzar al son del tambor a los miembros de la red, más allá de su exótico atractivo, restringe notablemente sus posibilidades de aplicación fuera de un reducido círculo de la burguesía culta estadounidense.

Carlos E. Sluzki (1996) es quien realiza, probablemente, el aporte más completo al trabajo sistémico con redes. Su posicionamiento, acuñado en experiencias de marcado compromiso sociopolítico, aúna una exquisita sensibilidad sistémica con un pragmatismo que aporta instrumentos capaces de poner el trabajo con redes al alcance de cualquier terapeuta valiente y curioso.

Mony Elkaïm (1989), por su parte, aporta al trabajo con redes nada menos que su condición de judío marroquí formado en Francia y en Estados Unidos y afincado en Bélgica. Su participación en el Mayo del 68 parisino, así como su protagonismo en la creación del movimiento antipsiquiátrico y en la European

Family Therapy Association le confieren un perfil psico-social alternativo que encaja en su gusto por el trabajo con redes. Quien lo haya oído hablar (cabría decir actuar) ante grandes asambleas entenderá mejor a qué nos referimos.

En cuanto a Jaakko Seikkula (2003), reivindica para su modelo la denominación de *open dialogue*, aunque en realidad se trata de una brillante variante del trabajo con redes. En la fría y casi desértica Laponia finlandesa, el anuncio de una crisis psicótica genera la inmediata convocatoria en torno al paciente de una red relacional que, liderada por profesionales, lo acompaña día y noche. Con una total disponibilidad, le ofrecen un permanente diálogo abierto (es decir, sin ningún tipo de guion preestablecido), en lo que equivale a una auténtica campaña de reconocimiento personal de gran eficacia terapéutica.

En España, Juan Rodríguez Abellán y José Navarro Góngora (Navarro Góngora, 1994; Rodríguez Abellán, Sales Miralles y Navarro Góngora, 2004) han trabajado con redes en el ámbito de las adicciones y de la discapacidad severa y el autismo, en momentos decisivos del ciclo evolutivo. Por ejemplo, estos autores recomiendan el uso de las redes cuando se han de tomar decisiones trascendentales, como las que tienen que ver con la institucionalización y sus alternativas, o en situaciones de bloqueo o crisis grave.

Este capítulo describe la experiencia del autor en el campo de las redes relacionales mediante tres ejemplos, ilustrativos de otras tantas maneras de plantear la intervención en ellas. La inteligencia terapéutica reside siempre en la capacidad de adecuar la aplicación de diversos recursos a las características y, especialmente, a las necesidades de cada caso. Sin embargo, la importancia del perfil del terapeuta, crucial cuando este trabaja en solitario con individuos, parejas o familias, pasa a un segundo plano cuando lo hace con redes, por lo general en equipo. Tampoco es decisiva la condición del objeto de intervención, que, al ser colectivo y de variada extracción, dista de presentar cualidades homogéneas. El elemento central para guiar la intervención será, por tanto, la naturaleza del problema, que obligará a enfatizar sus aspectos cognitivos, pragmáticos o emocionales.

Los fracasos de Francesc

Francesc era un hombre de 45 años, masovero en una finca en la comarca catalana de Osona, a veinte kilómetros de su capital, Vic. Casado y con dos hijos de 12 y 10 años, vivía en la finca con su mujer e hijos, así como con el padre, antiguo masovero jubilado, y la madre. El masovero es una figura típica de la Cataluña norte, equivalente al capataz. Es un cargo de confianza del propietario, que se suele heredar de padres a hijos. No es raro que el masovero y su familia permanezcan en la finca, viviendo en una magnífica masía antigua, aunque cambie la propiedad. Además, suele gozar de autonomía para criar ganado a su gusto y cultivar lo que considere conveniente.

Francesc era una persona plácida, buen padre de sus hijos, a los que solía acompañar en coche al colegio. Sin embargo, desde que se hizo cargo de las funciones de masovero, no había tenido suerte. Tenía ambiciones de modernizar la finca, por lo que había sembrado kiwis importados de Nueva Zelanda, que sin embargo no habían resistido las condiciones climáticas de la región. También quiso introducir una nueva raza de ovejas traídas de las Islas Shetland, que no corrieron mejor suerte, habiendo muerto todas.

Los fracasos agropecuarios afectaron al carácter de Francesc, que se volvió taciturno y más introvertido. Sin embargo, no parecieron minar su espíritu innovador, puesto que al poco tiempo, y tras la compra y precipitada lectura de algunos libros especializados, empezó a proponerse como curandero en el vecindario. Huelga decir que con poco éxito, puesto que los vecinos que habían visto cómo, ante la impotencia de Francesc, se secaban los kiwis y se morían las ovejas, difícilmente podían confiar en sus supuestas habilidades sanadoras. Así las cosas, un día metió a la mujer y a los hijos en el coche y se plantó con ellos en la cúspide de un precipicio cercano, dispuesto a arrojarse al vacío.

Afortunadamente, se detuvo, dudando, mientras alguien que se había dado cuenta de la extraña trayectoria del coche avisó a la policía. Esta intervino muy aparatosamente, incluso con un helicóptero, logrando amedrentar a Francesc y reducirlo. Entonces explotó el delirio: «¡Soltadme! ¿Cómo podéis tratarme de esta manera? ¡Más respeto que yo soy Tarradellas, el presidente de la Generalitat de Cataluña!». Fue conducido al hospital psiquiátrico del sector, donde ingresó en estado de agitación y entre manifestaciones delirantes similares.

El internamiento duró veinte días, durante los cuales se instauró una medicación neuroléptica de rutina, a la vez que se iniciaron conversaciones con Francesc apenas su estado lo permitió, a menos de una semana del ingreso. Antes de marchar de alta, se acordó con él y con su esposa que el tratamiento continuaría en el territorio, comenzando con algunas sesiones domiciliarias, a las cuales se les propuso invitar a cuantas personas consideraran importantes desde el punto de vista de su relación con ellas. El dispositivo asistencial que permitió realizar esta intervención consistía en un dispensario en la ciudad de Vic, al cual el equipo acudía tres días por semana. Además, se disponía de una pequeña unidad de cinco camas en el hospital psiquiátrico de referencia, en Barcelona, para ingresos de pacientes agudos. La distancia entre ambas ciudades es de setenta kilómetros.

Y así llegó el día de la primera sesión de red.

En la magnífica masía de piedra, residencia de la familia, alrededor de una enorme mesa de madera junto a una chimenea crepitante, nos encontramos reunidos una veintena de personas. Por la mesa, de mano en mano, circulaban un porrón con vino y un fuet, salchicha seca típica de la comarca. Era la puesta en escena perfecta para que los participantes se sintieran cómodos, conscientes de formar parte de un ritual culturalmente coherente.

Tomó la palabra el terapeuta para exponer brevemente la situación: Francesc había mejorado mucho y en ese momento, un mes después de su crisis, se encontraba asintomático. Sin embargo, era indudable la gravedad de lo que había ocurrido, por lo que resultaba imprescindible evitar que se repitiera. Tal era la razón de que se les hubiera convocado. Se trataba de encontrar una explicación de lo sucedido que ayudara *a comprender*.

Se les invitó a presentarse, en lo cual dieron ejemplo los cuatro miembros del equipo terapéutico: psiquiatra, psicólogo, trabajadora social y enfermera. Estaban presentes, además, los seis miembros de la familia (Francesc, su esposa Leonor, los dos hijos, Cristina y Jordi, y los padres, Ramón y Dolors). Por último, se identificaron también siete vecinos, el párroco, el médico, la farmacéutica y el pastor que trabajaba con el ganado de la zona.

En funciones de terapeuta, el psiquiatra invitó a Francesc a tomar la palabra, pero este rehusó visiblemente emocionado. Lo hizo, en cambio, un vecino, que pronunció un breve discurso muy elogioso con Francesc. Según él, nunca había conocido a nadie mejor persona y menos conflictivo como vecino, refiriendo algunas anécdotas sobre situaciones en las que había necesitado su ayuda y aquel se había volcado. Otros asistentes se fueron animando a intervenir durante la hora y media que duró la sesión. En parecidos términos transcurrieron otras dos sesiones que se celebraron con frecuencia semanal, al cabo de las cuales se disponía de una historia construida colectivamente, que el terapeuta no dudó en exponer a modo de colofón. He aquí su resumen.

> Francesc fue siempre un chico educado y tranquilo. Sobre eso existía total unanimidad. Por ello causó cierta sorpresa en el vecindario que, al acabar el colegio, Ramón anunciara que el muchacho no continuaría con el trabajo en la finca, porque se iba a dedicar a la mecánica, que era lo que de verdad le gustaba.
>
> La sorpresa, sin embargo, no duró mucho, porque al poco tiempo Francesc conoció a Leonor y le entraron las prisas por casarse. La solución práctica pasaba por seguir la senda del padre como *hereu* [heredero] de la masovería. Desde luego en la masía no faltaba sitio para una nueva familia. Y así fue como Francesc cambió su vocación por amor.
>
> Siguieron unos años tranquilos, en los que vinieron al mundo Cristina y Jordi, mientras su padre ayudaba impecablemente al abuelo Ramón en las tareas agrícolas y su madre, Leonor, a la abuela Dolors en las domésticas. Pero llegó el momento de que Ramón se jubilara y, de forma casi automática, Francesc ocupó su puesto como masovero. Claro está que una cosa es lo que ocurra oficialmente y otra muy distinta contemplar la posibilidad de que un *pagés*

> [campesino] se jubile de verdad. Y más aún si está acostumbrado a disponer casi con entera libertad de campos y ganado. Por muy jubilado que estuviera, Ramón conservaba íntegra su capacidad de influir sobre su hijo, aun cuando este no le obedeciera, empeñado en introducir sus estrambóticas (en opinión del padre) reformas. Y su mirada de censura se endurecía más y más a medida que tales reformas fracasaban una tras otra.
>
> La atmósfera se fue haciendo irrespirable, y fue en tal contexto en el que, desesperado, Francesc decidió probar suerte con una actividad a la que no alcanzara la pericia de su padre: la curandería. Pero ya sabemos que esa aventura le supuso un nuevo fracaso, no dejándole otra opción que traspasar los límites de la locura. El delirio empezó a brotar en su interior: «Soy el presidente de la Generalitat, pero como lo más probable es que tampoco me reconozcan como tal, no me quedará otra posibilidad que destruirme, junto con mi preciosa familia. Así el mundo sabrá lo injusto que ha sido conmigo».
>
> Es conocido el resultado.

La exposición de esta historia causó honda impresión en los asistentes. Una onda de afecto solidario recorrió la sala, haciendo que se sucedieran varios comentarios llenos de comprensión. La locura de Francesc había pasado de ser una oscura y misteriosa amenaza a un fenómeno inteligible, regido por leyes de una cierta lógica.

El terapeuta retomó la palabra para subrayar los pasos que habían ido minando la identidad de Francesc: su renuncia a realizarse como mecánico; los largos años de ciega obediencia a su padre; la censura de este, representativa de la incomprensión del mundo ante el fracaso de sus innovaciones; por último, el mazazo final del fracaso de su tentativa de solución a la desesperada: ni una sola consulta como curandero. Añadió algunas observaciones de índole psicoeducativa: básicamente, que el trastorno psicótico de Francesc era de buen pronóstico porque era de inicio tardío, cuando este, a pesar de sus contradicciones, había construido una vida plena, incluyendo una hermosa familia a la que él se dedicaba como el buen hombre que era. Además, había respondido muy bien a la medicación, que no tendría que tomar de por vida, sino solo hasta que se sintiera suficientemente seguro de sus cambios.

También hizo una prescripción, consistente en pedirle a Francesc que buscara en la cercana ciudad de Vic, y en general por toda la comarca, algún taller de mecánica que lo admitiera, aunque fuera en calidad de aprendiz. El terapeuta era consciente de la dificultad de conseguir un resultado positivo, pero en realidad se trataba de una prescripción estratégica tendente a legitimar la vocación frustrada en la juventud de Francesc. Y como tal, planteada en presencia de toda la red, cumplió su función, aunque el propio Francesc no llegó a realizar gestiones en ese sentido.

Para acabar, el terapeuta anunció que la terapia continuaría en el dispensario de salud mental, adonde serían requeridos solamente Francesc y su familia. Y así se concluyeron las sesiones de red, despidiendo a los no convocados con las adecuadas fórmulas de cortesía.

Se realizaron, en efecto, cinco sesiones más con formato de terapia familiar, durante las cuales se consolidó la nueva narrativa surgida de las sesiones de red. Además, se conectó a Ramón y Dolors con el Imserso, una institución dedicada al cuidado y recreo de las personas mayores, con la firme intención de que viajaran y se divirtieran fuera de casa, confirmando así la autonomía de Francesc.

Durante un año se siguieron haciendo sesiones individuales de seguimiento de frecuencia mensual. Finalmente, ante el mantenimiento de una situación totalmente normalizada, Francesc fue dado de alta. Seguimientos informales en los años sucesivos mostraron que la recuperación alcanzada se mantenía, aún sin medicación.

El tratamiento de Francesc incluye una intervención muy representativa de «red relacional cognitiva». En efecto, se trata de construir una historia con el material comunicado por los miembros de la red, que aporte una versión comprensible, aunque distinta de la que brindan los síntomas; en vez de una historia presidida por el misterio y el miedo, otra en la que aparecen los rasgos humanos de lo que, en circunstancias adversas, podría ocurrirle a cualquiera.

La psicosis es algo muy serio y peligroso, que nunca debe ser banalizado. Pero no por ello deja de tener aspectos que, aun en su complejidad, resultan asequibles a la argumentación lógica. Por ejemplo, la negación relacional de la existencia que implica la desconfirmación: ¿quién puede resistirse a comprender el sacrificio identitario que supone para Francesc la renuncia a su vocación de mecánico? Y ello en un contexto en el que sus padres le exigen fidelidad a la tradición familiar aceptando la herencia de masovero, a la vez que le censuran muda pero implacablemente sus angustiosos intentos por innovar y ser él mismo.

Desde esta perspectiva, su última y desesperada iniciativa para salvar su identidad convirtiéndose en curandero, pierde todo rastro de patética grandilocuencia para convertirse en un gesto merecedor de simpatía solidaria. Se trata del episodio, necesariamente bizarro, que con tanta frecuencia precede a la eclosión de la psicosis, y así lo comprendieron los miembros de la red, algunos de los cuales realizaron comentarios tan expresivos como: «Claro, pobre Francesc, si llega a montar un circo seguro que le crecen los enanos».

En realidad es como si los enanos le hubiesen crecido, puesto que la última tentativa de obtener reconocimiento dentro de los límites de la cordura fracasó estrepitosamente. Ya solo le quedaba lanzarse al precipicio... de la locura, magistralmente simbolizado por aquel otro, de naturaleza orográfica, por el que estuvo a punto de despeñarse con su familia.

El desencadenamiento del delirio despejaría cualquier duda sobre el sentido último del proceso psicótico: pocas figuras más reconocidas y respetadas en la Cataluña de aquel momento que Josep Tarradellas, el presidente de la Generalitat recién regresado del exilio en olor de multitudes. Difícilmente habría podido Francesc elegir un personaje más identitario para inspirar su delirio, y así lo entendió la red relacional en pleno: «Para ser alguien, a Francesc no lo quedó otro remedio que sentirse Tarradellas».

La principal clave del éxito de la intervención residió, desde luego, en la elección de la estrategia adecuada, una red cognitiva.

El entorno relacional de Francesc, representado por dicha red, generó cambios mitológicos, de los que quedaron excluidos los fantasmas terroríficos derivados de la presencia de un loco peligroso en el vecindario.

Mitología	Valores y creencias	Clima emocional	Rituales
Espontánea (Mito del loco)	Francesc es un peligro para todos	Predominio del miedo: distancia y frialdad emocional	Exclusión de los rituales comunitarios
Inducida por la red relacional cognitiva	Francesc es un buen hombre que ha sufrido mucho	Actitud solidaria: cercanía y calidez	Inclusión en los rituales comunitarios (fiestas, comidas, etc.)

El cuadro anterior muestra las modificaciones que se producen en la mitología del sistema constituido por el entorno inmediato de Francesc a raíz de la intervención de *red relacional de sesgo cognitivo*. De entrada, y como efecto más inmediato del trabajo terapéutico, cambian los valores y creencias, que no en vano representan el componente cognitivo de la mitología y, en cuanto tal, el objeto directo de la intervención. Francesc pasa de ser un peligro público a un hombre bueno que ha sufrido mucho. Pero el auténtico milagro de la red relacional es que los efectos del trabajo terapéutico con ella se extienden al clima emocional, que, al liberarse del miedo, pasa de ser frío y distante a cálido y cercano. Y la onda del cambio también alcanza a los rituales comunitarios, que superan la tendencia a excluir al loco, sustituyéndola por una dinámica de inclusión y participación.

La soledad de Vicens

Joana acudió al dispensario de salud mental de Vic acompañada por su marido, Josep, sufriendo ataques de pánico, ni muy intensos ni muy frecuentes, que fueron tratados con buenos resultados. En el curso de su tratamiento, Joana habló de su familia, una fratría de siete hermanos, dispersos por toda España, con la excepción de Vicens, el mayor, que seguía viviendo en la vieja casa familiar de Orius, un pueblecito de la zona montañosa de la comarca. Según Joana, Vicens «estaba mal de la cabeza» y no mantenía relación con nadie de la familia.

Un buen día, el equipo de salud mental recibió un mensaje urgente del Ayuntamiento de Orius, anunciando que un vecino de la localidad, de nombre Vicens Farré, se estaba paseando desnudo por la carretera. Era enero y había montones de nieve acumulada por toda la comarca, así que la cosa podía ser seria. Hechas las oportunas averiguaciones, se comprobó que se trataba del hermano de Joana, por lo que se avisó a esta y a su marido, y el equipo se puso en marcha, provisto de una manta, ropa y un botiquín de emergencia.

Vicens se hizo visible al equipo nada más llegado este a Orius, ya que, lejos de ocultarse, más bien daba la impresión de estar exhibiendo su desnudez. Se le arropó con la manta y, una vez introducido en el coche, se le ayudó a vestirse y se le suministró un tranquilizante. En esas llegaron Joana y Josep, confirmando lo que el equipo ya había percibido: Vicens no hablaba: «Lleva unos cuarenta años sin hablar... ¿verdad, majo?». Joana se había dirigido alternativamente al equipo y a su hermano, que aparentaba unos sesenta años. «No hay forma de arrancarle una palabra, pero a su manera se hace entender».

Vicens, con el ceño fruncido y los labios apretados, daba la impresión de estar preocupado, pero no ofreció resistencia ni se mostró violento en ningún momento. En compañía de la hermana y el cuñado, se visitó la casa familiar, que era una auténtica ruina: el tejado roto dejaba entrar lluvia y nieve, y lo que entraba por las ventanas, en las que faltaban muchos cristales, era la rosa de los vientos en pleno. Se decidió el inmediato ingreso de Vicens en el hospital psiquiátrico y se acordó una entrevista con Joana y Josep a los pocos días.

Apenas ingresado, se le practicó a Vicens una analítica de urgencia, que permitió descubrirle una diabetes descompensada. Era un milagro que viviera y que aun pudiera valerse por sí mismo. Se le instauró el tratamiento adecuado y en pocos días se apreciaron sus efectos. Cuando llegó el momento de la entrevista con la familia, Vicens presentaba un aspecto muy distinto: limpio, afeitado, bien vestido y, sobre todo, visiblemente relajado. Pero, por supuesto, seguía sin hablar.

Joana aportó toda la información que poseía sobre su hermano, que no era mucha. Siempre había sido un niño raro, muy cerrado y de pocas palabras, con un extraño apego a su madre, a pesar de que esta no lo trataba muy bien. A los veinte años aproximadamente apareció la enfermedad. «Bueno, se le fue la cabeza, se volvió loco, ya se puede usted imaginar». Dejó de hablar por completo y durante un tiempo se negó a salir de casa. Luego, tras la muerte del padre y a medida que los hermanos se fueron marchando, él fue mejorando algo, en parte también porque aceptó ir tomando alguna medicación.

Finalmente se quedó solo con la madre, y empezó a realizar algunos trabajos remunerados para los vecinos. «¡Ah!, pero le tenían que pagar a mi madre, porque él no podía tocar dinero. No sé si en eso habrá cambiado».

La familia se fue disgregando y los hermanos prácticamente dejaron de verse. «Así hemos seguido hasta ahora, doctor, somos una familia muy rara. Yo fui la única que mantuvo relación con mi madre y con Vicens en los últimos tiempos. Bueno, con Vicens es un decir, porque cuando nosotros veníamos él desaparecía o se escondía. Cuando murió mi madre nos lo encontramos de pie delante de casa por la mañana. Había venido andando y sabe Dios cuánto tiempo debía de llevar allí. Nos hizo señas de que fuéramos con él y ya nos imaginamos lo que había pasado».

Desde entonces, Vicens continuó realizando sus pequeños trabajos agrícolas, haciéndose pagar en especie para no tocar dinero. Ello suponía, por supuesto, una alimentación muy irregular, a veces pan y embutidos, otras solo patatas, rara vez frutas o verduras. Vicens se preparaba sus comidas también a su manera: en más de una ocasión debió de ingerir patatas y cebollas crudas.

Finalmente, el equipo construyó, con Joana y Josep, una hipótesis de lo que debía de haber constituido la crisis definitiva de Vicens. Con la casa en ruinas, prácticamente inhabitable, y la salud minada por la diabetes, sin fuerzas para trabajar y sin comida, la vida cotidiana se le debió de hacer insoportable. Su gesto de salir a pasear desnudo en pleno invierno se podía interpretar en consecuencia como un desesperado grito de petición de ayuda. Eso sí, la tozudez psicótica no había disminuido un ápice, de modo que… ¡sin palabras!

No fue fácil para el equipo decidir qué tipo de intervención terapéutica realizar. Vicens era en cierto sentido fuerte como un toro, capaz de resistir lo inimaginable cualquier estresante físico, pero a la vez era una criatura extremadamente frágil, a la que cualquier golpe podía romper. Por otra parte, los orígenes de su psicosis eran demasiado lejanos y los protagonistas estaban muertos o desaparecidos. Sería una ingenuidad pretender reconstruir cognitivamente los procesos relacionales involucrados en su historia psicótica. En cambio, había cosas importantes que se podían hacer para dignificar su vida y hacerla merecedora de ser vivida.

Una vez atendida su salud física, en un proceso con el cual Vicens colaboró de forma impecable, se le consiguió una pensión no contributiva, modesta pero significativa para una economía como la suya. Su hermana se encargaría de cobrarla y administrársela, dada su aversión al contacto directo con el dinero. Su cuñado Josep, que era albañil, se comprometió a repararle la casa, a cuyo efecto pudo contar con la ayuda del propio Vicens. Se restauraron techo y ventanas y se taparon las grietas, consiguiéndose un nivel aceptable de habitabilidad. Josep fue muy claro al respecto: «La casa está como para vivir en verano. En invierno seguirá siendo inhabitable, porque las reformas que hemos hecho son justitas».

A todo esto, se habló con dos vecinas, hermanas y viudas, que simpatizaban mucho con Vicens. Se negoció con ellas que, a cambio de una pequeña cantidad procedente de la pensión, le hicieran la comida durante el tiempo que estuviera en el pueblo. También se habló con el alcalde y con otros vecinos para estimularlos a que, en la medida de lo posible, siguieran encargándole pequeños trabajos agrícolas, principalmente de desbrozar campos.

Y eso fue todo. Durante los años de seguimiento se mantuvieron los resultados alcanzados con lo que podríamos llamar *intervención pragmática sobre la red relacional.*

En total fue algo más de una docena el número de personas implicadas en la intervención, aunque todas ellas nunca se reunieron de forma conjunta. El equipo actuó en todo momento de intermediario, atando cabos con un espíritu eminentemente pragmático. Los resultados fueron óptimos durante los años en que se efectuó seguimiento. Vicens permanecía en el hospital psiquiátrico, en régimen de residencia protegida, de noviembre a abril, fecha en que marchaba a su casa para permanecer en ella el otro medio año. Las vecinas lo esperaban felices de serle útil, excediéndose en sus prestaciones (por ejemplo, le lavaban la ropa). Y mientras no le faltaban fuerzas, tenía siempre algunos trabajos a realizar con los que aumentaba sus ingresos (el dinero lo recibía, claro está, su hermana y administradora).

Las desdichas de Mariana

Mariana acudió a terapia familiar a los 38 años de edad, derivada por un departamento de servicios sociales que había apreciado su buena voluntad para cuidar a sus hijos, que se estrellaba, además de con importantes dificultades materiales, con una depresión pertinaz, resistente a tratamientos farmacológicos. Mariana, mujer de gran belleza, había tenido dos hijos con Jaime, de 42 años: Jonathan, de 5 años, y Lucía, de 3 años.

Los cuatro miembros de la familia asistieron a varias sesiones de terapia, en las que se comprobó que Jaime era un buen hombre que trataba bien a su mujer y a sus hijos, aunque su trabajo como vigilante nocturno lo tenía agotado hasta el punto de que se dormía en las sesiones. Los niños eran dos diablejos encantadores, capaces de agotar al más pintado, incluyendo obviamente a sus padres. Por lo demás, la familia funcionaba razonablemente bien, sin conflictos ni problemáticas graves... salvo, quizá, el desbordamiento que se producía cada quince días, cuando aparecían los otros tres hijos de Mariana (Marisa, de 16 años, Félix, de 14 años, y Rubén, de 12 años), a pasar el fin de semana con su madre. Los tres procedían de una relación anterior de Mariana, en la cual el padre, narcotraficante al parecer, había desaparecido del mapa familiar. Ellos habían vivido siempre con los abuelos maternos, sin apenas contacto con su madre, hasta que, recientemente, ella había exigido que se establecieran esas visitas de fin de semana.

Comoquiera que en estos últimos datos asomaba un pasado de Mariana más sombrío de lo previsto, se procedió a citarla individualmente, y así se realizaron tres sesiones más, en las cuales ese pasado se manifestó en toda su crudeza.

La gran revelación fue que Mariana había sido abusada sexualmente por su padre, a base de tres violaciones completas por semana, de los 6 a los 16 años. Con esa edad, ella despertó del encantamiento y se lo contó a su madre, la cual no reaccionó: «Prácticamente, fue como si no me hubiera escuchado».

Llena de rabia, Mariana se marchó de casa, dando así comienzo al segundo capítulo de su historial de infortunios.

Tras andar desorientada dando tumbos por la vida en situaciones de alto riesgo, la chica fue captada por una pandilla de narcotraficantes, cuyo jefe la hizo su pareja. Vinieron así al mundo sus tres hijos mayores. Y aquí, Mariana estalla en lágrimas:

> MARIANA: Lo más terrible es que, a medida que nacían, yo los llevaba a casa de mis padres... Cualquiera podrá pensar que los entregaba a mi propio verdugo... pero en el ambiente en que yo vivía no había sitio para niños... Además, yo sabía que los tratarían bien, que mi padre no les haría lo que me hizo a mí. No me pregunte por qué, pero lo sabía... Aun así, eso no estuvo bien... pero es que yo andaba tan perdida...

Lo que más le dolía era que sus hermanos, ignorantes de la historia de abuso, la tenían por una loca irresponsable, que anteponía sus caprichos al cuidado de sus hijos. Por cierto, aún no hemos hablado de los hermanos, que eran cinco: Carlos, el mayor, de 40 años, con un recorrido vital de drogas e internamientos, aunque algo mejor en los últimos tiempos, lo cual le había permitido casarse con Teresa, tener dos hijos y llevar una vida razonablemente estable. Rosario, de 36 años, casada con David y también con dos hijos. Mario, un enérgico mocetón de 33 años, conviviendo con Rosa. Y, por último, Rubén y Fernando, de 22 y 20 años, los únicos que aún vivían en casa de los padres.

Hay que decir que Enrique (más adelante hablaremos de él), el padre, de 60 años, era un empresario exitoso que había creado una fábrica de utensilios de ferretería que funcionaba como empresa familiar: todos los hijos, menos Mariana, trabajaban en ella bajo su férrea dirección. Incluso Carlos se había incorporado recientemente como comercial, después de haber estado distanciado por sus problemas con las drogas. Virginia, la madre, tenía también 60 años, aunque un cierto aire aniñado, coherente con su personalidad dependiente, la hacía parecer menor. También ella trabajaba en la fábrica como administrativa.

El tiempo transcurrido descartaba la utilidad de la vía judicial para obtener cualquier reparación, puesto que con toda seguridad el delito había prescrito. Sin embargo, dada la importancia del concepto de reparar en situaciones de abuso, se le planteó a Mariana la necesidad de que los padres acudieran a terapia. Ella se resistió, aduciendo que el padre no lo aceptaría nunca y que, si venía, sería para negarlo todo. Sin embargo, el equipo insistió y, finalmente, aceptó intentarlo.

Y los padres vinieron.

Virginia se portó conforme a lo esperado, adoptando una postura pasiva y de seguimiento de su marido. Pero Enrique dio la sorpresa. Lejos de cualquier actitud explícitamente negadora, asumió el papel del pecador arrepentido:

Enrique: Doctor, tengo que reconocer que durante mucho tiempo estuve abusando sexualmente de mi hija Mariana de una forma espantosa. Y lo peor es que nunca permití que se supiera, por lo que todo el mundo, empezando por sus hermanos, no ha sabido interpretar bien su conducta posterior, juzgándola y condenándola, sin valorar para nada la enormidad de sus sufrimientos. Y debo añadir

> que toda la responsabilidad es mía y exclusivamente mía, porque su madre nunca supo nada ni se lo imaginó remotamente. Ella no lo habría permitido.

Llamaba la atención la firmeza y seguridad de su voz, sin la menor vacilación y, casi cabría afirmar, sin indicios de emociones. El discurso le estaba dedicado al terapeuta y al equipo que, eventualmente, pudiera estar detrás del espejo unidireccional o de la cámara que grababa la sesión. En ningún momento le dirigió la mirada a Mariana ni, menos aún, se dirigió a ella con sus palabras. También ignoró como interlocutora a su mujer. Comunicacionalmente, podría haberse inferido que le importaba mucho más la reacción del público que la de las coprotagonistas del drama, la hija y la esposa.

No es de extrañar que Mariana se sintiera fatal durante la sesión, dando continuas muestras de incomodidad, incluso llegando a negar gestualmente en algunos momentos. Su mensaje era claramente el siguiente: «¡A mí esto no me sirve!».

El terapeuta era consciente de que esa repentina «santificación» del padre era lo último que podía ser útil a Mariana, por lo que tomó la palabra.

> Terapeuta: Bueno, Mariana, está claro que esto no le está sirviendo, y se comprende. Hemos venido hoy aquí esperando encontrarnos con un hombre malo, un villano que abusó sexualmente de su hija de una forma especialmente grave. Y nos hemos encontrado con un santo, un pecador repentinamente convertido y capaz de confesar públicamente sus faltas y de mostrar su arrepentimiento. Ante tanta virtud, si se descuida va a ser usted la mala si no se apresura a perdonarlo incondicionalmente. Que es lo último que a usted le apetece hacer. No, en efecto, esto no funciona. Tendremos que buscar alguna otra manera...

A medida que el terapeuta hablaba, Mariana se fue mostrando ostensiblemente relajada, acompañando con gestos afirmativos sus últimas frases. Y el terapeuta añadió:

Terapeuta: Tengo una propuesta. Me gustaría que hiciéramos una reunión a la que asistan todas las personas que Mariana quiera invitar. En ella Enrique volverá a explicar lo que pasó, lo que le hizo a su hija, y, además, todos podrán preguntar y hacer comentarios. ¿Qué les parece? ¿De acuerdo?

Todos estuvieron de acuerdo y Mariana quedó encargada de preparar la reunión y de convocar a los participantes. Pero el terapeuta tenía interés en conocer mejor a los padres, así que los convocó solos para un par de sesiones más, en las que se revelaron algunos detalles importantes de su historia.

Podríamos decir que Enrique y Virginia habían nacido el uno para el otro. Virginia quedó huérfana de padre y madre a la edad de 8 años como consecuencia de un accidente. Sus dos hermanas mayores se ocuparon de ella, sobre todo buscándole una plaza en un orfanato en el que transcurrieron sus siguientes diez años. Triste niña solitaria, su infancia y adolescencia transcurrieron entre sueños y fantasías de encontrar al príncipe azul que le brindara lo que para ella era el mayor bien imaginable: una confortable y total dependencia protectora.

Y, adecuadísimo a tal efecto, encontró a Enrique.

Hijo único de una pareja circunstancial, sin la menor consistencia conyugal, la infancia de Enrique transcurrió en una casa por cuyos pasillos desfilaban los y las amantes de sus padres, continuamente renovados. Sus necesidades básicas estaban cubiertas, pero la vida para él era como una especie de inmenso supermercado donde podía y debía servirse a voluntad, siempre y cuando no molestase a los empleados con innecesarias preguntas. Así desarrolló una personalidad dominante, en la que el elemento central era que todo le estaba permitido, siempre y cuando fuera él mismo quien se lo procurara. Por eso, su pareja debía ser una especie de prolongación de sí mismo, incapaz de oponerse a ninguna de sus decisiones.

Y Virginia encajaba a la perfección en tal perfil.

Coherentes con su modelo de «terapia reparadora», los terapeutas habrían querido armar un proceso en el que los padres (es decir, el padre y su inevitable prolongación, la madre, a la cual la terapia debería también haber acabado ayudando a individuarse) representaran el principal agente reparador. Tiene pleno sentido que más repare quien más daño ha hecho. Sin embargo, prueba de la dificultad que tal pretensión entrañaba es que no se pudo conseguir, y ahora veremos por qué.

Mariana hizo sus deberes y preparó la lista de las personas que, según ella, deberían asistir a la sesión de red: padres (dos), hermanos (cinco), cuñadas y cuñado (tres), tías maternas (dos), así como ella, su marido y sus hijos (siete). Figuraban también tres familias vecinas de los padres, de cada una de las cuales se decidió invitar a dos miembros. En definitiva, un total de veinticinco personas.

Y llegó el momento.

Con la presencia de dos terapeutas, los asistentes fueron ocupando sus asientos, que, para mayor solemnidad de la situación, dotándola de un cierto carácter ceremonial, estaban reservados nominalmente con sus respectivas tarjetas.

Cuando todos estuvieron acomodados, el terapeuta responsable tomó la palabra para hacer una introducción explicativa. O mejor dicho, intentó tomar la palabra, porque Enrique no se lo permitió, interrumpiéndolo con gestos y discurso de líder empeñado en serlo:

> ENRIQUE: Estamos reunidos aquí para que os cuente algo muy grave que pasó hace años. Yo estuve abusando sexualmente de mi hija Mariana durante bastante tiempo, hasta que ella se marchó de casa. Fueron abusos de los peores, pero responsabilidad exclusiva mía. Su madre nunca supo nada. Y lo peor es que, al no contarle nada a nadie, fui cómplice de que se la considerara una irresponsable, empezando por sus hermanos. Bueno, era eso lo que yo quería contaros.

El terapeuta, que había optado por permitir la imposición de Enrique, añadió simplemente que era el momento de que quien tuviera algo que decir, lo dijera. Y los comentarios no se hicieron esperar. Virginia, la madre, dijo entre sollozos:

VIRGINIA: Yo... juro que no sabía nada... no me lo podía imaginar... cuando Mariana me lo contó yo pensé que solo habían sido unos tocamientos... pero ahora... pobrecita mi hija...

Fue un testimonio patético, cuya falsedad no pasó desapercibida a nadie.

Luego tomó la palabra una de las hermanas de Virginia, con un discurso largo y prolijo que hubo que invitarla a acortar. Pero cumplió el efecto de comunicar a Mariana que «el mundo» comprendía sus sufrimientos y la injusticia de que había sido objeto. Y llegó el momento más importante. Habló Mario, el cuarto hermano.

MARIO: Estoy sorprendido de que papá fuera capaz de hacer lo que hizo y de que mamá no lo impidiera, pero a la vez no estoy sorprendido porque, en cierto sentido, ya lo sabía. Creo que, de alguna forma, todos lo sabíamos. Hay varias maneras de no saber, y una es esa en la que no quieres creer lo que te dicen tus sentidos. Porque es más cómodo, porque es menos comprometido, porque arriesgas menos. Así fuimos todos cobardes, porque creer la versión oficial de que Mariana era una irresponsable nos evitaba enfrentarnos a papá. Y eso es lo que hemos hecho con nuestra hermana: condenarla sin juicio, declararla culpable y expulsarla de la familia. ¡Encima de lo que había sufrido en su vida! ¡Pero esto no puede quedar así! ¡Tenemos que hacer algo!

La sesión continuó con diversas declaraciones de solidaridad con Mariana. La madre dijo que ella no podía seguir viviendo con Enrique después de saber lo que había hecho, y anunció que se separaba. Enrique continuó con su papel de pecador arrepentido, asegurando que todo lo que se dijera contra él era poco.

Mario convocó una reunión de hermanos al día siguiente en la fábrica, a la que invitó a participar a Mariana. Y así acabó la sesión de red relacional, si bien el tratamiento continuó con sesiones de terapia familiar en convocatorias diversas.

Pero lo más importante ocurrió al día siguiente en esa reunión de hermanos, especie de consejo de administración de la empresa. El padre se había presentado en la fábrica esa mañana como si nada hubiera sucedido, asumiendo el mando y dando órdenes como de costumbre. El mensaje, tal y como lo entendieron los hijos, era: «Yo he cumplido, y ahora a trabajar, que aquí no ha pasado nada». Pero Mario, interpretando el sentir general, no estaba dispuesto a permitir que todo quedara así, de modo que lideró una auténtica rebelión, que depuso a Enrique de la dirección de la empresa. Se le concedió un generoso vitalicio, así como el uso y disfrute de una casa en la playa, propiedad de la familia, a más de doscientos kilómetros de distancia. Virginia, como era de prever, decidió en el último momento unir su suerte a la de su marido. Su vida sin él era inconcebible.

Y Mariana fue admitida en la empresa como administrativa, con todos los honores.

La terapia reparadora estaba prácticamente concluida, ya que, para Mariana, ser aceptada por sus hermanos era la máxima compensación imaginable. Los terapeutas habrían preferido que los padres hubieran participado en el proceso reparador, pero su dinámica se precipitó conducida por los hermanos, y habría sido una torpeza enlentecerla.

Quedaban algunos flecos, como convencer a los tres hijos mayores de Mariana de la bondad del proceso, que, para ellos, suponía ciertas pérdidas materiales. Y en eso fue de gran ayuda la colaboración de la primogénita, Marisa, mucho más preparada que sus dos hermanos menores para comprender lo que todo aquel cambio significaba para su madre. Finalmente, también fue de gran utilidad la generosa ayuda de la empresa familiar, que, de la mano de Mario, entendió muy bien el sentido de la necesaria reparación.

Ya hemos dicho que la elección de una de las tres vías definitorias de la inteligencia terapéutica para armar una intervención de red relacional depende de una ecuación en la que intervienen factores que corresponden al terapeuta y su contexto y factores que corresponden al sistema sobre el que se interviene, igualmente contextualizado.

La *red relacional cognitiva* es la que mejor se adapta a la idea de una *terapia de red*. Cambiar la atribución de significado a un trastorno psicopatológico requiere un trabajo laborioso a desarrollar generalmente en varias sesiones, ilustrado a la perfección por el caso de Francesc. Las personas influyentes del entorno del paciente participan en la creación de una nueva narrativa que permite contemplar de forma novedosa los síntomas y las desventuras a ellos ligadas. Los cambios en la comprensión de los fenómenos psicopatológicos acarrean nuevas emociones, principalmente la ternura y el afecto solidario, que sustituyen al miedo y al rechazo. Y, finalmente, todo ello genera nuevos comportamientos de ayuda, apoyo y aceptación.

La *red relacional pragmática* tiene su principal indicación cuando la necesidad más perentoria es la coordinación de profesionales e instituciones y, eventualmente, pero por lo general en un segundo plano, familiares. El caso de Vicens es un buen ejemplo, en el que coinciden dos de las principales causas de la prioridad institucional: el alejamiento, en el tiempo o en el espacio, de los factores determinantes de las dinámicas relacionales disfuncionales influyentes sobre los síntomas, y la importancia de los aspectos materiales (económicos, de salud, etc.). Un tercer factor, presente en muchos casos, aunque no importante en este, es el peso del control y de las instituciones que lo representan. Los cambios pragmáticos que provocan directamente estas intervenciones generan secundariamente cambios cognitivos y emocionales. El trabajo con Vicens y su red relacional provocó una comprensión de su «loca» conducta de pasear desnudo en pleno invierno, un reflejo de afecto y ternura entre los habitantes del pueblo y, muy en especial, en las dos vecinas.

La *red relacional emocional* está especialmente indicada, por lo general en forma de una sesión única, intercalada en el curso de una terapia amenazada de bloqueo o simplemente que no está fluyendo al ritmo adecuado. La intervención de red puede, en tales casos, crear por sí sola la intensidad emocional requerida, o bien, como con Mariana, aprovechar los elementos emocionales presentes en la historia. La gran sacudida afectiva inicial sirve así de punto de arranque de un proceso cognitivo novedoso (Mariana no era una irresponsable, sino una pobre chica huyendo de una terrible historia de abusos) y de una reestructuración pragmática reparadora (la revuelta de los hermanos que la incluyen con todos los honores en la empresa familiar).

En definitiva, la intervención sobre la red relacional, inspirada por la inteligencia terapéutica, es un recurso versátil capaz de adaptarse a múltiples situaciones problemáticas de variada índole. Los terapeutas sistémicos que se tomen la molestia de familiarizarse con ella, sin dejarse impresionar por su aparente complejidad formal, serán recompensados por unos resultados generosos, representativos de lo mejor que puede ofrecer el ecosistema.

Referencias

Elkaïm, M. (ed.) (1987). *Les pratiques de réseaux : santé mentale et contexte social*. París: esf [trad. cast.: *Las prácticas de la terapia de red: salud mental y contexto social*, Barcelona, Gedisa, 1989].

Linares, J.L. (2012). *Terapia familiar ultramoderna. La inteligencia terapéutica*. Barcelona: Herder.

Navarro Góngora, J. (1994). Intervención en redes sociales de adictos. *Revista de Psicoterapia*, *5*(18-19), 99-117 [https://doi.org/10.33898/rdp.v5i18-19.1064].

Rodríguez Abellán, J., Sales Miralles, H. y Navarro Góngora, J. (2004). Terapia familiar e intervenciones en redes sociales: nuevas aportaciones al tratamiento del autismo y la discapacidad. *Informació Psicològica*, (84), 18-22 [https://www.informaciopsicologica.info/revista/article/view/347].

Seikkula, J. (2003). The open dialogue approach to acute psychosis: Its poetics and micropolitics. *Family Process*, *42*(3), 403-418 [https://doi.org/10.1111/j.1545-5300.2003.00403.x].

Sluzki, C.E. (1996). *La red social: frontera de la práctica sistémica*. Barcelona: Gedisa.

Speck, R.V. y Attneave, C.L. (1973). *Family networks*. Nueva York: Pantheon Books [trad. cast.: *Redes familiares*, Buenos Aires, Amorrortu, 2000].

5. Miradas que suman: el trabajo en red profesional, una parte necesaria en salud mental infantojuvenil

Joana Alegret

Por mi parte, agradezco esos mundos
dentro de mundos dentro de mundos.
Siri Hustvedt

A mediados del siglo pasado vivimos en Occidente un cambio epistemológico en la aproximación a los problemas de la salud mental. Su fuerza consistió en añadir complejidad a la lectura de las conductas humanas, abriendo el foco y contemplando el contexto donde aquellas se daban. La importancia de tal giro fue y sigue siendo de gran alcance. Enumeraré, sin agotarlos, los campos en los que ha influido: la psicología, la psiquiatría, el trabajo y la educación social, la psicopedagogía, la enseñanza, la protección infantil, la sanidad, etc.

Hoy en día, estamos en plena transformación de la primera posición ecosistémica. La siembra inicial ha fecundado muchos metacontextos, y es notorio que hallamos prácticas numerosas de síntesis entre modelos. Ello es consecuencia del mestizaje entre bagajes bien diversos en los que lo ecosistémico es el denominador común. La metáfora de la visión a distinta escala, tomada de Cancrini, me parece luminosa: el mapa a gran escala es imprescindible para una comprensión primera de la ruta amplia, mientras que el foco se necesita cuando hay que orientarse ante fenómenos más reducidos. Por ello, me parece útil considerar lo ecosistémico como un metamodelo, que contiene, alberga, se complementa con otros pensamientos teóricos. Enumeraré solo algunos de ellos: la teoría del apego, la comprensión del desarrollo neurobiológico, la teoría polivagal, la teoría del trauma y de sus efectos en el reprocesamiento adaptativo de la información, las propuestas de diálogo abierto o las prácticas apreciativas. Lo macro conteniendo lo micro. Bienvenida, a mi juicio, la integración. La ya caleidoscópica realidad actual aumentará, creo, en el futuro.

A la vez, según mi opinión, es necesario ofrecer criterios para orientar a los profesionales que reciben demandas bien distintas entre sí. No es banal la cuestión de que «el café para todos» produce frustraciones en los clientes y en los profesionales. Por ello, antes de aceptar una derivación, creo que es preciso plantearse las siguientes dudas: ¿Es una situación para mí? ¿Para nosotros? ¿O para tal equipo o profesional? ¿Lo derivo? ¿Tengo retroacciones positivas del receptor en otras situaciones parecidas? Tales distinciones nos evitarán ir a remolque de la moda. Es necesario tener motivos razonados y razonables para encajar la variedad de solicitudes en un abanico de posibles respuestas, siempre que cada una de ellas sostenga un grado de rigor del que hemos tenido pruebas.

Una consecuencia de lo anterior es la necesidad de conexión entre los profesionales. De la calidad de tal enlace dependerá que la intervención prosiga con buena, mediocre o mala salud.

El trabajo en red profesional

La mirada detallada de cómo rentabilizar la red profesional es escasa en la miríada de materiales escritos de los que, por otra parte, nos hemos nutrido gratamente. En tales materiales los ejemplos nos iluminan, pero solo algunas veces se detienen en los avatares de la urdimbre relacional entre colegas. En tantos trabajos de mis autores preferidos, procedentes de Italia, Francia, Estados Unidos y Argentina, puede verse transmitida la conexión citada. Y solo en algunos de ellos se detalla su construcción, sus altibajos, sus logros y sus fracasos.

Antes que nada, definiré lo que entiendo por trabajo en red profesional (TRP). Se trata del posicionamiento con la red secundaria, esto es, con el conjunto de personas que entran en contacto con la familia desde una institución, entendida esta en sentido amplio, o varias de ellas. Recordemos, con José Ramón Ubieto, que «no es posible pensar nuestra intervención profesional al margen de otras intervenciones, las conozcamos o no» (2007, p. 27). La mayoría de los actores son profesionales, aunque no excluiremos lo que en algunos lugares se llaman «paraprofesionales» (voluntarios, autoridades o compañeros de religión o de pertenencias políticas, etc.)

Su hilvanado es poco subrayado en la mayoría de las formaciones universitarias o posteriores. Lo que se pretende aquí es ponerle foco, darle la importancia que merece. Es como el envés de un tejido cuya parte visible, la trama, se sostiene en él.

Empezaré por enumerar brevemente los trabajos que más me dejaron huella en referencia al TRP. Uno de los pioneros en detallarlo fue Edgar H. Auerswald (1968). En un artículo, citado más adelante, ejemplifica con un caso la peculiaridad de cómo se sitúa un profesional *ecológico-sistémico*, denominación que el autor inaugura.

Otra referencia obligada es la de «Prácticas de la terapia de red» (Elkaïm *et al.*, 1987). Se trata de una compilación muy interesante de un conjunto de experiencias sumamente novedosas de Europa y Canadá. La diversidad de sus autores, desde las posiciones más impregnadas de denuncia de la situación sociopolítica hasta las más organizadas en modelos transmisibles, lo convierte en un texto histórico.

No puede faltar «Familias y sistemas amplios» (Imber-Black, 1988). En él se parte de un planteamiento bien novedoso en su momento. Es un clásico a mencionar, pues está lleno de brillantes maneras de abordar la intervención. Una condición que, por fortuna, tienen los ejemplos es que parten de una consulta de caso a un profesional nuevo. La posición de influencia y apertura a sus consejos confiere jerarquía, potencia y despierta sana envidia a los que no poseemos tal capacidad de convocatoria.

La red social: frontera de la práctica sistémica (Sluzki, 1996) es un libro básico, que añade a lo teórico elementos que aúnan el pensar con el hacer. Propone un mapa para ilustrar la red social personal. En el cuadrante que engloba las relaciones comunitarias,

Carlos E. Sluzki menciona, entre otras, las relaciones con profesionales. Los ejemplos son muy inspiradores. Para llevarlo en el bolsillo.

Otro trabajo fundamental es *El mago sin magia* (Selvini-Palazzoli *et al.*, 1986). Quienes precisamos el contacto con el mundo escolar lo tenemos como referencia obligada. Su propuesta permanece muy actual.

Interxarxes, organización situada en un barrio de Barcelona, supone una singularidad fruto de un esfuerzo para implicar a diferentes instancias administrativas en la construcción de la red de intervención. Es un logro que persiste hace más de una década. En una localidad de la provincia de Girona hallamos Valor Humà, otra buena práctica entre profesionales, en este caso municipales. Ambas realidades han precisado tenacidad de sus conductores y apoyo de las jerarquías respectivas.

Una interesante aportación, desde el narrativismo, es la de Ricardo Ramos (2019). Sus reflexiones dan contenido teórico a esa difícil tarea que implica la relación colaborativa con los colegas. Veamos, por ejemplo, una de sus aportaciones. A partir de los conceptos de Harlene Anderson y Harold Goolishian (1988), que inauguraron la idea de sistema determinado por el problema (sistema natural más sistema profesional), Ramos habla de que cada preocupación pone en marcha un sistema de preocupación, que deviene compartido entre ámbitos. Lo específico de cada ámbito será cómo la preocupación se articula en él, qué se prioriza, cómo se piensa que los otros profesionales van a valorarlo. A mi juicio, las aportaciones de Ramos ayudan al descentramiento de la propia visión, facilitando el TRP.

¿Qué es el TRP? Lo concibo como parte integrante del quehacer clínico, que se construye en cada caso de acuerdo con las necesidades de este. Al igual que un traje a medida, no es generalizable. Concibe la red de servicios, o de profesionales, como un caleidoscopio dinámico de funciones, cuya conexión es precisa. Y la mirada sumativa, de complementariedad entre colegas, puede ser activada por quien lo valore útil. De ahí el término trabajo. La posición jerárquica es de igualdad, y se trata de ejercer el poder relacional que describe Eduardo Castillo en su capítulo del libro *Consultoría colaborativa. Intervención sistémica en redes y organizaciones*: «El poder es la capacidad de obtener de alguien ese comportamiento que no se habría generado sin el ejercicio de esa capacidad» (2009, p. 35).

El TRP supone una actitud constante de verse una misma como puerta de entrada a un espacio imaginario donde buscar la función necesaria, así como conectar, si es preciso, con las ya existentes. Tal búsqueda puede ser dentro o fuera de la propia dependencia administrativa. Su rentabilidad es alta. Economiza horas de quien lo incorpora. Ser nudo de esa red supone un esfuerzo, y a la vez ofrece una grata vivencia de trabajo colectivo.

El género en la construcción de la red de profesionales

La intersección entre nuestra posición en la construcción del TRP y los condicionantes de género me parece un tema a profundizar. De *La red invisible* (Walters, Carter, Papp, Silverstein, 1991) resaltaré algunos puntos para transponerlos del trabajo con la familia al TRP. Como marco copiaré literalmente esta frase: «Ninguna intervención puede prescindir del género, y toda intervención tendrá un significado diferente y especial para cada género».

Los estereotipos de género pueden marginar sobre todo a los clientes con tendencia evitativa y, por isomorfismo, avivar nuestras tendencias evitativas, por suerte menos presentes entre las mujeres. No es lo mismo un padre periférico que un padre *periferizado*, adjetivo que introduje hace bastantes años. La ausencia, en ese momento, de convocatoria a los hombres en dispositivos de salud mental infantil y de servicios sociales, que pude ver con dolor, sin duda ahora es menos flagrante. Contagiar a los colegas en comentarios como «Si convocas al padre también creo que se sentirá reconocido» puede disminuir el periferizar a los hombres.

Me parece oportuno trasponer las ideas precedentes al campo del TRP. ¿Es necesario conectar con el colega distante? ¿No es mejor responder al que nos ha llamado tres veces? Seguramente lo cortés no quita lo valiente. Más adelante se verá en un ejemplo que persistir en buscar la conexión con una profesional que tardó en facilitarla tuvo su recompensa.

Veamos otra idea, y el comentario crítico, de las autoras del libro citado. En los cursos de formación en TF se enseñaba no centrar el tratamiento en el individuo distante; siempre intervenir primero con el sobrefuncionador o el hiperresponsable; la relación intrincada debe ser resuelta antes que el individuo distante pueda participar; comenzar siempre con el individuo más accesible al cambio. Esta idea, antes importante, merece un cuestionamiento por las autoras, que comparto. Dejar al margen a un progenitor, o no conectar con un colega reticente tendrá su peso en el diseño de la intervención. La actitud de silencio es también un mensaje.

Transcribo algunos comentarios oídos por mí hace años ante según qué procesos:

— ¿Por qué la trabajadora social les dice a los padres lo que tienen que hacer, siendo que los hijos son de la familia?
— ¿Quién le ha dado ese papel a la colega si la familia nos dice que no quiere su intervención?

Triste situación. El trabajo social estaba en el siglo pasado más próximo al contexto de protección a la infancia que los profesionales de psiquiatría. Afortunadamente esto está variando. Así como también ha cambiado el género predominante, que era el femenino en servicios sociales y el masculino entre los profesionales psiquiátricos.

Todo ello me lleva a razonar el motivo de hablar de género. Hubo una época de la terapia familiar en la que, sin reflexionarlo, nos adheríamos, hombres y mujeres, a valores implícitamente sexistas. El TRP no podía no contenerlos. Y saberlo nos permite ser más conscientes de tal riesgo.

Más adelante nos referiremos a que uno de los factores que predisponen a dar valor al TRP es encarnar valores que en el pasado ostentaban más las mujeres. En el pasado. Nos lo recuerda el final de un maravilloso soneto de Miguel Hernández:

Bajo su frente trágica y tremenda
un toro, solo, llora en la ribera
olvidando que es toro y masculino.

TRP en menores afectados por TDA

Uno de los campos en los que el TRP deviene imprescindible es en el TDA (trastorno por déficit de atención). El acrónimo más conocido es TDAH, pero voy a usar el primero por ser, a mi juicio, más abarcativo de lo nodal del cuadro, que afecta a la atención, con hiperactividad o sin ella.

En mi opinión, es necesaria la compatibilidad del enfoque ecosistémico o relacional, con otra lectura de las conductas, con foco ya sea en la subjetividad vivencial de la persona, ya sea en sus aspectos neurobiológicos. Específicamente hablaré del campo clínico en niños y adolescentes. En el pasado expliqué mi lenta aceptación de lo que llamamos TDA. Desde una desconfianza inicial llegué a otra posición en la que la realidad me lo impuso. En la práctica era una lente complementaria a la mirada relacional.

¿Qué apertura se precisa cuando una solicitud engloba un sujeto infantil? En mis años de aprendizaje ecosistémico nos llegaba como novedad la propuesta de que en los problemas infantiles la opción preferente de respuesta era la terapia familiar. La formación a la que asistíamos (décadas de 1980 y 1990) incluía poco la presencia de los niños, y si se los invitaba era para conocerlos y aconsejarles un descanso en su función de estar involucrados en las disfunciones de los padres. Los conceptos minuchianos de «desviación», «triangulación», etc., eran agua de mayo para los que los descubríamos.

Con el paso del tiempo hemos complementado esas ideas con la explícita recuperación del individuo. Digo *explícita* porque, aunque nunca hubiéramos dejado de tenerlo presente, era en «la clandestinidad». Fueron la teoría del apego y Bowlby y sus discípulos los primeros que pudieron ser nombrados como aliados en los foros sistémicos.

En mi caso, ¿qué maridaje en el presente refleja mi práctica? Habiendo pertenecido en mis primeros años a un equipo psicodinámico *renovador*, cuya maestra, Roser Pérez-Simó, nos enseñó la movilidad geográfica e ideológica, nunca pude olvidar lo que los niños han transformado en su «mundo interno». Mirando de lo individual a lo relacional, o viceversa, se multiplica la posibilidad de influencia en la disfunción o motivo de consulta. Entiendo por movilidad geográfica, en clínica infantojuvenil, el contacto telefónico o presencial con los otros lugares donde los menores habitan: escuelas, espacios de ocio, dispositivos de atención sanitaria, de protección infantil, etc. Entiendo por movilidad ideológica el tener la mente abierta y la curiosidad dispuesta a otras líneas de comprensión de la realidad de un niño.

Muchos autores son, en el presente, conocidos por su compatibilidad entre la mirada familiar y lo individual. Señalaré dos obras recientes: *La sfida dell'adozzione* (Cancrini, 2020) y, para mí imprescindible, *Entrare in terapia* (Cirillo, Selvini, Sorrentino, 2016), un libro tan rico de ejemplificaciones engarzadas en sus sustentos teóricos que puede ser aconsejado, y no tan solo, a terapeutas jóvenes.

En el libro recién citado reluce el trabajo en equipo. Personalmente, no me fue fácil la soledad que acompaña a las microdecisiones de quien no tiene equipo sistémico a su lado. La condición de terapeuta relacional como identidad básica, a la vez que psicofarmacóloga en el campo infantojuvenil, hace difícil hallar colegas con ambas miradas.

¿Cómo respondemos a los que nos consultan? Es un delicado equilibrio proponer procesos que respondan a lo que los clientes esperan de nosotras y que, asimismo, encajen con lo que pensamos que los niños precisan.

La puerta de entrada es lo que nos piden, o lo que refieren que otros alegan, como situaciones más comunes. A veces coincidimos en que adherimos a sus preocupaciones. A veces no. A veces la puerta a la que han llamado no es la que puede dar respuestas adecuadas. Por ejemplo, una dislexia no puede obtener una respuesta reeducativa en la mayoría de los centros de salud mental infantojuvenil públicos en Cataluña. Pero ¿y si, además de lo que nos piden, tenemos hipótesis de que se podría mirar algo más?

¿Son nimias las consecuencias de haber pasado por alto un momento diagnóstico y una intervención que aborde la complejidad? No lo creo. Sin duda yo misma lamenté que en los primeros tiempos de mi práctica no tuviera la mirada múltiple que los años me han ofrecido. Y he sido testigo y he probado disminuir la división de tendencias que algunos diagnósticos despiertan. Un ejemplo de ello puede ser: en las presentaciones en seminarios sistémicos, hace años, pude constatar que la mención del diagnóstico de TDA en alguno de los miembros familiares era obviada, aunque después me lo confirmara el ponente en cuestión. La razón de no mencionar lo neurobiológico ¿se podía asociar a que explicitarlo podría contravenir lo básico del primer periodo de la terapia familiar? Esto es, ¿«hay que pensar en relaciones, no en individuos»? La evolución hacia mi posición actual fue a partir de ignorar la presión de grupo, optando por la recuperación de los factores individuales, gracias al apoyo de algunos colegas.

Cuatro procesos clínicos y lo que aprendí de ellos

En todos ellos la familia estaba afectada por lo que le sucedía a uno de sus hijos. Mi primera respuesta fue mantener el foco en esa solicitud. Y, de súbito, unos meses después de ello, mi sombrero diagnóstico se colocó sorpresivamente en mi cabeza: ¿Y si, además de lo que me han dicho y he comprendido, hubiera algo más? De repente, un imperativo ético me atenazó. En el caso de que lo hubiera, ¿estaba actuando correctamente al ignorarlo? Si en lugar de un trastorno del neurodesarrollo tuviera dudas de si hay una alteración menos discutida (por ejemplo, una miopía, una apnea del sueño, un hipotiroidismo), ¿negaría esa hipótesis?

Se me presentó un conflicto interno. ¿Debía atenerme a la solicitud estrictamente o abría un paréntesis en el que mi papel sería el de verificar o no la hipótesis diagnóstica? Lo primero era más confortable. Lo segundo, más extraño y arriesgado. Y me ponía a distancia de mis colegas ecosistémicos. Mis voces internas se calmaron cuando pensé en las consecuencias de hacer oídos sordos a ese gusanillo de la conciencia. Si no se descartaba la hipótesis, la situación de esas personas y de sus relaciones podía empeorar. Dejar esa duda en la oscuridad me pareció que estaba condicionada por mis temores. Decidí compartir ese dilema.

En los cuatro casos que voy a explicar, el denominador común, en la petición y en la expectativa, era el alivio del malestar que los padres sentían ante las conductas de sus hijos. La respuesta a la petición de ayuda fue afirmativa: probaríamos juntos a disminuir el sufrimiento relacional que expresaban. Las familias aceptaron. En un momento del proceso se me planteó un posible factor individual del menor. Propuse aclararlo poniendo el foco, temporalmente, en tal factor. Era como abrir un paréntesis en la mirada relacional para iluminar el funcionamiento del menor. Tanto para ese paréntesis como para otros momentos precisé el TRP.

En cada caso se va a mostrar:

1. Un relato más detallado de los primeros contactos.
2. Un resumen de la evolución posterior del caso.
3. Unos comentarios sobre el TRP en él.

Al final se muestran unos datos en forma de tablas para comparar las circunstancias de los menores.

Silvia, de tempestad a rocío

Primeros datos

En la primera entrevista vi a los padres, pues había una gran angustia en su petición. Acudían para terapia familiar. Tenían tres hijas: María, de 16 años, Silvia, de 14 años y Ana, de 9 años. La derivación provenía de una colega que estaba dando un fármaco regulador del estado de ánimo a Silvia, la cual respondió a ello con un descenso de sus arrebatos, pero fue pasajero. Propuse unas entrevistas individuales con Silvia, que aceptó gustosa. El detalle de este momento aparece relatado en el posterior informe.

María estaba en Inglaterra durante el curso escolar. Cuando convoqué a los cinco, aprovechando unas vacaciones en las que la muchacha había regresado, me impactó el parecido de la participación de Silvia y de la madre. Muy activas y en tono increpante, se proponían mutuamente como la causa de la injusticia y de los gritos. El resto de la familia solo intervenía cuando activamente se lo solicitaba. Los tres parecían resignados a la escena, aunque dolientes y preocupados. Las tres hermanas al final establecieron un frente común. La pequeña solicitó que se castigara a ambos padres, pues estaban suspendiendo en su oficio.

La dificultad en el plano de las jerarquías era notoria. El padre solo aportaba su tímido dar la razón a que ambas voces prominentes se realimentaban en el hogar. «No es eso lo que un hogar debiera ser. Incluso los vecinos nos deben oír».

Evolución

Los destinatarios del siguiente informe eran los profesionales externos que fueran a tener algún papel en el caso. Fue solicitado por los padres.

> En diciembre de 2017 comencé a atender como terapeuta familiar a la familia, derivados por una colega psiquiatra. El motivo era una tensión familiar importante, especialmente a partir de las conductas de Silvia, que se traducían en conflicto entre la chica y la madre, afectando también al resto de la familia. La indicación de terapia familiar era acertada. La doctora había prescrito topiramato a Silvia, y era en aquel momento ella el referente farmacológico.
>
> La niña había sido atendida por profesionales de la psicología y de la pedagogía desde los 6 años. En 2012 se le diagnosticó una dislexia fonológica, por la cual recibió tratamiento. En el presente quedaban algunas leves dificultades instrumentales, pero la problemática más importante era la relacional en casa.

Iniciamos las sesiones y, después de una etapa de alivio de las tensiones, se recrudecieron de nuevo en abril, de forma que Silvia fue vista en urgencias de un hospital. La opinión del especialista no añadió nada al diagnóstico de trastorno de conducta.

La escuela estaba preservada de conflicto, pero empezó a preocupar una bajada en el rendimiento escolar, nunca antes significativa. Propuse a los padres un paréntesis para descartar, como psiquiatra, un cuadro de déficit atencional con componente impulsivo. La historia clínica era sugestiva, y el único diagnóstico significativo aportado había sido el de dislexia. Los padres accedieron. Mi valoración constó de entrevista semidirigida y pasación de un D2 (test de Brickenkamp). Este test valora la atención selectiva y sostenida. El contacto con Silvia fue adecuado, colaborador, tranquilo, con alusiones a la dificultad relacional en casa. El contraste era importante con el modo de estar cuando la familia estaba junta. Los resultados del test en percentiles fueron:

TOT	CON	VAR	TR	TA	O	C
30	10	45	40	15	10	0

La sorpresa de percentiles tan bajos en una muchacha que cognitivamente nos había impresionado a todos —familia, escuela y terapeutas— como inteligente fue transmitida a los padres. La hipótesis de una dificultad atencional era consistente. Dije a la familia que en estos casos acostumbro, si no hay contraindicación médica, dar la medicación correspondiente, el metilfenidato, a dosis prudentes, y después de tres días se programa una nueva pasación del D2. La opción de ellos fue acudir al servicio de un hospital, donde tenían conocidos. Ofrecí el contacto para el nuevo profesional. Seguimos en sesiones de terapia familiar.

En el momento de elaborar este informe el diagnóstico de trastorno por déficit de atención con hiperactividad está siendo tratado y seguido por el hospital. La terapia familiar sigue su curso. Hay que remarcar el cambio actitudinal importante de Silvia, percibido en la última sesión, a mitad de setiembre de este año. La confrontación había desaparecido. La familia podía escucharse sin precipitaciones y los comentarios de la muchacha fueron serenos. Sería conveniente que los profesionales que estamos trabajando con la familia nos organizáramos en forma de red, según mi opinión. La cronicidad del cuadro hace deseable esta colaboración.

La familia siguió en contacto conmigo hasta el confinamiento. Silvia mejoró escolarmente de forma notable. La terapia familiar dio su fruto. Los padres funcionaban más unidos, los conflictos eran esporádicos, la muchacha se fue a Inglaterra por un curso. De ese tiempo recogí de los padres el orgullo que les producía el buen manejo de la distancia geográfica y su sociabilidad en auge.

Aparecieron otras dificultades con las hijas mayor y menor. Con motivo de hablar de ello, me comentaron que Silvia había escogido, a su regreso, hacer dos carreras a la vez. He de decir que me emocionó saberlo.

El TRP en el caso

La primera etapa ofrecía una conexión bien articulada. La derivante era una psiquiatra sensible a lo relacional y la familia se encontraba en una situación enconada, que precisaba de tal trabajo. Ante mi hipótesis de que se tratara de un TDA, no podía llevar a cabo la prueba sin llamar a mi colega. Ella aceptó de buen grado que la medicación que le pautó pudiera disminuirse y suspenderse. Lo que siguió ya está explicado anteriormente.

No hubo contacto con la escuela, pues allí solo empezaba el mal rendimiento escolar. No había trastornos de conducta. El relato de la muchacha era que su posición era tranquila, se llevaba bien con la tutora. En esos casos, a mi juicio, es prescindible.

Dani, el gigante desvalido

Primeros datos

Me llamó por teléfono la madre de Dani:

MADRE: ¿Puede atendernos? Nuestro hijo Dani, de 12 años, se porta mal en la escuela. Mi nueva pareja también se queja. Ya está yendo desde hace tiempo a un psicólogo privado, que le ve a solas. Pero ahora la escuela está presionando mucho, pues no hay manera de que se contenga. Una amiga mía me dijo que usted podía hablarnos como familia. Ella es también terapeuta familiar.

Respondí que los atendería para ver si podía ayudarles.

Dani vivía con la madre y su compañero, mientras que el padre estaba en un entorno rural, bastante lejos. El chico estaba con él los miércoles y fines de semana alternos. Para el primer día invité a padre y madre, con Dani, o a los padres solos, según ellos prefirieran. La madre lo veía difícil, pues el padre no confiaba en nuestra profesión. Le dije que si era precisa una llamada telefónica con él, podía hacerla, y renové mi propuesta de empezar con ambos progenitores.

Acudieron los tres. El padre estaba serio, y transmitía lo que la madre de Dani había anticipado. Dani respondió con gusto al darle la palabra. Explicó un accidente de un compañero de clase, el cual falleció. Dani no quería volver a la escuela, decía que el recuerdo lo invadía. Ese día, el padre, por pedido de la madre, le telefonea y consigue que asista, aunque antes de la salida la madre lo ha de recoger por la afirmación del chico de no poder más. Ambos padres dudaban de que la escuela estuviera entendiendo lo que su hijo vivía. Me llamó la atención la locuacidad de Dani y que usara términos de adulto (*ataque de ansiedad, crisis de pánico* llamaba a lo que le pasó). Le pregunté: «Los conozco, he tenido otras veces… Cuando mi abuela murió, cosa de la que tuve una premonición, me dio uno».

Dani: No soporto que el compañero nuevo de mamá se meta en mi vida.

Análogamente el padre asintió. La madre dulcificó lo que padre e hijo objetaban. Al preguntarle al padre, me llamó la atención el mismo tono categórico que mostraba Dani.

Al recoger la historia reciente me explicaron que hubo un juicio para que Dani pudiera pernoctar en casa del padre. La madre lo confirmó con poca acritud. Se separaron hacía años, y ella convivía con José hacía dos años; él era separado, con un hijo un año mayor que Dani. Hubo también un juicio entre José y su esposa por el mismo motivo. Ahora los dos chicos alternaban los hogares.

La existencia de tales juicios me hizo temer que la presencia del padre fuera prometedora. Sin embargo, invitarlo era un paso ineludible para no excluirlo.

Antes de la eso, Dani estuvo en un grupo de monaguillos cantores. Por petición propia. Pero no pudo sostenerlo y abandonó. En el centro escolar actual había habido quejas de profesores y alumnos por conductas disruptivas por parte de Dani. El psicopedagogo aconsejó consulta familiar. Dani tenía dudas de su espacio individual con el psicólogo, al que veía desde hacía un año.

Me pareció óptima la ocasión de añadir una terapia relacional al espacio individual. La autoridad se ejercía de forma disfuncional. Había triangulaciones entre quienes rodeaban a Dani, también entre escuela y familia. El poder de Dani me parecía excesivo; en sesión no solo hablaba casi todo el rato, sino que gesticulaba, mostraba un rostro de enojo hacia los «enemigos», y su expresividad no iba acompañada de una reacción moduladora de los padres. Lo veía solo.

Dediqué un rato a hablar del compañero fallecido, con algunas ideas para Dani y sus padres. Les propuse otra entrevista para seguir hablando de las conductas en la escuela. No seguía bien los aprendizajes escolares, añadieron. Este bajón era nuevo, a pesar de que era muy listo.

Evolución

Siguieron otras entrevistas, en distintos formatos, a lo largo de seis meses. No conseguí que el padre regresara más que una vez. Trabajé para disminuir las triangulaciones, también presentes entre la madre y José. En las entrevistas conjuntas con ellos me parecieron colaboradores. En sesiones individuales con la madre pudimos enlazar sus dudas en poner límites con vivencias de su pasado. Hablé con la escuela, muy afectada. Dani decidió no visitar más a su psicólogo. En cierto momento me pregunté sobre su distracción, su falta de concentración. La madre estuvo de acuerdo en el paréntesis para descartar o confirmar la posibilidad. La prueba del test D2, que ya mencioné en el anterior caso, resultó afectada.

Conecté con la escuela para dar esos datos. Hablarían con el EAP (equipo de asesoramiento psicopedagógico) para derivación al CSMIJ (centro de salud mental infantojuvenil). Pasaron unos meses y en casa hubo más orden relacional. En la última entrevista la madre me comentó que en el CSMIJ de zona confirmaron un TDAH combinado. Antes de recibir fármacos Dani ya había mejorado notablemente en sus trastornos de conducta. No así en su rendimiento escolar. Propusieron promocionarlo de curso, pues el fármaco podía ayudar. Sin embargo, hubo una oposición del padre a que fuera medicado. Me ofrecí a hablar con él y con su abogada. Felicité a la madre, pues la mejor conducta de Dani era fruto de su recién estrenada firmeza. Sugerí dos tipos de entrevistas con ambos progenitores para rescatar al padre: o conmigo o con la derivante, amiga de ambos.

Dejaron de venir. Es una de las situaciones en la que *a posteriori* lamenté no haber anunciado una catamnesis (contacto al cabo de un tiempo para ver si los resultados se mantienen). Ojalá que esta práctica se incorpore cada vez más en espacios clínicos.

El TRP en el caso

Consistió sobre todo en el contacto con la escuela. La decisión de no seguir con el psicólogo individual hizo innecesaria la conexión. Una de las dificultades fue no poder hablar directamente con el EAP. Al estar en una consulta privada, no acogieron mi solicitud. Pero la tutora habló con ellos y, a través de la madre, tuve la retroacción comentada. Fue un alivio saber que seguían atendidos en el CSMIJ de zona. El caso es un ejemplo de que ante conductas disruptivas de nivel medio o grave la escuela se activa con facilidad. Muchas veces es la derivante.

Es interesante ver que los trastornos de conducta mejoraron antes de tomar medicación. Por un lado, la madre se posicionó más firme. La triangulación entre ella, su compañero y el chico disminuyó. La escuela también modificó su alarma. La hipótesis de TDAH resignifica una impulsividad que las docentes aquejaban. También allí se inicia un círculo virtuoso.

Ana, la justiciera

Primeros datos

Una terapeuta familiar los derivó. Había realizado un período de trabajo en la dimensión conyugal de los padres de Ana. Ambos colaboraron con esfuerzo y prontitud. Ahora estaban preocupados por su hija, de 14 años, ya que la escuela los alertó de un empeoramiento conductual desde el curso pasado. La describían como inteligente, audaz, con alguna salida extemporánea en casa, pero su primera inquietud era sobre si podría continuar en la escuela. El curso pasado se había enfrentado a una profesora. Ahora, aunque sostenida muy bien por la tutora, sus notas no eran buenas, y sus respuestas al profesorado no se habían calmado del todo.

Los padres llegaron motivados, a pesar de que su situación laboral era exigente y tenían otros cuatro hijos. La fantasía que aportaron era de si se trataba de un trastorno mental grave, pues había historia de ellos en la familia paterna. Propuse una valoración individual de Ana. Los padres continuaron con mi colega en entrevistas más espaciadas.

Evolución

Ana se mostraba vivaz, reservada en algunos temas, clara en su valoración de que en la escuela había injusticias, y ella no se callaba cuando las vivía. Priorizaba sus deportes, pues recientemente se sentía frustrada en lo académico. Su tutora se esmeraba en calmarla. No había los fogonazos del curso pasado, pero alguna vez se disparaba. En casa quería pasar desapercibida. Ya tenían bastante trabajo. Su hermano mayor le fastidiaba, pero estaba aprendiendo a defenderse. Los padres se ocupaban sobre todo de Eva, la primogénita, con problemas alimentarios. Ella se apoyaba en el grupo de amigos.

Al explorar algo más el tema de las asignaturas me sorprendió que una chica capaz y rápida en otras áreas comentara su distracción. No seguía los contenidos desde el curso pasado. Le eran difíciles las matemáticas. Era en abril. En la siguiente visita con los padres planteé dos caminos simultáneos: 1) un profesor particular experto en motivar a adolescentes en las matemáticas, y 2) una pasación de un D2. Los tres aceptaron ambas cosas. El padre se explayó en que él había sido distraído a la vez que movido e impulsivo. Relató un episodio con Ana, reciente, en el que él acabó lanzando las llaves de Ana a la calle por una discusión con ella acerca de pasear a los perros.

Ana tenía poca esperanza de que las cosas cambiaran en casa. Se conformaba, eran tantos frentes los de sus padres... En la escuela se irritaba por los modos de algunos profesores, aunque este año la tutora la comprendía. Pero sus notas bajaron y seguían bajando. Valoró la pasación del test. Sus resultados (en percentiles) fueron:

TOT	CON	TR	TA	O	C
50	50	45	65	25	10

Con la toma de fármaco en los tres días anteriores a la segunda pasación del test, los resultados fueron:

TOT	CON	TR	TA	O	C
99	99	99	99	40	50

Hay que añadir que los padres y ella conectaron rápidamente con un profesor particular indicado por mí para recuperar el nivel de matemáticas. La impresión de este fue que Ana captaba rápido sus explicaciones, y su satisfacción era compartida. El padre cedió su despacho para las clases.

Después de la devolución a los tres, Ana empezó a tomar metilfenidato con efecto, básicamente, en el aprendizaje. Las dificultades conductuales siguieron en tono menor en la escuela, con la circunstancia de que algo le desagradó de alguna profesora que puso en jaque su lealtad a un compañero. No se repitió la bronca aguda del pasado curso.

En entrevista posterior con los padres recibí la petición del padre de ser atendido por un psiquiatra que conociera el TDA en adultos; sus respuestas conductuales le ocasionaban problemas y sufrimiento. La consulta e hipótesis diagnóstica para su hija le habían dado pistas de su impulsividad poco mentalizada. Ahora lo veía menos grave. Al cabo de poco tiempo solicitaron un diagnóstico del hijo mayor, de 20 años. El motivo era la dificultad por sacar adelante la carrera. «Quizá le pase como a Ana». Estaba viviendo en otra comunidad autónoma. Propuse la derivación a un colega de allí.

Nos despedimos en ese momento, puesto que no fue aceptada la continuidad del enfoque psicoterapéutico para la adolescente ni para los padres. Supe por el profesor de Matemáticas que pasó el curso bien. Lamenté la despedida, pero algo se pudo hacer.

Pensé que, pese a que el camino de la terapia no se continuó, a partir de la muchacha se habían abierto hipótesis nuevas en la familia: para el padre, para el hermano y para la luchadora Ana. Ella quería ser, en ese momento, una abogada que pudiera intervenir en conflictos internacionales. Para disminuir las injusticias.

El TRP en el caso

La derivación fue a través de un contacto telefónico, fácil y clara. Para conectar con un profesor de matemáticas usé también el teléfono, y la familia respondió con rapidez y agradecimiento. El contacto con la escuela fue sintónico, y me impactó una tutora muy dedicada a disminuir el impacto los desafíos de Ana en el claustro. El diagnóstico de TDA fue comprendido y compartido. En cambio, tanto la derivación del hermano como del padre a otros profesionales fracasó. No debí escoger bien. Ninguno de los dos continuó con ellos. Ojalá hayan usado una alternativa.

Marc, la discreción como enigma

Primeros datos

Consultaron por Marc a los 9 años, por su dificultad escolar. Sus padres se estaban separando. Marc, colaborador, locuaz, creativo, explicitó unos miedos al ascensor, que no duraron mucho. Su rendimiento en lenguas era inferior a lo que mostraba en otras áreas, muy preservadas. Pasé un D2 con los siguientes resultados (en percentiles):

TOT	CON	TR	TA	O	C
99	99	99	99	25	90

Derivé el caso a un equipo de salud mental infantil que pudiera valorar más ampliamente. El diagnóstico de ellos fue una dislexia. La madre encontró un espacio donde se le diera soporte específico a esa dificultad. Nos despedimos.

Evolución

Regresaron cuando Marc tenía 15 años. Era un mocetón, alto, hermoso, con una actitud de franca reserva. La madre consultó por sus dificultades en la comunicación entre ambos. En las entrevistas, primero con la madre y después con los dos, aparecieron pérdidas recientes que podían haberle afectado: la muerte repentina de la abuela, su hermano que residía en el extranjero desde hacía poco, el abuelo con enfermedad progresiva, el padre con una estabilización en otro país... Al cabo de dos entrevistas con Marc apareció su lamento por las notas: nunca habían bajado como este curso. El recuerdo del D2 del pasado me llevó a proponer a la díada una nueva pasación. Aceptaron, y estos fueron los resultados:

TOT	CON	TR	TA	O	C
99	99	99	99	60	15

A todo ello llegó la pandemia y el confinamiento. Dado que el curso estaba en el tercer trimestre, propuse un uso del metilfenidato muy prudentemente, ascendente, para luego una segunda pasación del test, con llamada telefónica semanal. La madre contactó por un mareo y breve desvanecimiento. Suspendí el fármaco y remití a la médica de cabecera, que había dado su consentimiento para probar el metilfenidato. Ella seguiría la evolución de la hipotensión del chico. Acordamos reanudar las visitas presenciales cuando fuera posible. Entretanto trabajamos telemáticamente con la madre. El foco era activar el acercamiento a Marc aunque no lo iniciara él. Su físico, que parecía un joven adulto, podía confundir. La madre mostraba una actitud de gran colaboración.

Reanudamos las visitas presenciales en junio. Le propuse a Marc que eligiera si retomábamos la prueba con metilfenidato, o bien en septiembre, o bien si abandonábamos la idea. Escogió hacerlo en el momento. Después de tres días de tomar del fármaco volví a pasar el D2. Estos fueron los resultados:

TOT	CON	TR	TA	O	C
99	99	99	99	95	99

La primera indicación a los padres fue que disminuyeran la presión sobre Marc de realizar las tareas escolares en casa sin ayuda. La intención solía ser apropiada, pero los resultados emocionales eran con frecuencia el deterioro del clima en el hogar.

La adecuación al problema pasaría, les dije, por una motivación personalizada por alguien con experiencia psicopedagógica, un planteamiento de tareas secuenciado, un refuerzo a sus éxitos, un entrenamiento para reconducir su atención cuando esta fallara. Se trataba de ayudarlo a organizar su mente, más sensible a la distracción que la de sus compañeros. La familia encontró una maestra jubilada muy acostumbrada a la relación de soporte a adolescentes. Nos despedimos por el verano. Quedamos en que en septiembre, ya en su nuevo instituto, comenzara con la dosis del fármaco recomendada para su peso.

La madre me informó en un mensaje de la existencia de una variante de COVID-19 con afectación tensional y erupción en piernas en adolescentes: Marc tuvo esos síntomas. Agradecí esa información, pues descartaba que fuera debido al fármaco prescrito por mí.

En lugar de en septiembre, volvieron en octubre. Marc no conseguía seguir el ritmo de su nuevo centro. Ante las primeras evaluaciones con notas bajas, se activó: buscaba a su madre, con el ánimo hundido, dando a entender que no lo lograba a pesar de su compromiso. Quería posponer la medicación, pero su realidad lo sobrepasaba. Ambos, madre e hijo, se pusieron rápidamente en marcha y reiniciamos la pauta. Reanudamos el espacio individual psicopedagógico para él a los pocos días. Hubo una afortunada implicación positiva del centro, con una tutora que nos escribía a profesionales y padres con un talante de esperanza.

Marc acabó bien el curso. Relacionalmente, hubo un clima de satisfacción y agradecimiento. No es frecuente la constelación del TRP que tuvimos.

El TRP en el caso

En la primera etapa lo más significativo fue la derivación al equipo de salud mental infantil no zonal.

Al regreso, a los 15 años de Marc, el TRP fue bastante intenso: con la médica, con la reeducadora, con el Instituto… Fue una conexión fácil y de satisfacción. La tutora envió un mensaje telemático dirigido a ambos padres, a la reeducadora y a mí:

> Con la distancia del tiempo he hallado una actitud de gran propensión al trabajo en red en situaciones en las que hace tiempo no era tan frecuente. Este caso es un ejemplo de ello. Cada vez que gratamente lo he vivido había una característica de buena colaboración con la escuela por parte de la familia. Este es un factor que funciona como círculo virtuoso.

Conclusiones de los casos

El TRP que conlleva manejar un caso con TDA es de obligada práctica. Ya en la fase diagnóstica se precisa la opinión de la escuela, como criterio para confirmar que la dificultad esté presente en más de un ambiente. Ante esta necesidad existen escalas impresas, y es frecuente pedir a la familia que las recoja rellenadas por los docentes. No obstante, a mi parecer, el contacto directo tiene una calidad superior. La relación directa que establecen el clínico y la escuela permite:

1. Calibrar más finamente la conducta del alumno, ver en qué momento es más frecuente el problema, con quiénes se presenta, etc. Sin embargo, desde el dispositivo clínico se subestima esa parte del abordaje de los casos.
2. Valorar qué efecto tiene la propuesta terapéutica, ya sea psicopedagógica externa, ya sea farmacológica.
3. Sugerir estrategias relacionales con el alumno.
4. Establecer una colaboración duradera con lo escolar.
5. Activar nuevos recursos si se consideran necesarios.

6. Informar de qué se está haciendo para que la docencia se sienta apoyada.
7. Ver si la suspensión del fármaco, si es el caso, tiene efectos o no en el día a día del menor.
8. Ofrecer a la familia una muestra de implicación y cuidado.

Hay otros contactos que también son idóneos en las situaciones de las que hablamos: cada caso precisa un traje a medida. Puede ser un recurso de psicopedagogía, de terapia individual de algún miembro de la familia, algún espacio de soporte extraescolar, de logopedia, etc. Lo más difícil es conectar con un profesional que atienda a alguien más de la familia. Solamente en algún caso, señalado por su emergencia, lo pude hacer.

En cambio, varias veces ha sido solicitada por los padres una atención diagnóstica para ellos sobre su posible TDA. Recordemos que hay aspectos poligénicos como hipótesis etiológicas. Y algún progenitor se siente conmocionado al pensar en su propia infancia y, sobre todo, en lo que puedan ser sus efectos presentes.

El profesional precisa para el TRP tiempo, motivación y habilidades comunicativas. La forma de contactar es importante. Al no ser posible, más que en contadas ocasiones, el contacto presencial, nos quedan la vía telefónica y la escrita. A mi parecer es preferible la telefónica, pues permite la interacción inmediata, el diálogo, y ahorra esfuerzos. En la actualidad podemos usar la teleconferencia, pero es un azar que el colega o una misma tengamos posibilidad de usarla. La comunicación escrita tiene sentido si es una transmisión de un mensaje simple.

Un aspecto a señalar es quién activa los contactos. En mi casuística, si la familia tiene un funcionamiento «suficientemente bueno», como ocurre en algunos casos con TDA, es mejor que lo haga ella. Lo vimos en el caso de Marc. Hay veces que es más práctico que lo hagamos nosotros, con la aquiescencia de la familia, como en el caso de Ana. Por último, cuando la protección de menores está activada, podemos hacerlo con o sin el conocimiento de las personas que conviven con el niño, puesto que la confidencialidad está en segundo plano ante el interés de aquel. Veremos un ejemplo en el apartado de conclusiones acerca del TRP.

	Elementos fundamentales	Cualidades psicorrelacionales
Silvia	Diagnóstico: Terapia familiar	Diagnóstico: Terapia familiar
Dani	Diagnóstico: Terapia familiar	Diagnóstico:
Ana	Fármaco Espacio de soporte académico Apoyo individualizado a ella y a sus padres	Fármaco Espacio de soporte académico
Marc	Fármaco Espacio psicoeducativo	Fármaco Espacio psicoeducativo

TRP en otras situaciones con motivo de la infancia

En mi experiencia, algunos diagnósticos activan una reunión presencial conjunta de varios profesionales, o de la familia con ellos. La denominación de esta última reunión es, por influencia anglosajona, *conferencia familiar*. La presencialidad es más posible en cuadros de trastornos del espectro autista, u otras situaciones graves (intentos de suicidio, anorexias o adicciones serias). Algunas colegas organizan este tipo de reuniones (Alegret, Castanys, Tràfach, 2021), aunque no esté muy divulgada su realidad por escrito. Por otro lado, no se nos escapa que su coste en tiempo y desplazamiento de cada uno, en la asistencia pública, las hacen bastante escasas. Volveremos, pues, al concepto del TRP desde cada sede, algo más humilde, pero que tiene su fruto.

Desarrollaré, como en el apartado anterior, un caso, con los tres correlatos posteriores.

Jorge, cuya cara conmueve

Primeros contactos

Este caso se enmarcó en un servicio público, a diferencia de los anteriores ejemplos. A la primera entrevista asistieron madre e hijo, de 4 años. No se pudo lograr la presencia del padre. Me impactó la expresión de un niño, tan pequeño, que claramente hacía pensar en una depresión. La madre consultó por otro motivo, que relacionaba con la rebeldía y el difícil manejo en la casa. El padre estaba muy ausente por su trabajo, y Jorge y su hermano, de 3 años, la desbordaban con frecuencia. Movidos, con peleas diarias, ella no podía estar calmada. Cuando el padre llegaba a casa, solo escuchaba lamentos y gritos. Estaban distanciados a causa de eso, decía la madre. Ella tenía a sus padres, pero no recurría a ellos por sentirse descalificada, en especial por su madre. La situación había empeorado desde que a Jorge le dieron el alta del servicio de atención precoz, a causa de cumplir los 4 años. Allí lo atendían directamente una vez por semana, y ellos, los padres, tenían también su espacio mensual, por todo lo cual estaban agradecidos.

El padre era adicto a la cocaína, pero por suerte estaba dejándolo, atendido por una psicóloga. Lo que ocurría era que la ausencia de su marido la dejaba a ella más sola, con sus retoños en acción. «¿Pueden hacer algo aquí para Jorge?». Mi observación de la díada es también motivo de tristeza. Les veía poco conectados. En toda la entrevista no habían interactuado.

Evolución

Lo primero que me abrumó, al acabar el primer contacto, fue que era junio, y en julio y agosto estaría ausente de la sede. Pero tenía un margen para ver qué podía hacer.

Ante todo, convoqué a los dos padres. Me relajó ver a un hombre colaborador, que admitía su dificultad de estar más presente. Les expliqué mi tiempo corto antes del verano.

La escuela era otra oreja. La maestra se mostró abierta a estar más directamente implicada en el apoyo a Jorge, con pequeños encargos, con espacios a solas, sobre todo teniendo en cuenta que se acababa el curso. Ritualizar la despedida fue otra idea.

Contacté con el equipo de estimulación precoz. Les comenté la satisfacción de los padres antes de que dieran de alta a Jorge. ¿Podrían atenderlos de nuevo, aunque fuera con la apertura de historia a nombre del hijo pequeño? Me sentí mejor cuando aceptaron.

También obtuve permiso del padre para conectar con su terapeuta. La colega era experta en parejas. ¿Podía ella focalizar un tiempo en la relación conyugal de los padres? Me parecía que era un momento de crisis, gracias a su trabajo anterior con él. En un par de días tuve una respuesta positiva.

En mi equipo hay una licenciada en Psicología que está en prácticas. Le propuse un trabajo acotado en mis dos meses de ausencia para ayudar a la madre y a Jorge en formato de juego. Lo agradeció. Un día les presenté a mi compañera en torno a una mesa pequeña donde jugarían con ella cada quince días. Nos pusimos al nivel de Jorge. La madre se acomodó, se sentía acompañada.

Al regreso de mis vacaciones lo primero que valoré fue la expresión de la cara de Jorge. Y mi conciencia aliviada.

El TRP en el caso

Me propuse ser cauta en las peticiones. En la escuela, fue explícito el tiempo breve en que les proponía una mirada especial. Jorge pasaba desapercibido, y la maestra no tuvo problema en rescatarlo de la invisibilidad.

Las otras dos profesionales se mostraron receptivas, quizá porque mi relato era coherente con el título de este caso y mi tono persuasivo les daba un reconocimiento positivo.

Mi colega en prácticas estuvo sorprendida de que su papel consistiera solamente en jugar primero con Jorge y lentamente pasar a un juego de tres.

Por supuesto que es un caso en el que mi motivación fue básica. No siempre se consigue una articulación así. Pero se hace camino al andar, como dijo el poeta.

Reflexiones acerca del TRP

Posiciones entre profesionales

En un artículo (Alegret, Castanys, Ochoa, 2005), analizando el TRP en dos equipos de salud mental infantojuvenil, veíamos configurarse como hipótesis estas posiciones entre profesionales:

- Complementariedad excesiva.
- Simetría excesiva.
- Disonancia ideológica.
- Ambigüedad a aclarar.
- Triangulación.
- Sinergia.
- Distancia excesiva.
- Otras.

La posición de sinergia es, como su nombre indica, la deseable.

En otras relaciones entre colegas se configura una relación complementaria (formación, supervisión, consulta de caso puntual, entre otras). Uno está en posición *up* o *down*.

En nuestra definición de TRP es importante recordar que la relación es simétrica, en el sentido de igualdad jerárquica. Sea cual sea nuestro grado de experiencia o prestigio en otros momentos y lugares.

Digresiones sobre nuestro lenguaje

Las metáforas en el trabajo de interacción entre profesionales nos ayudan a conceptualizarlo. En todo caso, una excursión a lo narrativo no viene mal.

Algunas metáforas usadas tienen que ver con la construcción: hacer de puente, ensamblar, engranar; otras con la música: sincronizar, sintonizar, disminuir la disonancia, acompasar; otras con lo artesanal: tejer, entramar, enlazar, conjuntar. Me parece interesante la construcción etimológica de algunas metáforas. Predominan las que se inician con la preposición *con*: conectar, conjuntar, confluir, contactar... También las que se inician con la raíz griega *sin*: sintonizar, sincronizar, sintetizar, sinergia, simbiosis. Mi personal preferencia son las partículas *con* y *entre*.

La preposición *con* es inherente a una meta que implica la conexión, la comprensión, el contacto, la compasión, el *hacer con*..., el acompañar, el confluir. La preposición *entre* me surge, creo, del trabajo predominante en salud mental infantojuvenil (el niño o el chico están entre etapas, entre subsistemas, entre profesionales psico-socio-educativo-sanitarios...) y de mi conexión con servicios sociales, donde se trata con frecuencia de un papel de *moverse entre* (entre adultos, entre adultos y menores, entre familiares, entre colegas y familia, entre mandatos...). Y, por supuesto, ¿qué sería de nuestro trabajo sin *entre*vistas? ¿O sin *con*sultas?

Dificultades halladas y su intento de afrontamiento

En general podemos tener presente evitar algunas disfunciones:

- Ser portadores de isomorfismos respecto al caso que no controlamos.
- Aconsejar una función que ya se esté realizando.
- Estar vehiculizando presiones asistenciales que son ajenas al colega.
- Responder inundados por emociones negativas.

El siguiente es un listado de situaciones más específicas extraídas de mi experiencia:

1. Hay unos preconceptos, creencias, estereotipos, acerca de los que están en el equipo B que son compartidos por el equipo A.

   Ejemplo: en una reunión de equipo se oyen a veces comentarios como «No sé si vale la pena la derivación, pues los de X son muy biologicistas». O bien «No te esfuerces en llamar al psiquiatra del equipo Y... No se pondrá quien atiende a la señora, sino la trabajadora social». En un encuentro de pasillo, recibo esta frase: «A los psiquiatras no os gusta hablar con los educadores».

   Mi propuesta es pensar que tales generalizaciones bloquean, y que cada nuevo contacto redefine e inaugura otra realidad. En ocasiones en las que el colega y una misma sean de un mismo sector, lo cual hace imaginar posteriores contactos, es aconsejable proponer una entrevista presencial o en línea. Es mejor que se positivice la relación lo antes posible.
2. El mandato institucional en el equipo C no favorece el espacio para el TRP.

   Ejemplo: las agendas saturadas, la no disponibilidad de contacto telefónico, la preservación del tiempo para el registro, todo ello obstaculiza la conversación telefónica.

   A veces es un problema soslayable si valoramos la importancia del TRP. Si los casos son muy numerosos, habrá que priorizar. Espontáneamente, muchos profesionales nos piden contacto desde los servicios externos a salud mental infantil. O nosotros precisamos de ellos. Lo que se ha conseguido, desde mis inicios, es que ese tiempo se considere administrativamente un acto clínico. Algo es algo.

En el artículo conjunto con Elisenda Castanys y Susana Ochoa que ya cité (2005), realizamos un trabajo que fue claramente un desafío al poco tiempo del que disponíamos en ese momento. Distinguíamos *coordinación*, un encuentro con objetivos más generales que el de hablar de un caso, y TRP, centrado en uno de ellos. Desde nuestros respectivos CSMIJ, con una de mis compañeras, situada en otra zona geográfica, revisábamos el TRP del primer caso de cada día. Señalábamos la inversión de tiempo en conseguirlo. También recogíamos otros datos, como el motivo de consulta. Las situaciones que más lo activaban resultaron ser los trastornos externalizantes (Achenbach, Edelbrock, 1979) frente a los internalizantes o intermedios. Algo que invita a pensar.

3. El encargo que hace un miembro del equipo D al equipo E no cabe en sus posibilidades.

   Ejemplo: Me llamó un psiquiatra del equipo que atiende a la salud mental de adultos pidiendo una valoración psicométrica del hijo de una usuaria. Le aclaré que no entraba en lo que yo supiera ni pudiera hacer desde mi dispositivo.

4. Hay una contradicción entre lo que dice un colega de otro departamento y lo que nosotros creemos que es útil decirle a la familia.

   Ejemplo: una niña tratada por mí por su trastorno de conducta y de aprendizaje en la escuela era vista también por un neurólogo de la zona. La escuela me llamó para lamentar que estaba adormilada, no seguía lo académico. La madre comentó que el doctor recetó unas gotas por una razón que ella no tiene clara. Conseguí hablar con el colega personalmente. Me atendió cortésmente pero no mostró intención de plantearse un cambio. Le expliqué que la madre y la escuela estaban peleadas, y que sería bueno que él escuchara directamente a la maestra. Tuve que renunciar al caso. No podía retirar el Haloperidol que fue pautado por ese compañero. Tampoco pude reunir a la madre y a la escuela. Otro psiquiatra de mi equipo lo retomó. Supe después que la niña pasó a protección de menores.

La realidad que todavía hoy da soporte a ese problema fue enunciada hace muchos años por Edgar Auerswald (1968). No me resisto a citarlo por su agudeza en un momento muy inicial de lo que él llamó la aproximación «ecológico-sistémica»:

> Muchos teóricos clínicos, planificadores, más allá de su disciplina, parecen cogidos en la secuencia altamente especializada de su propia formación y experiencia intradisciplinar, de la cual parecen depender para la misma definición de su personal identidad. Hablando en general, existe una situación en la que la integración del aparato cognitivo del clínico le lleva a ignorar, como parte de los datos relevantes, que sus «verdades» intradisciplinares, que él aporta a la arena interdisciplinar, son relativas. [...]
>
> ¿Por qué puede ocurrir esto? Creo que porque el clínico es producto de la fragmentación especializada del mundo actual de la ciencia. Para él, la admisión de este hecho significaría que debiera reorganizar su estilo cognitivo, su manera profesional de estar en la vida, y, con demasiada frecuencia, su total estilo de vida también, si quisiera mantener el sentido de su propia identidad. No solo tendría que renunciar a sus ídolos, sino también atravesar un turbulento período de desintegración e integración. [...] Tendría que dejar la seguridad de sus aparentes verdades, verdades que ha usado para mantener su sentido de estar en lo cierto, su propia autoestima, su sentido de valores, y su estatus en las jerarquías verticales de su sociedad. (pp. 375-376)

5. Un miembro jerárquico transmite un mensaje con el cual estamos en desacuerdo.

   Ejemplo: en una reunión de equipo el coordinador aconseja no conectar con determinado profesional, pues será tiempo perdido. Si nuestra idea es que sí merece la pena, se puede plantear el contacto como una manera de probar si hay alguna excepción del mensaje recibido. Lo que nos guíe como divisa es que pueden existir cambios singulares. Ello entra en lo que Castillo (2009) refiere como «zona de incertidumbre».
6. Nuestra derivación pretende una complementariedad con el receptor, con la idea de seguir en nuestro cometido, y hay un abandono de nuestra oferta, que la familia asiente, por asumir el colega todas las funciones sin habernos contactado.

Ejemplo: derivé un caso para que el psiquiatra atendiera el aspecto farmacológico del niño, pues ello representaba un ahorro para la familia, pues el colega pertenecía a una mutualidad. Le escribí explicando lo realizado, mi petición y añadiendo que la terapia familiar podía continuarla yo. Nunca regresaron. Acepté que hay realidades que no podemos anticipar. Lamenté no haber hablado con él por teléfono.

7. La recepción de la solicitud nos hace pensar en una triangulación.

   Ejemplo: un padre consultó por su hijo de 12 años, pero no confiaba en que pudiéramos ayudarlo: «Toda la culpa de nuestros gritos es del abuelo, que le habla mal de mí... El problema no sé exactamente cuál es. Pero se empeñaron los de drogas en que viniera a Ustedes. Creo que no confían tampoco que se pueda solucionar nada, pero vengo porque no sea que piensen que soy un mal padre».

   La primera opción que explicité al padre fue que conectaría con el equipo derivante. No pude hablar con el psiquiatra, pero sí con la trabajadora social. Me confió que remitirlo había sido una manera de responder a las quejas del usuario, siempre las mismas: «Sabemos que no podéis hacer mucho en esos casos, pues ya van varias veces que os hemos derivado situaciones así y vemos que es un paso inútil; lo siento por tal franqueza...». Es un ejemplo en el que se percibe una derivación de mala calidad.

8. El colega nos muestra una emoción no común.

   Ejemplo: una maestra solicitó hablar conmigo. Habíamos contactado cuatro meses antes por un conflicto entre escuela y familia. En ese momento, la entrevista de intervención conjuntiva (Alegret, 2010) había tenido un resultado positivo. Los padres se habían serenado respecto de los maestros y el chico había cesado en sus conductas desafiantes.

   La maestra ahora me comentaba que estaba preocupada porque en sus sueños aparecía Bruno, el alumno. Además, el chico había hecho un dibujo de un hombre oscuro lleno de cadenas y cuchillos; eso le daba miedo. «Si Bruno viene a vuestro equipo, ¿no será que está loco? ¿Y que me puede hacer algo? Yo estuve apoyándole tanto tiempo, más que a cualquier compañero, y ahora lo hago menos por la opinión del claustro y de todos los de la reunión...».

Mi respuesta fue que se notaba su interés en Bruno. Y que valoráramos la importancia de que ahora no la desafiara. Le comenté que los dibujos siempre están en otro nivel respecto a los actos. Ambos, ella y Bruno, se dolían del cambio relacional, pero sin duda se ha hecho para bien... Añadí que podía volver si seguía preocupada dentro de un mes.

9. El colega no responde a nuestra llamada de contacto ni a nuestros correos.

   Ejemplo: una trabajadora social estaba activa en un caso que atendía por trastornos madurativos en un niño de 6 años. Además de hablar con la logopeda, con el maestro y con la familia, insistí, con correos repetidos, en buscar a la trabajadora social. Pasaron ocho meses antes de que pudiera conseguirlo. Me fue muy útil, al hablar con ella, saber que el caso estaba todavía con expediente abierto de protección a la infancia, por un nuevo embarazo de la madre. La familia respondía desde el inicio a mis preguntas de forma ambigua: «Estamos aún en el equipo de protección pero a punto del alta».

   Hay que añadir que la tardanza en responder puede ser consecuencia de varias razones: los ritmos de los profesionales saturados son distintos a los nuestros. La importancia de cuidar al colega no tiene siempre la misma fortuna. Sin embargo, añadamos que, según Castillo (2009), quien tiene más tiempo controla la zona de incertidumbre del otro, es decir, aumenta su poder, ya que este es un fenómeno relacional.

10. La propuesta de hablar no llega al interlocutor. Puede haber problema de disponibilidad horaria, de olvido por parte de los receptores primeros, de saturación del docente por situaciones coyunturales.

En estos casos, lo que he practicado es la repetición del intento.

11. El interlocutor se extraña de que seamos nosotros los implicados en el caso, pues su institución tiene por costumbre colaborar con otros profesionales. Lo nuevo les sorprende.

    Ejemplo: unos padres consultaron por la impulsividad de su hijo, de 14 años, sobre todo detectada por la escuela. Al hablar con la tutora me remitió a la directora. Había un contraste de expectativas entre la docente y lo que escuchó de nuestra propuesta. A ello lo llamé «disonancia ideológica». No es frecuente, pero cuando se produce existe el riesgo de que se transforme en simetría. Ante ello lo deseable sería una entrevista presencial. Ello es más fácil si estamos en un equipo sectorizado. Si no es el caso, se puede proponer otro contacto telefónico en un momento que permita mayor serenidad. Si la docente está en el patio y tiene cinco minutos, la conversación puede truncarse en monólogos.

    Me aparece como asociación una cita de Antonio Machado, a raíz de los últimos ejemplos. Que sirva también para finalizar este apartado.

    Hay dos clases de conciencia.
    Una es luz.
    La otra, paciencia.

El equipo virtual

Lo virtual constituye, pues, la etérea sustancia del mundo fenoménico y presupone un trastrueque ontológico. La virtualidad conserva, además, un poder efectivo: modificar o promover comportamientos, inducir actitudes. Pero esto no es nada nuevo. El medio tradicional de la virtualidad fue siempre el lenguaje (Lledó, 2019).

Denominé «equipo virtual» a una concreción del TRP. Es una construcción semántica más, que, no obstante, me sirvió para tenerla implícita cuando hablaba con los colegas. «Es alguien de mi equipo», me decía para mí. Puede que sirva también a los lectores al dirigirse a un colega. Barre fronteras enquistadas de pertenencia. Abre otras inclusiones.

Se trata del conjunto de profesionales, diacrónicos pero especialmente sincrónicos, que están orientados hacia la mejor finalidad posible en el transcurso de un caso. Su divisa es el engranaje. Su temporalidad está condicionada por lo que se precise. Su pertenencia administrativa es variada, y su activación puede ser iniciada por cualquier profesional que lo necesite. A diferencia de otras situaciones jerarquizadas, el equipo virtual se define casi siempre por la horizontalidad.

¿Qué ofrece tal construcción? Algunas ventajas son:

1. La profesional se siente acompañada, su cometido es continuar «cosiendo» la complementariedad de las funciones.
2. Libertad en el momento de buscar a quien pueda aportar la función carente y necesaria.
3. La familia recibe el mensaje de que no resultará azaroso el engranaje entre colegas, sino que habrá entendimiento entre quienes la atiendan. Una orquestación hacia una mejor evolución.
4. En el contexto de protección a la infancia es una manera de tomar la temperatura al proceso de trabajo con la familia.

También presenta escollos. Por ejemplo, si los profesionales implicados (el maestro de la clase, por ejemplo) manifiestan poca apertura a que alguien extraescolar lo solicite. O bien que la zona donde una trabaja esté muy aislada geográficamente y ello suponga un problema de desplazamiento para la familia. Sin embargo, ante algunos de estos problemas, la pandemia nos ha hecho más aceptable la videoconferencia. Por otra parte, hay momentos en los que las jerarquías se flexibilizan y admiten temporalmente en sus profesionales desplazamientos inusuales e inauguran unas maneras de funcionar que exceden el protocolo rigidificado. Un ejemplo se explica en Alegret, Castanys, Tràfach (2021).

Las preguntas a hacerse, a mi juicio, son:

1. ¿Qué funciones están ya en marcha en otras sedes?
2. ¿Cómo está la familia situada respecto de ellas?
3. ¿Cuál puede ser la función propia?
4. ¿Dónde puedo hallar la función que faltaría?

La forma comunicativa para tal investigación requiere claridad y alianza terapéutica con los solicitantes. Una vez explicado el motivo de apelar a los colegas, en general se puede hacer en presencia de la familia, con excepciones, como cuando se trata de ciertas situaciones de protección a la infancia.

¿En qué momento plantearlo? En los ejemplos anteriores hemos visto cómo se secuencia el TRP. En general, lo acompasamos con la información que los usuarios nos van dando.

¿Cómo contactar con los colegas?

Estas han sido mis divisas:

- Seguir el orden jerárquico; por ejemplo, para una situación escolar, empezar por el equipo de orientación psicopedagógica.
- Preguntar si es el momento adecuado para una conversación.
- Aclarar nuestro nombre y función, además de quién nos ha ofrecido la vía de contacto.
- A no ser que se especifique otra, considerar la posición mutua de igualdad.
- Aclarar quién y por qué nos ha hecho una solicitud.
- Tener un objetivo específico, pensado ya antes de la conversación. Por ejemplo, saber si la maestra ha observado diferencias en días recientes respecto a la última vez en que hablamos.
- Usar técnicas comunicativas que faciliten la sinergia.
- Adelantar cuándo estaría bien un nuevo contacto, si es preciso.

¿Qué factores favorecen la apertura al equipo virtual?

Hablamos del equipo virtual como una concreción del TRP. Me pregunté hace tiempo qué podría influir en que los profesionales lo tuvieran presente. Mis respuestas, como hipótesis, son:

1. Todos aquellos factores que supongan un deseo de ampliar nuestras limitaciones. Los metacontextos más propicios son aquellos en los que se atienden situaciones de dependencia: equipos para atender niños o adolescentes, servicios sociales, etc.
2. Todos aquellos factores que supongan una contención momentánea de las necesidades narcisísticas de reconocimiento (Mario Bunge lo llama «pulsión de dominio»).

¿De dónde proceden tales factores? Considero que podrían relacionarse con la cultura, en sentido amplio, del profesional:

- Capa social (de origen) con menos poder.
- Género.
- Pertenencia a un colectivo con valores trascendentes.
- Formación recibida que lo haga significativo.

Otros pueden depender de características temperamentales o actitudinales propias:

- Habilidad interaccional, capacidad de persuasión, templanza, etc.
- Vivencia familiar previa positiva del rol de cuidador.
- Tener otras fuentes de reconocimiento de la autoimagen.
- Tener experiencias previas de lo que ganamos con ello.
- Formación recibida que lo haga significativo.

Cualquier profesional puede iniciar círculos virtuosos: el equipo virtual. Es un arte y una artesanía que se aprende. Una consecuencia importante puede ser que disminuya el estrés frente al colega que nos atenazaba en la juventud. Estrés que no merecemos, que no nos ayuda, que supone a veces un peso en nuestra mente más farragoso que el trabajo directo con las familias. En todo caso así es mi experiencia. Y como dice Gabriel García Márquez: «vivir para contarla».

Quiero cerrar este capítulo con una cita de Pablo Fernández (1993), cuya elección sirve también de agradecimiento por participar en el presente libro. Hallé en el siguiente fragmento la música de la letra precedente:

> Encantar significa, etimológicamente, incorporar a algo en el canto, meter algo dentro del propio ritmo, armonizarlo con uno...
>
> En suma, en la epistemología del encantamiento, sujeto y objeto establecen un nivel de inteligibilidad mutua que les permite internalizar las características del otro, comprenderse, empatizar y establecer un diálogo donde cada uno expone sus necesidades y ofrecimientos...
>
> El mundo encantado es una unidad: todo es sujeto y objeto simultáneamente. Nosotros somos la realidad porque la realidad es nosotros, y entonces la vida se cumple, tiene sentido, vale la pena por el solo hecho de saber que uno pertenece a ella, que contribuye a ella, que uno es ella, lo cual evita de suyo la tentación de estar angustiado o de ser un triunfador.

Referencias

Achenbach, T.M. y Edelbrock, C.K. (1979). The child behaviour profile: ii. Boys aged 12-16 and girls aged 6-11 and 12-16. *Journal of Consulting and Clinical Psychology*, *47*(2), 223-233 [https://doi.org/10.1037/0022-006X.47.2.223].

Alegret, J., Castanys, E. y Ochoa, S. (2005). El trabajo en red profesional en salud mental infantojuvenil. *Revista de la Asociación Española de Neuropsiquiatría*, *25*(95), 49-68.

— (2009). Un protocollo per il disturbo da deficit d'attenzione e una tipologia delle famiglie dei bambini che lo presentano.

Terapia Familiare, *91*, 83-103 [https://doi.org/10.3280/TF2009-091006].

— (2010). Caminos terapéuticos para un adolescente reticente: la intervención conjuntiva. *Revista de Sistemas Familiares*, *26*(1), 117-138.

—, Castanys, E. y Tràfach, G. (2021). La flexibilidad entre dispositivos: un ejemplo afortunado para la salud mental de una bebé y su madre. *Revista de Psicopatología y Salud Mental del Niño y del Adolescente*, *37*, 103-112.

Anderson, H. y Goolishian, H. (1988). Human systems as linguistic systems: Evolving ideas about implications for Clinical Theory. *Family Process*, *27*, 371-393 [https://doi.org/10.1111/j.1545-5300.1988.00371.x].

Auerswald, E.H. (1968). Interdisciplinary versus ecological approach. *Family Process*, *7*, 202-215 [https://doi.org/10.1111/j.1545-5300.1968.00202.x].

Cancrini, L. (2020). *La sfida dell'adozione: cronaca di una terapia riuscita*. Milán: Raffaello Cortina Editore [trad. cast.: *El desafío de la adopción: crónica de una terapia exitosa*, Madrid, Morata, 2022].

Castillo, F. (2009). Sobre el poder y las organizaciones. En R. Medina, E. Agulló, R. Castro, R. Calderón y L. Eguiluz (eds.), *Consultoría colaborativa: Intervención sistémica en redes y organizaciones* (pp. 33-50). Ciudad de México: Programa Integral para el Fortalecimiento Institucional, Secretaría de Educación Pública.

Cirillo, S., Selvini, M. y Sorrentino, A.M. (2016). *Entrare in terapia. La sette porte della terapia sistemica*, Milán: Raffaello Cortina Editore.

Elkaïm, M. *et al.* (1987). *Les pratiques de réseaux: Santé mentale et contexte social*. París: esf [trad. cast.: *Las prácticas de la terapia de red: salud mental y contexto social*, Barcelona, Gedisa, 1989].

Fernández Christlieb, P. (1993). El conocimiento encantado. *Archipiélago*, *13*, 119-123.

Imber-Black, E. (1988). *Families and larger systems: A family therapist's guide through the labyrinth*. Nueva York: The Guilford Press.

LLEDÓ, E. (2019). *En torno al «bienser». Antología*. Málaga: Centro Andaluz de las Letras.

RAMOS, R. (2019). Elementos para una teoría de la colaboración interprofesional. *Revista Mosaico*, *73*, 74-84.

SELVINI-PALAZZOLI, M. *et al.* (1986). *El mago sin magia. Cómo cambiar la situación paradójica del psicólogo en la escuela*. Barcelona: Paidós.

SLUZKI, C. (1996). *La red social: frontera de la práctica sistémica*. Barcelona: Gedisa.

UBIETO, J.R. (2007). Models de treball en xarxa. *Revista Educació Social*, *36*.

WALTERS, M., CARTER, B., PAPP, P. y SILVERSTEIN, O. (1991). *La red invisible*. Barcelona: Paidós.

6. Desarrollo de la red relacional en el ciclo vital familiar

Olga García Falceto

Conocemos mucho sobre el ciclo vital del individuo y ya sabemos bastante sobre el ciclo vital de la familia. Sin embargo, estudiamos poco los cambios en la red relacional que construye la familia a lo largo del ciclo vital. ¿Y qué sabemos sobre el ciclo vital propio de las redes relacionales, en especial de las más amplias? ¿Estarán sujetas a lo que parece repetición compulsiva cíclica de patrones relacionales del pasado, como en los individuos?

Había empezado a escribir este capítulo en medio de la pandemia de COVID-19, pero otro golpe vino a finales de febrero de 2022, al estallar la guerra ruso-ucraniana. En consecuencia, se me ha ocurrido comenzar con la frase anterior y lo que escribo a continuación: una vez más los generales y dueños del poder mundial (nuestra red relacional amplia, ¿serán humanos?), por codicia económica y de poder, mandan a matar y a morir a jóvenes que ni siquiera saben lo que defienden. Continuamos, como especie, comportándonos como primates que siguen al líder de la banda sin cuestionarlo, sin identificar la codicia básica en el liderazgo, presente en todos los lados de la disputa. La narrativa dominante nos lleva a sentirnos impotentes para cuestionarla, e incluso mucho más para tener esperanza de encontrar maneras de enfrentarla y superarla.

Uno de los principios de la teoría sistémica es que los sistemas mayores impactan el funcionamiento de los sistemas menores. Dado que las reglas vigentes en el sistema sociopolítico y económico amplio son el individualismo y la protección del grupo dominante (en el caso en discusión, la industria bélica y petrolera) en detrimento de la mayoría, lo que ocurre incluso en países que se consideran democráticos, ¿cuál será el efecto de esa regla sobre el impacto del sistema mayor en las redes relacionales de la familia, que es el tema de este capítulo?

Tengo más preguntas que respuestas, pero lo que veo es que las familias y los individuos crecemos en medio de esos «valores», luchando para crear oasis de relaciones armoniosas dentro de la pequeña familia, en constante tensión entre los dos mundos. Creo que necesitamos reconocer y nombrar esa realidad más amplia al describir los esfuerzos de personas, familias y comunidades para crear valores diferentes, con más altruismo y cuidados relacionales, dentro de sus microsistemas de convivencia y en sus redes relacionales. Nombraré, sin profundizar, el tema de la lucha feminista por el reconocimiento de la equidad de poder de las mujeres en las familias y en la sociedad en los países occidentales, donde ya se han logrado muchas cosas, entre ellas, el derecho a voto. Vale nombrarlo porque las nuevas generaciones a veces no tienen idea de la lucha que fue necesaria. Parece un milagro que, en medio de tanta «inhumanidad», cerca de tres cuartas partes de las familias sean capaces de crear buenas relaciones en sus miembros. Eso ocurre incluso en un país como Brasil donde hay una guerra civil no declarada que causa centenares de muertes de jóvenes que viven en la periferia de las grandes ciudades, en su mayoría negros. Estos, sobre todo por falta de alternativas económicas, entran en la red del tráfico de drogas, sin duda una red relacional que se les ofrece. Muchos caen en la guerra que se entabla a diario por territorios de influencia. Y otra cuestión paradójica: parece que sentimos más los muertos de lejos, los de Ucrania, por ejemplo, que los muertos de nuestro entorno. ¿Estaremos siendo inducidos a ello por las ideologías predominantes transmitidas a través de los grandes medios? ¿Deberían estos también ser considerados parte de nuestra red relacional?

La reflexión subsecuente me ha llevado a cuestionar lo que sabemos sobre el desarrollo de las propias redes relacionales. ¿Cómo y en qué dirección ocurre el desarrollo y qué procesos se observan? ¿Cómo identificarlos e influir encaminándolos hacia un buen desarrollo? ¿Qué es un buen desarrollo de las redes relacionales más amplias? He encontrado una referencia interesante en Elbio Néstor Ojeda, que estudia la resiliencia comunitaria desde una perspectiva latinoamericana. Describe así sus pilares:

> Solidaridad, autoestima colectiva, identidad cultural, humor social y honestidad estatal. Solidaridad es la adhesión a una causa común que torna al grupo unido; autoestima colectiva es la actitud y sentimiento de orgullo del lugar donde se vive, la satisfacción de integrar aquella comunidad, sentirse parte de ella y compartir sus valores; identidad cultural es un conjunto interactivo de relaciones sociales y patrimonio simbólico incorporado a lo largo del tiempo, que incentiva la sensación de pertenecer; humor social es la capacidad que algunos grupos o colectividades desarrollan de mantener el mismo humor en situaciones adversas, permitiendo la mejor solución de problemas; honestidad estatal o administrativa es la gestión honesta y transparente de las cosas públicas, en especial los recursos en situaciones adversas. (Ojeda, 2005)

Tenemos aquí un mapa de cualidades comunitarias a desarrollar.

Adalberto de Paula Barreto y su equipo en Ceará, nordeste de Brasil, han desarrollado una modalidad de intervención en comunidades que llaman «terapia comunitaria integrativa». Utilizan los recursos culturales regionales trabajando con grandes grupos (más de cien personas a veces). Son ruedas de sentimientos y reflexiones, con mucha música, poesía y bailes circulares. Sin duda, un método interesante para promover el desarrollo de redes relacionales. Varios países europeos, y recientemente incluso Estados Unidos, lo están adoptando (Barreto *et al.*, 2020).

Se me ocurre que el concepto de «amor complejo» de Juan Luis Linares (2012) podría ser pensado como un factor de base para el desarrollo de las redes, considerando que el amor interpersonal incluye amar de alguna forma a la red relacional de los implicados, siendo que, además, las necesidades personales y las características de la relación amorosa necesitan cambiar a lo largo del ciclo vital.

En este capítulo, que tiene el foco principal en describir los cambios de la red relacional a lo largo del ciclo vital de la familia, busco relatar lo que he aprendido en mis cuarenta y cinco años de práctica clínica, enseñanza e investigación con familias en una universidad pública del sur de Brasil y en la clínica privada. He tenido la oportunidad de trabajar con todas las clases sociales en múltiples contextos. Esa experiencia me permite afirmar que la calidad de las relaciones de red es fundamental para mantener la armonía en la familia y la salud mental de sus miembros, siempre que tengan la seguridad mínima de un techo estable y comida en la mesa (Minuchin *et al.*, 2000).

Es notable la cantidad de investigaciones internacionales que demuestran que la percepción de un buen soporte social previene muchos problemas de salud y violencia contra la mujer, disminuye la violencia de adolescentes y facilita la recuperación de la salud (Aydın Sayılan *et al.* 2020; Beavers *et al.*, 2000; Falceto *et al.*, en prensa; Gilligan, 1982; Gumá *et al.*, 2021; Kita *et al.*, 2020; Hayes *et al.*, 2018; Lebenbaum *et al.*, 2021; Minuchin, 1974; Ojeda, 2005; Pozzer *et al.*, 2020; Sehmi *et al.*, 2020). Si ya hay suficientes evidencias de que la red relacional protege la salud, que se supone es un valor humano básico, ¿por qué es tan difícil organizar las comunidades con esos principios?

Formo parte de los terapeutas familiares que buscan en terapia (y fuera de ella, como ciudadana) identificar y ayudar a cambiar las realidades sociales que impactan negativamente el desarrollo de las familias. Pero reconozco que, aunque tardíamente, busco identificar formas de trabajar en la práctica clínica psiquiátrica, en la psicoterapéutica y la médica en general lo que se refiere a los efectos nocivos macrosistémicos de la acción humana sobre el planeta y las consecuencias negativas sobre la salud humana. He aprendido que vivimos la era geológica Antropoceno y experimentamos una situación de emergencia climática. Ese problema de fondo será aquí tratado como parte del sistema más amplio dentro del cual los otros sistemas humanos se desarrollan.

Ross V. Speck y Carolyn L. Attneave (1982), así como Carlos E. Sluzki (1997), son nuestros maestros en materia de redes relacionales. Froma Walsh (1998) también lo es: habla de la importancia de las redes para la resiliencia familiar. Resalta que lo que distingue a las familias no es la ausencia de problemas sino la manera en que los enfrentan y su competencia para resolverlos.

Los resultados de una investigación de mi grupo lo demuestran (Falceto *et al.*, 2024). Las crisis, es sabido, pueden ser una oportunidad para estimular al sistema familiar a desarrollar habilidades y recursos.

La red relacional tiene varias características: tamaño, proximidad, densidad, diversidad. Parece que el número de relaciones próximas no debe ser pequeño ni demasiado grande (por ejemplo, una prole grande puede ser factor de riesgo para la salud), tampoco debe ser muy compacta (la aglutinación dificulta la autonomía de los individuos) y debe estar compuesta por miembros capaces de desempeñar diversas funciones para que, de hecho, apoyen el desarrollo saludable. Esas cualidades no son fijas, deben cambiar a lo largo de la vida para adecuarse a las necesidades de cada persona y de la familia, que van evolucionando.

El abordaje del desarrollo de las redes relacionales fue parte importante del trabajo de Urie Bronfenbrenner (1996), que creó la teoría bioecológica del desarrollo. Otros teóricos sistémicos, como Salvador Minuchin (1974) y su grupo, describieron con claridad que la dinámica familiar está íntimamente asociada a su vinculación con la red relacional.

Cada etapa del ciclo vital familiar desafía a sus miembros a hacer cambios para enfrentar los nuevos retos. La búsqueda de relaciones de apoyo también cambia, especialmente en las crisis vitales previsibles, como son la formación de pareja, el nacimiento de los hijos y su entrada en la escuela, entre otras. Parece ser que los eventos vitales guían e inducen cambios en la red relacional (Seibel *et al.*, 2017). Las investigaciones indican que las relaciones con la familia consanguínea se mantienen estables a lo largo de la vida, pero el número de relaciones con personas de fuera de la familia aumenta entre la adolescencia y la juventud y suele disminuir en la madurez, cuando las familias parecen escoger algunas relaciones más íntimas. Además, las crisis accidentales parecen estar asociadas con una búsqueda disminuida de apoyos fuera de la familia (McDowell *et al.*, 2019; Seibel *et al.*,2017). También llama la atención que en los últimos treinta y cinco años ha habido una disminución del número de contactos sociales personales, lo que parece coincidir con el inicio del uso generalizado de internet (McDowell *et al.*, 2019; Seibel *et al.*,2017).

Percibo, por lo demás, una deficiencia en la literatura sistémica: no parece que se dé importancia a la evaluación temprana de la relación de las familias con su red relacional con intención preventiva. Por ejemplo, en el trabajo como consultores en la organización de los sistemas de salud, podríamos esperar que la atención a madres jóvenes en las consultas de puericultura exigiera que siempre viniesen acompañadas, sea del compañero, de la madre o de una amiga, de forma que se pudiera evaluar, y tratar si fuera necesario, alguna deficiencia de la red relacional. Eso no ocurre, por lo menos en Brasil. Esa simple medida preventiva permitiría identificar, y la mayoría de las veces resolver, uno de los grandes problemas de las madres en ambiente urbano moderno: la soledad. Sería, sin duda, de gran ayuda en la prevención de la depresión materna y de problemas de vinculación con los hijos.

En una búsqueda no sistemática de publicaciones de los últimos años he encontrado estudios sobre la importancia de la red relacional en la prevención y el tratamiento de problemas emocionales asociados con enfermedades orgánicas, con foco principalmente en los momentos del nacimiento, de la adolescencia y de la vejez, sin aparentes novedades (Aydın Sayılan y Demir Dogan, 2020; Beavers y Hampson, 2000; Gilligan, 1982; Falceto *et al.*, 2024; Gumà y Fernández-Carro, 2019; Hayes *et al.*, 2018; Kita *et al.*, 2020; Lebenbaum *et al.*, 2021; Minuchin, 1974; Ojeda, 2005; Pozzer *et al.*, 2020; Sehmi *et al.*, 2020). Hay pocos artículos que se centren en cómo cambia la red a medida que evoluciona el ciclo de la vida (McDowell *et al.*, 2019; Seibel *et al.*, 2017). No he encontrado referencias de cómo evaluar la red relacional preventivamente. Un trabajo antes referido habla de resiliencia comunitaria y describe las características que la promueven (Linares, 2012). Trataré de agregar en este capítulo algunas ideas provenientes de mi práctica clínica, enseñanza e investigación con individuos, familias e instituciones de salud, educación y justicia. Debo recordar que vivo y trabajo en el sur de Brasil, país de muchos contrastes, oficialmente definido como de desarrollo medio, pero el segundo socialmente más desigual del mundo.

¿Hay diferencias de clase social en la efectividad de las redes de apoyo a las familias?

Sí, pero la riqueza de recursos económicos es menos determinante que la calidad relacional.

Empiezo contando un poco de mi principal investigación: desde el año 2000 he acompañado, junto con un equipo de trabajo, la evolución de familias, a partir de los cuatro meses del nacimiento de un bebé. La pregunta inicial era si había relación entre el destete precoz (antes de los cuatro meses) y problemas de salud mental de la familia. No lo verificamos a los cuatro meses. En cambio, comprobamos que en el posparto inmediato fue más difícil para las madres con sufrimiento emocional iniciar la lactancia. A los cuatro meses, cuando visitamos a las familias en sus casas la primera vez, las madres deprimidas continuaban amamantando si tenían apoyo de sus compañeros y de la red relacional, en especial de su familia de origen (Cianconi *et al.*, 2020; Erikson, 1976; Harada *et al.*, 2018). Terminada esa etapa, constatamos que integraban nuestra muestra todas las familias de un barrio de la ciudad de Porto Alegre que habían tenido hijos durante el año 2000, y decidimos acompañar a los ciento cuarenta y ocho niños y sus familias a lo largo del desarrollo.

En todas las etapas encontramos correspondencia entre buena red relacional y buena salud mental (Falceto *et al.*, 2004, 2004b). ¿Y por qué he respondido que sí al comienzo de este apartado, en lo que se refiere a la clase social? Porque resulta más fácil dar apoyo cuando se tienen más recursos económicos, pero lo que deseo relatar es paradójico. Esperaba que la pobreza afectara también la calidad de las redes relacionales. Entretanto, tuve la experiencia de entrar en algunas pequeñas comunidades muy empobrecidas económicamente y salir contenta con la calidad de las relaciones interpersonales que encontré, incluso con alguna envidia por la riqueza de lazos sociales y de solidaridad de grupo, de una calidad que no acostumbra a verificarse en familias de clase media y generalmente aún menos en familias muy ricas. Parecía que en esas islas humanas la pobreza material era compensada con la riqueza y calidez de los intercambios relacionales.

Por desgracia, no podría decir que tal fuera el caso en la mayoría de las familias.

Relataré a continuación los resultados de un último análisis cualitativo de apenas tres familias (apenas posible debido los escasos recursos disponibles en ese período: eran las tres primeras familias de la investigación que encontramos con los datos completos). Los tres jóvenes de quince años, dos hombres y una mujer, presentaban salud mental adecuada, se desempeñaban bastante bien en la escuela y tenían amigos y buena relación con los mayores. Los tres tuvieron períodos más difíciles anteriormente. Ella había hecho una psicoterapia de tres meses a los 9 años, cuando murió su madre por insuficiencia renal crónica y empezó a vivir con la abuela materna y su marido, con quienes tenía buen vínculo desde bebé; ya había perdido al padre, que se ahogó cuando ella tenía 2 años. Los dos chicos eran hijos de padres separados. Uno de ellos, cuyos padres lo tuvieron de adolescentes, vivió siempre con la abuela paterna y, a los 12 años, empezó a ir mal y a faltar a la escuela, pero se reorganizó cuando el padre lo llevó a vivir con él y su nueva esposa. El otro, de pequeño tenía síntomas digestivos cuando le tocaba visitar al padre, que era muy rígido, al contrario que la madre; a los 15 años continuaba con algunos síntomas y la madre presentaba depresión en tratamiento; se habían empobrecido con relación a los años anteriores.

Como rasgos comunes de las familias, verificamos que todas tenían casa propia y un salario mensual suficiente para los gastos básicos. Contaban mucho con la red de salud, compuesta por equipos multidisciplinarios de medicina de familia y comunitaria. También la escuela era importante, además de que una de las familias encontró apoyo, cuando lo necesitó, en la justicia. Todos los niños tuvieron adultos cuidadores amorosos y constantes, aunque con sus dificultades. Los vínculos entre los familiares eran amigables y coincidían en concentrarse en cuidar cooperativamente a los hijos. Además, en las tres familias se identificaron comportamientos generosos y altruistas; focalizaban más lo que tenían que lo que les faltaba, manteniendo una actitud positiva frente a las dificultades. Todas las familias tenían una red relacional relativamente limitada, contaban principalmente con la familia extensa y relataron buena relación con los vecinos. No estaban personalmente afectados por la violencia derivada del tráfico de drogas, que aumentó a lo largo de los quince años de la investigación y estaba presente en algunos locales de la comunidad (Falceto *et al.*, 2004).

Concluimos que, incluso en casos con muchas situaciones de pérdidas traumáticas, es posible mantener una salud mental adecuada. En las tres familias las redes relacionales eran eficaces y de calidad suficientemente buena, como decía Winnicott de las madres necesarias para que el bebé se desarrolle bien. Comprobamos que hay necesidad de evaluar los diversos sistemas relacionales que rodean a la familia para verificar su capacidad de resiliencia, porque un sistema que funciona muy bien puede compensar la deficiencia relativa de otro.

¿La red relacional se mantiene igual durante el ciclo vital?

Claro que no.

¿Qué es lo que define la capacidad de la red relacional de ofrecer ayuda efectiva? Podríamos resumir en dos las funciones básicas de la red relacional:

1. Las protectoras: que complementan funciones que la familia (nuclear en especial) no alcanza a cumplir sola, proveyendo cuidados adicionales a los niños y ofreciendo ayuda económica.
2. Las estimuladoras: que también brindan protección, pero de naturaleza diferente, como ayudar a conseguir un trabajo mejor, indicar actividades culturales, presentar nuevos amigos, etc.

Son justo esas necesidades de protección/estímulo de la familia las que cambian a lo largo del ciclo vital. La familia cambia su configuración, quiénes la forman, cuántos son y sus tareas principales, pero necesita mantener la calidad relacional, adecuándola a las necesidades cambiantes.

Robert Beavers y Robert Hampson (2000), a partir de una interesante investigación en la década de 1990 en el medio oeste de Estados Unidos, definieron unas características de las familias con óptimo funcionamiento, bastante adecuadas para las familias occidentales urbanas en general. Son relativas al equilibrio de poder en la pareja, buena comunicación, amplia expresión de emociones, mantenimiento del buen humor, estímulo a la autonomía individual con reconocimiento de la interdependencia y mitología compartida. La última característica que describen es la participación social de las familias que funcionan bien, refiriéndose a la red relacional más amplia. Todas esas características promueven la buena relación entre las personas y la solidez de los vínculos. Quizá sean aún más importantes para los lazos no consanguíneos, que necesitan mayor cultivo para mantenerse. Últimamente, en mis clases sobre desarrollo familiar, a partir del conocimiento de la salud planetaria, he agregado un último factor: la necesidad de cultivar hábitos saludables y ambientalmente sostenibles.

Para describir el ciclo vital, utilizo el esquema de Betty Carter y Monica McGoldrick (2011), enriquecido con la visión psicosocial del desarrollo individual de Erik Erikson (1976). Lo que las autoras describen como la *familia de un único individuo*, esto es, del joven adulto que vive de forma independiente, tal vez sea la mayor diferencia entre las culturas anglosajona y latina. En Estados Unidos, el joven acostumbra a vivir un período solo antes de formar su propia familia, lo que aún es infrecuente en las culturas latinas (aunque vaya creciendo). En esa fase, la red relacional acostumbra a ser menos de familiares y más de otros jóvenes adultos. Los jóvenes latinos, por su lado, aunque viven en casa de los padres, suelen valorar mucho su red de amigos. En familias muy aglutinadas, en las que el desarrollo de la autonomía de los adolescentes no es estimulado, esa fase acostumbra a ser complicada. Muchas veces tiene como consecuencia escoger amigos que se contraponen a los valores de la familia, lo que empieza como una tentativa de búsqueda de autonomía pero que, por rigidez e inmadurez de ambos lados, puede agravarse y transformarse en síntoma con necesidad de auxilio terapéutico; por ejemplo, si el joven pasa de la experimentación al uso abusivo de sustancias. Esta es la fase en la que el joven necesita espacios propios para probarse en el mundo, incluso para facilitar la búsqueda de pareja, que es una de las tareas fundamentales del período.

La *familia formada por una pareja joven*, sea hetero u homoafectiva, también se caracteriza por construir una red relacional menos de familiares y más de otros jóvenes adultos. La red es construida a medida que la pareja se va constituyendo, incluyendo personas ligadas a la actividad laboral, aficiones, actividades culturales, políticas, religiosas, etc. Se espera que formen parte de ella familiares y amigos de ambos miembros de la pareja. Si eso no ocurre y la red se basa en personas solo de uno de ellos, podríamos tomarlo como una señal de alerta y preguntar si algo no va tan bien, si existe una situación de carencia importante de uno de los dos o quizá si será un patrón de dominación/sumisión que empieza a desarrollarse. La definición clara de cuál es la mejor red relacional para la nueva familia que se va formando es fundamental y marca con frecuencia, por ejemplo, el lugar de residencia, la distancia concreta en relación con cada familia de origen, entre otras cosas, como los hábitos que la pareja desea que sus futuros hijos desarrollen, con gran influencia sobre el devenir de todos.

La *familia cuando nace el primer hijo* cambia mucho, desde aumentar internamente el número de potenciales interacciones y alianzas, lo que puede ser exponencialmente transferido también a la relación con las familias de origen y demás red relacional. Ello aumenta mucho la complejidad de las interacciones.

Los padres de hijos pequeños necesitan dedicar mucho tiempo y paciencia a la prole. Para eso necesitan una red relacional que los apoye, los sustituya por momentos y los distraiga, además de otras funciones. En general, los padres jóvenes vuelven a aproximarse a sus propios padres y suelen decir «ahora os comprendo mejor». Se revalorizan los lazos con los padres y otros familiares, se escogen algunos amigos cercanos. De nuevo, es importante que haya un equilibrio entre la pareja en la formación de esta red amplia y más compleja.

La lactancia, primera función nutritiva concreta de la nueva familia en relación con su bebé, es un ejemplo de red relacional compleja que necesita funcionar armónicamente para que el niño sea alimentado de forma adecuada y los padres bien apoyados. Provee leche como alimento y amor como continente familiar y relacional. Esta figura incluye a varios componentes de la red.

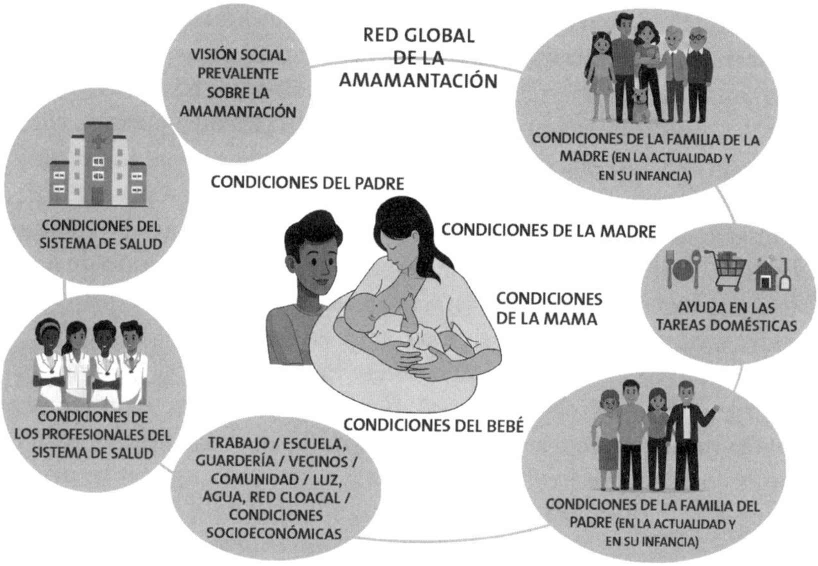

La *familia con hijos pequeños* necesita una red relacional compleja bien estructurada para que sea efectiva en la crianza. La tarea de alimentar, hacer y enseñar a hacer todos los pequeños actos de cuidados personales diarios es exhaustiva y requiere creatividad y paciencia para que sea un espacio de alegría y no un campo de batalla en el que gana el más fuerte. Y a veces «gana» el niño, lo que no es raro en las familias jóvenes que buscan ayuda terapéutica. En esos casos recibimos padres cansados, en general riñendo sobre quién tiene razón y cuál es la red de ayuda que podrían buscar, mientras el niño no come bien, llora sin parar o no duerme. Con frecuencia aquí ya aparecen alianzas transgeneracionales complejas, en las que las familias de origen entran en acción y complican el cuadro. Como si eso no bastara, otra relación que entra en escena es la que los padres tienen con la escuela, y viceversa. En general funciona como ayuda, pero a veces padres y escuela parecen enfrentarse como antagonistas. Muchas veces es necesario trabajar incluyendo a la familia de origen y también a la escuela.

Hoy no es infrecuente que la familia busque ayuda diagnóstica a pedido de la escuela porque esta ve síntomas autistas en un niño. Con la pandemia de COVID-19, en el confinamiento con padres estresados y trabajando en casa, sin paciencia para jugar con los hijos, esta cuestión surgió aún más. Superado el confinamiento y después la pandemia, muchos niños pasan el día distraídos en internet sin relación social real y, cuando van a la escuela, demuestran falta de habilidades sociales. En su mayoría, son síndromes de fácil resolución si se aplican medidas de reorganización de los cuidados y ampliación de la red relacional.

La red relacional se complejiza mucho en la *familia con hijos adolescentes*. Sus fronteras necesitan tornarse más porosas y fluidas, incluyendo a mucha más gente a través del adolescente, que ahora ejercita su autonomía en la búsqueda de sus propios intereses, construyendo paso a paso su identidad personal. Volvemos aquí a lo que dijimos al describir la familia con un joven adulto que vive solo. En la adolescencia, el joven necesita experimentar realidades diferentes a las de su familia. Si eso se le prohíbe, es frecuente que haga intentos que suelen ser llamados «disfuncionales» o «patológicos», es decir, acciones que lo perjudican a él y, por lo general, también a la familia. Algunas de las actividades que crean espacio/distancia entre padres e hijos, incluso a través del conflicto, son ir mal en la escuela, escoger novios-problema o experimentar con sustancias. Si eso se mantiene por mucho tiempo, suele agravarse o cronificarse. Son las situaciones que muchas veces se nos presentan en terapia con familias multiproblemáticas. En las familias con adolescentes, los problemas característicos de los jóvenes se asocian con los de sus padres de mediana edad, cuestionando sus matrimonios, sus opciones laborales, su filosofía de vida y, encima, la preocupación por los abuelos, que se vuelven viejos y pueden empezar a enfermarse. Aquí hay mucha influencia potencial de la red relacional y también de los medios.

Si el desarrollo ha ido bien, llega el momento del *nido vacío*, que sigue a la etapa de la *familia cuando los hijos se van de casa*. En esta etapa, la red se complejiza aún más y se torna más diluida. Crece el número de personas en la red al tiempo que disminuyen los habitantes de la casa. Es importante destacar que en las clases populares no parece haber nido vacío debido a la falta de opciones de vivienda. Las relaciones familiares y sociales pueden enriquecerse o empobrecerse. En general, se enriquecen con la entrada de nueras y yernos, así como con la convivencia con las respectivas familias y sus redes familiares y relacionales. Por supuesto, el proceso no está libre de conflictos. Si la familia está demasiado aglutinada, esas entradas son dolorosas y pueden acabar en salidas por divorcio, con todas sus complicaciones, en especial, si implica a los hijos.

En la cultura occidental, si todo va bien, la *familia en la vejez* está constituida por una pareja de ancianos que suele quedarse sola, cara a cara, en otra etapa de la vida, en crisis identitaria y relacional que puede ser liberadora o aterradora y paralizante. Los viejos saludables buscan reinventar sus vidas, crear nuevos intereses y amigos, al mismo tiempo que se mantienen disponibles para sus familias. Mucha más complejidad se añade con la llegada de los nietos. Si hay mucha rigidez en la estructura familiar, es frecuente que el proceso generativo se estanque al enfermar uno o dos de los ancianos. Aquí la red relacional ampliada, incluido el sistema de salud y la seguridad social, se torna muy importante.

Recientemente ha surgido el fenómeno de la *vejez avanzada*, esto es, muchos ancianos sobreviven a los noventa años necesariamente limitados en sus capacidades de locomoción y, con frecuencia, cognitivas. Es una novedad de nuestra civilización supermedicalizada, que crea tecnologías que mantienen la vida biológica pero que no cambian aspectos importantes del funcionamiento social. El foco es la producción y el consumo de bienes más que el bienestar humano y el equilibrio con la naturaleza. Hay un aumento de la longevidad, pero no un cambio en la estructura social para ayudar a las familias a flexibilizar su trabajo, dar recursos para incluir a estos «nuevos ciudadanos» que, tal vez en su mayoría, acaban segregados y confinados en residencias de mayores. Esta se ha establecido como una nueva industria, un negocio bastante lucrativo que se torna parte importante de la red social de familias de mediana edad que no pueden incluir a sus ancianos en su rutina de vida. Parecen estar implicadas en el desarrollo de la distanasia para mantener vivos a los viejos, aun cuando ya no aprovechan su propia vida.

Desarrollo de las redes relacionales

El desafío de dar respuestas a la crisis climática, el potencial desarrollo ético-moral de las redes relacionales amplias y el papel del terapeuta sistémico

Así como estudiamos el desarrollo moral de los individuos que ocurre en el contexto de su desarrollo en familia (Falceto *et al.*, 2024; Kita *et al.*, 2019), creo que deberíamos estudiar el desarrollo moral de instituciones, comunidades y sociedades.

Ya existe una simiente de eso en la clasificación de empresas en lo que se refiere a responsabilidad social. Por tanto, algo semejante al desenvolvimiento moral empresarial es estudiado por la sociología y la política y se aplica parcialmente en la economía. Ese asunto es escenario de luchas ideológicas intensas y tarda en penetrar el tejido social, retardando las decisiones éticamente necesarias al buen desarrollo económico y social. Hoy en día, esa discusión es fundamental, visto que ya está bien establecido que el aumento de la temperatura y la polución del aire y del agua afectan negativamente a las personas, las familias y al equilibrio climático planetario.

Uno de los mecanismos básicos de desequilibrio global es la concentración de poder y renta en algunos países y, dentro de esos países, en algunos individuos/empresas. La pregunta que se impone es: ¿cómo puede haber buen desenvolvimiento relacional en sociedades sin un mínimo de equidad sabiendo, como se sabe, que somos social y planetariamente interdependientes? Esos poderosos suelen buscar el lucro sin considerar las necesidades de otros humanos y los límites de la naturaleza. Este es el gran problema actual: al no respetar los límites de recursos de la naturaleza, se provocan enfermedades, la muerte de humanos y de otras especies y, a largo plazo, la autodestrucción de la especie. Es cierto que el planeta no desaparecerá, pero puede expulsar a los humanos de su superficie. Eso ya viene ocurriendo en zonas de sequía y de inundaciones. Es lo que estamos viendo en esta era, el Antropoceno. También es sabido que la eclosión de la COVID-19, así como de otros virus, cada vez más frecuentes, está asociada con la deforestación y el calentamiento global (Pozzer, 2020; Wrzus *et al.*, 2013).

En realidad, es maravillosa la resiliencia familiar y comunitaria frente a esa trágica realidad de los sistemas amplios. Tres cuartos de las familias mantienen relaciones de buena calidad, esto es, amorosas y cooperativas, y las comunidades suelen responder de forma solidaria en casos de tragedias como la guerra ruso-ucraniana que estamos viviendo. El pueblo polaco principalmente, y otros, acogen a los ucranianos que huyen de la guerra. La cuestión mayor es cuánto puede durar una respuesta de emergencia sin los necesarios cambios estructurales, es decir, el fin de esta guerra, un programa de recuperación y cambios en la política y la economía internacionales.

Falta saber cuánto tiempo seguiremos siendo resilientes frente al aumento anunciado de tragedias ambientales resultado del calentamiento global. Entre otras consecuencias, las sequías y las inundaciones crean desplazamientos de poblaciones con gran desorganización de sus redes relacionales. Esto repercute en la salud física, mental, relacional y social, principalmente de aquellos obligados a migrar, pero también de aquellos que necesitan reorganizarse para acoger a los migrantes. Esa realidad ya está presente en todos los continentes.

Cambios climáticos, COVID-19 y salud mental

Aún hay poca literatura sobre salud mental y cambios climáticos, pero ya se sabe que eventos climáticos extremos están asociados con aumento de la ansiedad, depresión, síndrome de estrés postraumático, suicidio y violencia. Específicamente, las olas de calor extremo se asocian con aumento de violencia y suicidio, la alta polución del aire intensifica los índices de demencia y posiblemente de ansiedad y depresión, así como las sequías e inundaciones crean todo tipo de problemas mentales y relacionales (Erikson, 1976; Hayes *et al.*, 2018; Pozzer *et al.* 2020; Szapocznik y Coatsworth, 1999; Torres y Casey, 2017). Ya hay bibliografía sobre la centralidad de la pérdida de redes relacionales como consecuencia nefasta del cambio climático (Szapocznik y Coatsworth, 1999).

IMPACTO EN LA SALUD MENTAL

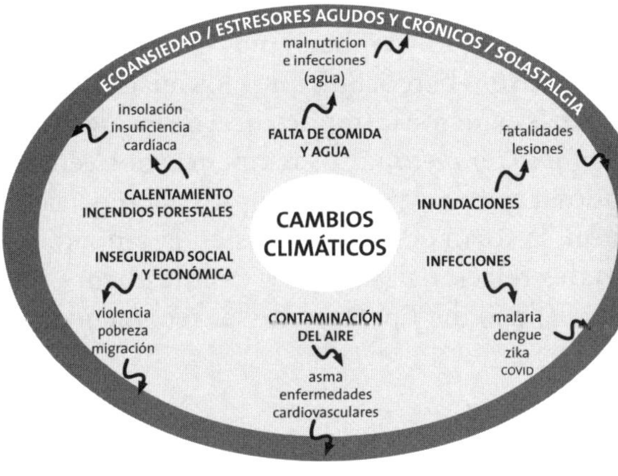

Fuente: WISH, *Health in the climate crisis. A guide for health leaders*, Doha, 2020

Escribo este capítulo apenas terminada la pandemia de COVID-19 que ocasionó millones de muertos en todo el mundo. En Brasil hubo alrededor de 660 000 muertes a consecuencia de la COVID-19. Y hay innumerables casos de «COVID persistente», con muchas secuelas. ¿Cómo están reaccionando las familias a estos duelos?

Aún no se sabe con seguridad. Es sabido que los duelos mal elaborados están asociados con el surgimiento de enfermedades mentales y desorganización de redes relacionales.

Lo que se va verificando es que los humanos somos frágiles, interdependientes, y que frente a la desgracia tenemos el poder de pararlo todo. Eso ha ocurrido en la pandemia de COVID-19. Cuánto de esa experiencia se transformará en real aprendizaje, ayudando a que el desarrollo futuro sea más «verde», aún está por ver. De momento ya sabemos que hay muchas consecuencias negativas en la salud mental, y cabe investigar cuánto de eso se relaciona con el alejamiento físico que han sufrido las redes relacionales.

Lo cierto es que esta pandemia nos ha demostrado con más claridad algo que ya sabíamos y que ahora vivimos agudamente: el concepto de cibernética de tercer orden lo explica (McDowell *et al.*, 2019). Ayudamos a las familias a enfrentar una realidad que nosotros mismos estamos enfrentando y hemos pasado a atenderlas *online* desde nuestra casa, con lo cual también ellas nos ven desde «cerca» y nos conocen más íntimamente que antes. Estamos en el mismo barco. Sufrimos los mismos dolores. Se ha tornado aún más evidente la importancia de los *cuidados de salud mental del propio terapeuta*. Los terapeutas nos vemos cada vez más obligados a ejercitar nuestra propia coherencia cuidando la alimentación, la forma de movernos en la ciudad, además de construir redes relacionales social y políticamente activas para enfrentar la realidad distópica, como les recomendamos a nuestros clientes.

El papel del terapeuta sistémico

Se hace cada vez más urgente un cambio del pensamiento lineal, individualista e inmediatista hacia el reconocimiento de la interdependencia sistémica y las soluciones holísticas a largo plazo para mitigar los abusos contra la naturaleza que afectan nuestra salud en todos los niveles. En eso los terapeutas sistémicos podemos ser maestros. La literatura sistémica refiere ya la cibernética de tercer orden aludiendo a la inserción de familia y terapeuta en el mismo caldo social que necesita también ser focalizado en el trabajo terapéutico (McDowell *et al.*, 2019; Van Nieuwenhuizen, 2021).

Los terapeutas familiares que, en nuestra labor ya buscamos balancear poder y cuidado en las familias y comunidades con las cuales trabajamos, podemos utilizar algunos minutos para conversar sobre la emergencia climática, nuestro sistema relacional mayor en crisis. Esto se puede hacer al discutir hábitos de alimentación, por ejemplo. Las familias se organizan o se desorganizan alrededor de la comida. Investigar si tienen conceptos básicos de lo que es la huella de carbono y cómo disminuirla, cómo eso se relaciona con el consumo de carne roja, con el cuidado de comprar alimentos de cercanía, y también hablar sobre los desplazamientos dentro de la ciudad, estimulando el uso de la bicicleta y el transporte público. Se hace cada vez más urgente verificar cuánto están atentos a las noticias sobre emergencia climática y si eso les deja con eco-ansiedad, pasivos o depresivos, o si activamente procuran asociarse con movimientos sociales que buscan soluciones. El conocimiento de los problemas, sin organizarse en una red relacional para reaccionar de alguna forma posible, aunque pueda parecer inocua, ocasiona lo que viene siendo acuñado como eco-ansiedad. Esta puede ser usada benéficamente para crear movimientos de mitigación, una vez que evitar el calentamiento global ya es imposible, visto que estamos con más de un grado de aumento de la temperatura en la Tierra.

Por otro lado, hay experiencias, en lo que se refiere a los desastres ambientales, que indican que no todo son malas noticias. Por ejemplo, la reorganización que siguió al huracán Katrina en Nueva Orleans, Estados Unidos, permitió identificar no solo daños; la comunidad creó muchas soluciones solidarias, promotoras de lazos relacionales y medidas concretas que ayudaron a superar los traumas y mantener la salud mental (Hayes *et al.*, 2018).

Un caso ilustrativo de trabajo con la familia y la comunidad

Describo el caso de María, una mujer de 32 años, casada, sin hijos, que vivía en una pequeña comunidad rural a dos horas de la capital donde vivo y se ubica la clínica-escuela de terapia sistémica. El médico de familia y comunidad responsable del equipo de salud pública la derivó al Instituto da Familia de Porto Alegre, donde fue acogida en psicoterapia *online*.

Trabajaba en una fábrica de zapatos hasta seis meses antes de la derivación. Sufrió un accidente de trabajo que la imposibilitaba para ejecutar las tareas. En esas pequeñas fábricas, los índices de ansiedad, ataques de pánico, depresión, abuso moral, enfermedades músculo-esqueléticas, obesidad, diabetes e hipertensión son alarmantes. Lo paradójico es que todo ese sufrimiento ocurre en la producción de zapatos de lujo, objetos superfluos que probablemente se quedarán en el armario de mujeres que viven muy lejos, en países del «primer mundo».

Volviendo a María, el médico identificó un cuadro de ansiedad y depresión y la medicó con antidepresivos, sin obtener una buena respuesta. La evaluación de la terapeuta familiar identificó que María y su marido vivían en condiciones poco favorables, al lado de la casa de la madre de ella, mientras construían su propia casa, que deseaban concluir antes de tener un hijo. La madre, viuda, estaba totalmente dedicada a su hijo menor, alcohólico, que recién se había separado de una compañera a punto de dar a luz. ¿Y quién la ayudaba dándole apoyo psicológico? María, claro. Solo ella ayudaba. Eso pese a tener tres hermanos más que vivían cerca. Ocurre que el padre, en el lecho de muerte, dos años antes, le legó a María la responsabilidad del cuidado de la madre.

El trabajo terapéutico consistió en ayudar a María a darse cuenta de la situación imposible que vivía, movilizar a sus hermanos para ayudar a la madre y a la hermana, incluir a la madre en un grupo terapéutico con otras mujeres, y estimularla a aproximarse a grupos comunitarios. La terapia fue corta, de doce encuentros. María, una mujer muy capaz, dos años después se autosustentaba y era líder comunitaria de las mujeres agricultoras de la región.

Este caso ilustra la interdependencia entre sistemas relacionales: si el sistema de producción fuese más humano, probablemente habría menos accidentes; si las personas fuésemos menos consumistas, tal vez el producto fuese más útil para la comunidad. Eso, además del evidente desequilibrio que había dentro de la familia de origen de María. Fue notable observar cómo la salud mental de María mejoró con la ampliación de su red relacional, empezando con la inclusión de la terapeuta (y su red de supervisión) y, recíprocamente, cómo la comunidad mejoró con el trabajo social que María fue capaz de empezar.

El ciclo vicioso entre hiperconsumo superfluo y malas condiciones de trabajo es un fenómeno mundial. Es más fácil identificarlo en los países pobres o en desarrollo como Brasil. ¿Cómo se lo puede identificar en los países ricos? Estos son los que rigen la economía mundial y, en consecuencia, son los grandes responsables de las emisiones que causan el efecto invernadero. Son los líderes de esos países los principales responsables, claro. Pero algo podemos hacer cada uno, ¿no?

Conclusión

Hay, relativamente a su importancia, poca investigación sistemática sobre el impacto de la red relacional en la salud de la familia. Hemos encontrado pocas referencias específicas sobre los cambios en la relación familia-red relacional a lo largo del ciclo vital. Por otro lado, parece necesaria la investigación de las redes relacionales desde el punto de vista de su propia evolución, al estilo de los estudios para comprender cómo se desarrolla emocional, cognitiva y moralmente el individuo y cómo se desenvuelve la familia. Esos estudios podrían ir más allá del debate político ideológico usual de los temas sociológicos, incluyendo conceptos de búsqueda de protección de la salud humana. Quién sabe si así se podría tocar el corazón de los tomadores de decisiones sociales.

Por último, como muestra de la interdependencia entre salud mental, relacional y salud planetaria, sugiero a los lectores la conferencia TED del famoso fotógrafo brasileño Sebastião Salgado. Él se enfermó y se deprimió seriamente después de algún tiempo de andar por el mundo fotografiando desastres humanitarios y naturales. Se recuperó con los cuidados de su esposa, su familia y su red relacional, que organizaron una red de apoyo internacional que permitió la recuperación de la tierra de la familia en el sudeste de Brasil. Esta había sido deforestada y se había degradado totalmente. El resultado ha sido la recuperación de la salud de Sebastião Salgado y la transformación de sus tierras en un parque nacional (Salgado, 2013).

Referencias

Aydin Sayilan, A. y Demir Dogan, M. (2020). Illness perception, perceived social support and quality of life in patients with diagnosis of cancer. *European Journal of Cancer Care*, *29*(4), e13252 [https://doi.org/10.1111/ecc.13252].

Barreto, A., Ferreira Filha, M.A., Zanoni da Silva, M. y Di Nicola, V. (2020). Integrative community therapy in the time of the new coronavirus in Brazil and Latin America. *World Social Psychiatry*, *2*(2), 103-105 [https://doi.org/10.4103/wsp.wsp_46_20].

Beavers, R. y Hampson, R.B. (2000). The Beavers Systems model of family functioning. *Journal of Family Therapy*, *22*(2), 128-143 [https://doi.org/10.1111/1467-6427.00163].

Borgmann, L.S., Rattay, P. Lampert, T. (2019). Alleinerziehende Eltern in Deutschland: Der Zusammenhang zwischen sozialer Unterstützung und psychosozialer Gesundheit. *Gesundheitswesen*, *81*(12), 977-985 [https://doi.org/10.1055/a-0652-5345].

Bronfenbrenner, U. (1996). Ecology of the family as a context for human development: Research perspectives. *Developmental Psychology*, *22*(6), 723-742 [https://doi.org/10.1037/0012-1649.22.6.723].

Carter, B. y McGoldrick, M. (2011). *As mudanças no ciclo de vida familiar. Uma estructura para a terapia*. Porto Alegre: Artmed.

Cianconi, P., Betrò, S. y Janiri, L. (2020). The impact of climate change on mental health: A systematic descriptive review. *Frontiers in Psychiatry*, *11*, 74. [https://doi.org/10.3389/fpsyt.2020.00074].

Erikson, E. (1976). *Infância e sociedade*. Río de Janeiro: Zahar [trad. cast.: *Infancia y sociedad*, Buenos Aires, Hormé, 2000].

Falceto, O.G., Giugliani, E.R.J. y Fernandes, C.L.C. (2004). Couples' relationships and breastfeeding: Is there an association? *Journal of Human Lactation*, *20*(1), 46-55 [https://doi.org/10.1177/0890334403261304].

—, — y — (2004b). Influence of parental mental health on early termination of breastfeeding: A case-control study. *Journal of the American Board of Family Practice*, *17*(3), 173-183 [https://doi.org/10.3122/jabfm.17.3.173].

— y Diehl, A.M.P. (2024). Famílias suficientemente saudáveis e seus filhos: Estudo longitudinal de 15 anos na comunidade. *Revista Brasileira de Medicina de Família e Comunidade*.

Gilligan, C. (1982). *In a different voice: Psychological theory and women's development*. Cambridge: Harvard University Press [trad. cast.: *La moral y la teoría. Psicología del desarrollo femenino*, Ciudad de México, fce, 1994].

Gumà, J. y Fernández-Carro, C. (2019). Life goes on: The influence of the perceived quality of social relations on older women's mental health after the loss of a partner in Europe. *Aging & Mental Health*, *25*(1), 53-60 [https://doi.org/10.1080/13607863.2019.1675141].

Hakulinen, C., Pulkki-Råback, L., Jokela, M., Ferrie, J.E., Aalto, A.M., Virtanen, M., Kivimäki, M., Vahtera, J. y Elovainio, M. (2016). Structural and functional aspects of social support as predictors of mental and physical health trajectories: Whitehall ii cohort study. *Journal of Epidemiology & Community Health*, *70*(7), 710-715 [https://doi.org/10.1136/jech-2015-206165].

Harada, K., Sugisawa, H., Sugihara, Y., Yanagisawa, S. y Shimmei, Haradao (2018). Social support, negative interactions, and mental health: Evidence of cross-domain buffering effects among older adults in Japan. *Research on Aging*, *40*(4), 388-405 [https://doi.org/10.1177/0164027517701446].

Hayes, K., Blashki, G., Wiseman, J., Burke, S. y Reifels, H. (2018). Climate change and mental health: Risks, impacts and priority actions. *International Journal of Mental Health Systems*, *12*, 28 [https://doi.org/10.1186/s13033-018-0264-0].

Hollist, C.S., Miller, R.B., Falceto, O.G. y Fernandes, C.L.C. (2007). Marital satisfaction and depression: A replication of the marital discord model in a Latino sample. *Family Process*, *46*(4), 485-498 [https://doi.org/10.1111/j.1545-5300.2007.00216.x].

Kita, S., Haruna, M., Matsuzaki, M. y Kamibeppu, K. (2020). Does antenatal social support affect the relationships between intimate partner violence during pregnancy and perinatal mental health? *Violence Against Women*, *26*(6-7), 573-589 [https://doi.org/ 10.1177/1077801219835052].

Kohlberg, L. y Elfenbein, D. (1975). The development of moral judgments concerning capital punishment. *American Journal of Orthopsychiatry*, *45*(4), 614-640 [https://doi.org/10.1111/j.1939-0025.1975.tb01191.x].

Lawrance, M., Thompson, R., Fontana, G. y Jennings, N. (2021). *The impact of climate change on mental health and emotional wellbeing: Current evidence and implications for policy and practice*. Briefing paper 36. Londres: Imperial College.

Lebenbaum, M., Laporte, A. y De Oliveira, C. (2021). The effect of mental health on social capital: An instrumental variable analysis. *Social Science & Medicine*, *272*, 113693 [https://doi.org/10.1016/j.socscimed.113693].

Linares, J.L. (2012). *Terapia familiar ultramoderna. La inteligencia terapéutica*. Barcelona: Herder.

McDowell, T., Knudson-Martin, C. y Bermudez, J.M. (2019). Third-order thinking in family therapy: Addressing social justice across family therapy practice. *Family Process*, *58*(1), 52-67 [https://doi.org/10.1111/famp.12383].

MINUCHIN, S. (1974). *Families and family therapy*. Cambridge: Harvard University Press [trad. cast.: *Familias y terapia familiar*, Barcelona, Gedisa, 2008].

MINUCHIN, P., COLAPINTO, J. y MINUCHIN, S. (2000). *Pobreza, institución, familia*. Buenos Aires: Amorrortu.

NELSON, B.W., WRIGHT, D.B., ALLEN, N.B. y LAURENT, H.K. (2020). Maternal stress and social support prospectively predict infant inflammation. *Brain, Behavior, and Immunity*, *86*, 14-21 [https://doi.org/10.1016/j.bbi.2019.05.010].

OJEDA, E.N.S. (2005). Uma concepção latino-americana: A resiliência comunitária. En A. Melillo y E.N.S. Ojeda (eds.), *Resiliência: Descobrindo as próprias fortalezas* (pp. 15-40). Porto Alegre: Artmed [trad. cast.: «Una concepción latinoamericana: la resiliencia comunitaria», *Resiliencia: descubriendo las propias fortalezas*, Barcelona, Paidós, pp. 67-82].

POZZER, A., DOMINICI, F., HAINES, A., *et al.* (2020). Regional and global contributions of air pollution to risk of death from COVID-19. *Cardiovascular Research*, *116*(11), 1794-1796 [https://doi.org/10.1093/cvr/cvaa092].

QUINLAN-DAVIDSON, M., KISS, L., DEVAKUMAR, D., CORTINA-BORJA, M., EISNER, M. y TOURINHO PERES, M.F. (2021). The role of social support in reducing the impact of violence on adolescents' mental health in São Paulo, Brazil. *PLOS One*, *16*(10), e0258036 [https://doi.org/10.1371/journal.pone.0258036].

RAWORTH, K. (2017). Doughnut for the Anthropocene: Humanity's compass in the 21st century. *The Lancet Planetary Health*, *1*(1), e48-e49 [https://doi.org/10.1016/s2542-5196(17)30028-1].

SALGADO, S. (2013). The silent drama of photography [Vídeo]. TED Ideas Worth Spreading [https://www.ted.com/talks/sebastiao_salgado_the_silent_drama_of_photography]

SANDER, J., SCHUPP, J. y RICHTER, D. (2017). Getting together: Social contact frequency across the life span. *Developmental Psychology*, *53*(8), 1571-1588 [https://doi.org/10.1037/dev0000349].

SEHMI, R., MAUGHAN, B., MATTHEWS, T. y ARSENEAULT, L. (2020). No man is an island: Social resources, stress and mental health

at mid-life. *The British Journal of Psychiatry, 217*(5), 638-644 [https://doi.org/10.1192/bjp.2019.25].
SEIBEL, B.L., FALCETO, O.G., HOLLIST, C.S., SPRINGER, P., FERNANDES, C.L. y KOLLER, S.H. (2017). Rede de apoio social e funcionamento familiar: Estudo longitudinal sobre famílias em vulnerabilidade social. *Pensando Famílias, 21*(1), 120-136 [https://doi.org/10.5935/1679-494X.20170013].
SLUZKI, C.E. (1997). *A rede social na prática sistêmica*. San Pablo: Casa do Psicólogo [ed. cast.: *La red social: frontera de la práctica sistémica*, Barcelona, Gedisa, 1996].
SPECK, R.V. y ATTNEAVE, C.L. (1982). *Redes familiares*. Buenos Aires: Amorrortu.
SZAPOCZNIK, J. y COATSWORTH, J.D. (1999). An ecodevelopmental framework for organizing the influences on drug abuse: A developmental model of risk and protection. En M. Glantz y C.R. Hartel (eds.), *Drug abuse: Origins and interventions* (pp. 331-366). Washington: American Psychological Association.
TORRES, J.M. y CASEY, J.A. (2017). The centrality of social ties to climate migration and mental health. *BMC Public Health, 17*(1), 600 [https://doi.org/10.1186/s12889-017-4508-0].
VAN NIEUWENHUIZEN, A., HUDSON, K., CHEN, X. y HWONG, A.R. (2021). The effects of climate change on child and adolescent mental health: Clinical considerations. *Current Psychiatry Reports, 23*(12), 88 [https://doi.org/10.1007/s11920-021-01296-y].
WALDEMAR, J.O.C. (2019). Porque en nuestros tiempos el clínico sistémico debe ser también un activista social. *Boletín Terapia Familiar, Red Europea y Latinoamericana de Escuelas Sistémicas* [http://redrelates-boletin.org/porque-en-nuestros-tiempos-el-clinico-sistemico-debe-ser-tambien-un-activista-social/].
WALSH, F. (1998). *Strengthening family resilience*. Nueva York: The Guilford Press [trad. cast.: *Resiliencia familiar. Estrategias para su fortalecimiento*, Buenos Aires, Amorrortu, 2012].
WANG, E., HU, H., HE, Y. y XU, Y. (2021). Can social support matter? The relationship between social support and mental

health among bereaved parents in an only-child society: Evidence from China. *Health & Social Care in the Community*, *29*(2), 476-486 [https://doi.org/10.1111/hsc.13108].

WRZUS, C., HÄNEL, M., WAGNER, J. y NEYER, F.J. (2013). Social network changes and life events across the life span: A meta-analysis. *Psychological Bulletin*, *139*(1), 53-80 [https://doi.org/10.1037/a0028601].

ZHOU, X., LIU, F., XU, X. y WANG, Y. (2021). Excess of COVID-19 cases and deaths due to fine particulate matter exposure during the 2020 wildfires in the United States. *Science Advances*, *7*, eabi8789 [https://doi.org/10.1126/sciadv.abi8789].

7. De la red de apoyo a la familia de elección: recurso psicoterapéutico de tercer orden

Raúl Medina Centeno

Para la psicoterapia que se propone aquí, «la familia seguirá siendo el centro de nuestra atención, porque en ella es donde se viven las emociones de mayor intensidad y recurrencia» (Medina, 2022). Esta vinculación emocional impacta en sus miembros, positiva o negativamente. Al respecto, José Luis Linares (1996) menciona que es en la familia donde se nutre emocionalmente la identidad y se sustenta el bienestar personal. Aunque, desde la sociología, Anthony Giddens señala que

> en realidad, el hogar es el sitio más peligroso de la sociedad moderna. Desde un punto de vista estadístico, una persona de cualquier edad o sexo corre mucho más peligro de ser atacada en su casa que en la calle por la noche [...] uno de cada cuatro asesinatos lo comete un pariente de la víctima. (1991, p. 219)

Al respecto, Nelly P. Stromquist enfatiza que «las familias son el sitio en el que se fomenta la solidaridad, pero también son el contexto de conflicto reprimido y a veces explícito» (1998, p. 137). En suma, se podría decir que la familia es el grupo emocionalmente más importante para las personas, donde se constituye su singularidad identitaria (Beck-Gernsheim, 2003).

Es por ello por lo que la familia es el objeto de estudio e intervención clínico para explicar y enfrentar el malestar personal con mayor contundencia.

Partiendo de estas premisas, en este capítulo se desafía el modelo de familia tradicional patriarcal para repensarla desde otro paradigma. Aquí nos enfocamos en casos en los que las personas han vivido maltrato, exclusión y abandono por parte de su familia de origen. Primero se deconstruye la familia tradicional heterosexual desde el pensamiento de tercer orden, que pone al descubierto su simbolismo y naturaleza patriarcal, y se evalúan las consecuencias socio-emocionales que genera en sus miembros. En seguida se analiza la diversidad de familias que surgen como producto de la pobreza y exclusión estructural. De estas familias se aprenden los recursos de red de apoyo que despliegan para enfrentar los problemas. Desde este aprendizaje se revisan las terapias de red y los tutores de resiliencia para delinear el modelo clínico que aquí se presenta: se propone establecer un nexo entre familia y red de apoyo, con el fin de que algunos actores de la comunidad transiten para convertirse en la «familia de elección». En el proceso terapéutico se hace una elección deliberada, en la que el sujeto rescata de su vivencia y experiencia aquellas personas que, sin ser familia, cumplieron un rol significativo para su bienestar personal, para así poder integrarlas al genograma familiar.

Se presenta un caso con el fin de ilustrar la propuesta terapéutica de la que se habla, y se concluye con dos planteamientos: por una parte, que la familia de elección amplía los recursos vinculares y la libertad psicológica de la persona; por otra, que la familia de elección es un recurso de tercer orden para enfrentar con mayor fortaleza las patologías estructurales (Medina, 2022).

Repensando la familia: de la familia tradicional a la familia de elección

La familia como categoría clínica

En este apartado se analiza críticamente el origen y la evolución de «la familia consanguínea heterosexual patriarcal» y sus consecuencias psico-socio-emocionales en sus miembros. Por otra parte, se revisa con atención las familias que viven en la pobreza estructural y aquellas que han vivido exclusión por razones de raza, género, clase social, etc. Se verá que estas tienen un denominador común organizacional que les ha permitido sobrevivir ante los múltiples embates estructurales. Se aprenderá de ellas para proponer una categoría conceptual que expande sus lazos más allá del parentesco y la consanguinidad para fusionar la red de apoyo y la familia y constituir una categoría y recurso clínico que aquí denominamos «la familia de elección».

La diversidad familiar en un mundo cambiante

¿Existe una definición única de familia o son varias? ¿Quiénes integran una familia? ¿Qué cualidades debe de tener un grupo para considerarse familia? ¿Cuál es el papel que desempeña la familia en la sociedad? ¿Qué tipo de familia es la que garantiza bienestar o genera malestar en sus integrantes? Estas y otras preguntas han sido tema de investigación de las ciencias sociales, las cuales han acotado metodológicamente el estudio de la familia sobre la base del parentesco, la residencia o la economía (Cicerchia, 1998).

Partimos del supuesto de que no se puede asumir una definición monolítica de familia, ni mucho menos partir del imaginario de un tipo de familia ideal como la mejor. La familia es compleja y se muestra de diversas formas.

De la familia extensa-comunal a la familia nuclear heterosexual patriarcal

Fueron los antropólogos (Murdock, 1949) y los sociólogos (Parsons, 1943, 1949, 1971) los que, en la década de 1940, iniciaron la investigación formal de la familia. Las investigaciones de esta tradición señalan que los cambios en la estructura y las funciones de la familia a lo largo del tiempo están asociados a los procesos de urbanización, industrialización o modo de producción en las sociedades. Por ejemplo, las sociedades preindustriales, basadas en pequeñas unidades rurales, se distinguían como familias extensas, compuestas por abuelos, tíos, tías, padres, y un gran número de hijos e hijas que vivían bajo un mismo techo y convivían junto con otras familias generando un tipo de comunidad o red de familias. Al respecto, Stone (citado por Giddens, 1991) menciona que, aunque entre el siglo XVI y el XIX existían familias nucleares en Europa, estas convivían abiertamente y en cooperación con otras familias. Estas familias nucleares tenían un patrón socioemocional distintivo, es decir, las personas no experimentaban ni buscaban la intimidad emocional que hoy asociamos con la vida familiar. El sexo dentro del matrimonio no se consideraba una fuente de placer sino el medio para engendrar hijos. La libertad de elección individual a la hora de contraer matrimonio y en otros aspectos de la vida familiar estaba subordinada a los intereses de los padres, de otros parientes o de la comunidad. El erotismo o el amor romántico, fuera de los círculos aristocráticos en los que se favorecía activamente, era considerado una enfermedad por moralistas y teólogos. Como Stone señala, durante este período la familia era «una institución abierta, discreta, nada emotiva y autoritaria» (Stone, 1977, citado por Giddens, 1991, p. 193).

Como resultado de la revolución industrial del siglo XIX y la migración del mundo rural a las ciudades, la familia comenzó a cambiar lentamente. Elaine Leeder (2004) menciona que, desde un punto de vista económico, aquellas que vivieron en el campo y luego en las ciudades se vieron afectadas en sus funciones por la industrialización. La modernización de la sociedad les proporcionó servicios que antes no tenían en el campo. Varias de las funciones de cuidado fueron asumidas por otras instituciones sociales o por el Estado. Esto condujo a que la familia se fuera achicando y separando de los vínculos comunitarios, experimentando nuevos fenómenos psicológicos en sus integrantes, constituyéndose lo que el antropólogo George Peter Murdock (1949) denominó «la familia nuclear», la cual definió como un grupo social universal, compuesta de adultos de ambos sexos, al menos dos de los cuales mantienen una relación sexual socialmente aprobada, y uno o más hijos, naturales o adoptados. Por otra parte, menciona que la familia nuclear cumple con cuatro funciones básicas: la sexualidad (conyugalidad que controla el instinto sexual), la reproducción (tener hijos para la supervivencia y reproducción de la especie, pero también de la familia *per se*), la educación (por ejemplo: la socialización de los niños, siendo reconocidos y amados, pero también educados en habilidades culturales básicas) y la economía (división de roles de género: mujeres en casa cuidando de los niños y el hogar, y hombres que trabajan fuera de casa remunerados económicamente).

Talcott Parsons (1943, 1949 y 1971), quien coincide con Murdock (1949), consideraba a la familia como una institución fundamental para las sociedades modernas, y la familia nuclear heterosexual era para él el tipo ideal de estructura que encaja, sin conflicto, con los requisitos de una sociedad industrial, en particular por la repartición de los roles de género:

> El esposo-padre es quien provee de los recursos económicos mediante un empleo, mientras que la esposa-madre se queda en casa para velar y cuidar de las necesidades emocionales de los miembros de la familia [...] al esposo-padre como líder instrumental y a la esposa-madre como líder expresivo. Tal diferenciación de roles [...] era imprescindible, tanto para las necesidades de la propia estructura social como para no establecer una relación de competencia entre la pareja que pudiera minar la solidaridad de la relación de los esposos. (Parsons, 1949, p. 55)

Estas conclusiones tuvieron un peso cultural y político enorme para formalizar y justificar científicamente a la familia nuclear heterosexual patriarcal como la «normal». En Europa y Estados Unidos la familia nuclear heterosexual fue estimulada por las políticas públicas, apareciendo lo que hoy se conoce como la familia nuclear heterosexual patriarcal. Su impacto va más allá del discurso académico, al que se suman grupos religiosos y de la sociedad civil que defienden este modelo de familia como si fuera universal, natural y moralmente aceptable (Medina, 2014).

Desde entonces, la familia nuclear heterosexual patriarcal se convirtió en el ideal a seguir en otras naciones y comunidades, generado un marco social organizado y un sentido cultural a seguir, propiciando otros fenómenos de índole psicosocial. Sobre este último aspecto el achicamiento de la familia y la pérdida de los lazos de la red impactó enormemente en la psicología de sus miembros, apareciendo el mundo de los apegos psicológicos y el individualismo afectivo (Medina, 2022).

Las incongruencias metodológicas y los peligros de la teoría social de la familia funcionalista

La teoría social de la familia funcionalista entró en crisis en la década de 1960 por sus propias inconsistencias metodológicas, pues nunca pudieron unificar una teoría social de la familia (Hill, 1966). Por otra parte, la mayoría de las investigaciones tuvieron un sesgo metodológico que manipulaba los resultados a su acomodo (Gubrium y Holstein, 1990; Stacey, 1990; Thorne, 1992); por ejemplo, limitaban como universo a familias de blancos anglosajones de clase media heterosexuales, negando implícitamente la posibilidad de que la clase social, el género y la cultura sean determinantes de la estructura familiar.

El impacto de la familia tradicional patriarcal en la sociedad y la salud

Convertir a la familia nuclear heterosexual patriarcal como narrativa dominante y universal provocó la fragmentación de la familia y la sociedad, contrario a lo que busca una política pública. Al respecto David Cheal (1991), Mark Huntter (1981), David Popenoe (1988) y Dorothy E. Smith (1993) mencionan que esto ha generado la estigmatización de algunas familias como desviadas o anormales por no ser similares al estándar del imaginario de la familia tradicional; connotando negativamente el creciente índice de divorcios, las relaciones extramaritales, las familias basadas en la monoparentalidad, homosexualidad, etc., argumentando la debilidad o incluso la muerte anunciada de la familia. Hoy se paga la factura, se observa en el ámbito clínico que muchas de las sintomatologías que se expresan en el cuerpo o la psicología de la persona tienen una relación directa con el maltrato y la exclusión —incluido el feminicidio— vinculadas simbólicamente al no cumplimiento de expectativas identitarias y familiares que rigen la familia tradicional patriarcal.

La familia: nuevas direcciones de investigación social

Ricardo Cicerchia (1998) menciona que desprenderse de la influencia epistémica del funcionalismo que intentó por decenas de años homogenizar y justificar a la familia nuclear heterosexual patriarcal como la «normal» costó a las ciencias sociales tiempo y energía. La crisis de la teoría funcionalista y la nueva epistemología abrió otras líneas de investigación. Una de ellas condujo a estudiar la diversidad cultural e histórica de las familias, así como a reconocer, y sobre todo valorar, distintas formas de organizarse y ser familia que no estaban contempladas dentro de la teoría social de la familia funcionalista. De ahí derivaron dos campos de investigación que tienen una gran relevancia en la redefinición de la familia tradicional: las familias que surgen como parte de la pobreza estructural y aquellas que fueron silenciadas desde la cultura patriarcal.

Pobreza estructural y familias excluidas del bienestar

Es imposible hablar de familias sin referirse a la pobreza o exclusión estructural, porque, tal como veremos a continuación, la pobreza es un imperativo que ha influido directamente en la configuración de formas de familia con dinámicas *sui generis.*

Desde la pobreza y la exclusión estructural han surgido en el mundo una diversidad de familias: las familias gitanas (García, 2006; San-Román, 1997), excluidas y perseguidas por cientos de años, constituyeron una organización patrilocal, basada en una red de familias que se cuidan entre ellas. Las familias extensas en zonas urbanas en países desarrollados (Boh, 1989; Bernardes, 1986), familiares de inmigrantes procedentes de otra región del mundo que viven en la misma residencia o barrio para generar una red de apoyo mutuo para sobrevivir ante el desempleo, el racismo o la enfermedad. Las familias marginadas en países en desarrollo son familias extensas en las que abuelos, tías, etc., viven juntos para apoyarse mutuamente, generando un tipo de familias multiparentales. La Comisión Económica para América Latina y el Caribe (1994) señala que en estos territorios de pobreza y marginación se añade otro problema común y recurrente: el abandono de la familia por el padre, por múltiples razones, que en este contexto da origen a un fenómeno que se denomina «feminización de la pobreza». Mujeres de la familia, vecinas, amigas de diferentes generaciones que se unen para repartir tareas y roles que ayudan a enfrentar la pobreza estructural que viven. La familia monoparental, en particular de adolescentes que se embarazan y el padre biológico no participa con su responsabilidad, terminan quedándose con su familia de origen, generándose la familia extensa en la que todos participan en la parentalidad. Los niños y niñas de la calle (Medina, 2018), que huyen del abuso y el maltrato familiar (Fletes, 1995, 1996) crean un contexto muy particular de acompañamiento y apoyo emocional a pesar de las terribles condiciones de abuso cotidiano que viven en la calle. Todas ellas viven la exclusión estructural cotidianamente, recurriendo a la comunidad o a la red vecinal más allá de las fronteras de parentesco para sobrevivir, replegándose al interior, mirando hacia fuera con desconfianza, y así poder enfrentar con mayor certidumbre los embates estructurales de marginación e injusticia.

La revolución femenina y los estudios con perspectiva de género

La gran revolución femenina que comenzó en el siglo xx ha luchado por la equidad y paridad de género, y son varias las batallas ganadas a través de la historia: el derecho al voto, estudiar en las universidades, acceso al trabajo bien remunerado en condiciones dignas, el uso de anticonceptivos, tener sexo por placer, la decisión de tener pocos hijos y a avanzada edad, no tenerlos o decidir tenerlos fuera del matrimonio, la posibilidad jurídica de la interrupción del embarazo, el reconocimiento a la diversidad de géneros y el matrimonio igualitario. Desde entonces, se ha venido desmitificando a la familia nuclear heterosexual como la única o la mejor, reconociendo otras formas de familia desde la diversidad (David, 1998; Young y Willmott, 1974).

Esta contextualización sobre los nuevos roles y el empoderamiento de las mujeres en la vida pública condujeron a que se abrieran nuevas líneas de investigación sobre la familia, y sobre todo a reconocer como familia otras formas que el discurso tradicional heterosexual patriarcal no integra. Estos estudios visibilizaron la diversidad de familias que existe y que cada una de ellas puede cumplir cabalmente con el bienestar identitario y psicológico de sus integrantes: el enfoque de género reconoce que las mujeres y los hombres no viven y experimentan de la misma forma su relación de pareja y familiar (Bernard, 1972), pudiéndose decir que en este contexto existen dos parejas y dos familias, la de ella y la de él. Por otra parte, los movimientos feministas (Butler, 2017) además de evidenciar tal diversidad, han mostrado que la ideología patriarcal las silencia o estigmatiza. Por ejemplo, familias reconstituidas (Beck-Gernsheim, 2003), familias monoparentales por elección o por circunstancias de otra índole, familias basadas en la conyugalidad homosexual y lésbica, familias basadas en la coparentalidad poliádica (Baker *et al.* 2010; McHale *et al.* 2004; Talbot y McHale, 2004, citados por Pla, 2015), etc.

Los aprendizajes de la diversidad familiar que surgen de la exclusión y el maltrato estructural

Las familias antes descritas por su condición de pobreza y de género tienen el común denominador de ser excluidas y maltratadas, viviendo injusticia durante su vida. Ante la adversidad, estas familias se repliegan y reagrupan ampliando la red más allá de los límites de la consanguineidad y residencia. En medio de la exclusión cultural y la pobreza estructural se generan redes de apoyo por protección y supervivencia. Es un fenómeno digno de estudiar y aprender, para transferirlo al campo de la psicoterapia como un recurso. Es el regreso a la tribu, a la red de apoyo de cuidado mutuo, a la comunidad; es la desmitificación de la familia nuclear heterosexual que sitúa el malestar en el ámbito privado, en el individualismo afectivo, para llevarlo al campo de la red, de la comunidad.

La construcción de la categoría: «familia de elección»

Aprendizajes de las familias excluidas del bienestar

La constante exclusión y el maltrato que han vivido este tipo de parejas y de familias a través de la historia ha conducido a que se reorganicen los lazos con fines de protección y bienestar. Al respecto, las investigaciones de Jeffrey Weeks, Brian Heaphy y Catherine Donovan abordan el mundo de las parejas homosexuales. Estos dan cuenta de que la exclusión los llevó a reorganizarse y a constituir un tipo de organización que denominan *families of choice* («familias de elección»): «Red de ayuda mutua flexible, pero a la vez fuerte de amigos, amantes e incluso familiares, la cual provee de un marco de desarrollo y cuidado mutuo, responsabilidad y compromiso de autodefinición no heterosexual» (1999, p. 111). La propuesta es tremendamente provocativa y sugestiva: las personas eligen quiénes serán parte de su familia. Nadie podrá imponerles una definición preelaborada, de lo contrario, estarán esclavizados a los designios culturales del patriarcado.

Otra forma de familia que también deja aprendizajes significativos es la familia basada en la coparentalidad poliádica. Baker *et al.* (2010); McHale *et al.* (2004); Talbot y McHale, (2004) citados por Pla (2015), señalan que esta forma de familia se constituye por una red de personas que cumplen la función parental de cuidado y acompañamiento de los hijos o hijas. Es decir, no solo incluye a los padres o madres, sino también a otras figuras de adultos de la familia extensa, amigos, amigas y tutores externos. Son muchos los factores que conducen a que aparezca la coparentalidad poliádica. Desde tiempos recientes se observan personas cuya orientación sexual y diversidad de género apuestan por la coparentalidad poliádica. Por ejemplo, una pareja de homosexuales que integran en la parentalidad a la madre biológica, sin que ello implique un compromiso conyugal. Estas formas de familia basan su relación en el apoyo solidario parental, independientemente de su aprobación legal y compromisos morales tradicionales.

Las enseñanzas de las terapias de red

En la década de 1960, con los inicios del modelo sistémico, varios autores expandieron el radio contextual para explorar la complejidad socioemocional más allá de la familia y con ello ampliar la mirada, reconociendo la red social de apoyo como un recurso fundamental para el bienestar personal. Entre las propuestas de la terapia de red sobresalen las de Ross V. Speck y Carolyn L. Attneave (2000), Mony Elkaïm (1989), Carlos E. Sluzki (1994) y Jakko Seikkula *et al.* (2003, 2016).

Las terapias de red convocan en las sesiones clínicas a la red del consultante, en particular a aquellos con los que interactúa cotidianamente en diversos escenarios y que se cree que pueden colaborar en resolver el problema: amigos, amigas, vecinas/os, familiares, compañeras/os, etc., incluida la red sanitaria, escolar, laboral, de seguridad, etc., más allá de las fronteras de la familia, para activarla como recurso socioemocional y material con el fin de enfrentar el malestar.

Es importante trabajar para ampliar los lazos y darles poder emocional para convertir en familia a un amigo, amiga, compañera, maestra, vecina, etc. No es fácil, ya que debe asimilarse psicológicamente para formar parte de la narrativa biográfica.

Para que este fenómeno psicológico se dé, es necesario recurrir al concepto de tutores de resiliencia.

Los tutores de resiliencia, la red de apoyo que se convierte en familia

Hasta aquí se ha dicho que existen siempre otros actores, más allá de la familia consanguínea o de parentesco, que han contribuido en nuestro bienestar. Para reconocer a estos actores que forman parte de «la familia de elección» como un recurso metodológico clínico potente, se requiere ampliar el radio de la experiencia vivida, más allá de los clichés culturales patriarcales, a fin de visibilizar a aquellas personas de la red que han sido significativas. Un modelo para reconocer personas clave que han generado bienestar convirtiéndose en un recurso sistémico clínico fundamental es recurrir a la teoría de la resiliencia, en particular a los tutores de resiliencia.

En el campo de la psicología fueron Emmy E. Werner y Ruth S. Smith quienes investigaron a mediados del siglo XX a un grupo de niños y de niñas que vivieron múltiples condiciones aciagas de vulnerabilidad. Algunos se recuperaron y no mostraron trauma o malestar alguno, sin haber pasado por ningún tratamiento psicológico o médico. Werner y Smith lo denominaron *resiliencia* (1982), para definirlo como la capacidad de un ser humano para sobreponerse ante la adversidad.

Tiempo después, el psiquiatra Boris Cyrulnik llevó a cabo la misma investigación en personas adultas que vivieron maltrato en la infancia (2004, 2025). Investigó magistralmente las condiciones en las que una persona adulta que ha sido maltratada o abandonada por su familia de origen en la infancia se muestra fuerte y sin un trauma que interfiera en su vida, e incluso pueda ser alguien que cuide, respete y acompañe a los suyos. Cyrulnik estudió este fenómeno con el fin de conocer las circunstancias que generaron fortaleza en aquellas personas que se sobrepusieron al maltrato o abandono (2004). Su método de estudio fue el análisis socio-biográfico en profundidad de la vida de las personas, y se pudo reconocer que estas vivieron maltrato en su infancia o fueron abandonadas por sus padres, pero tuvieron en su vida a otras personas, no necesariamente familiares, que las acompañaron desde una mirada solidaria y respetuosa. De acuerdo con los relatos investigados, dicho acompañamiento era empático: se les reconocía cualidades humanas esenciales, pues eran tratadas con respeto, cariño y reconocimiento. Un abuelo, una maestra de primaria, una amiga de la familia, un vecino, un pariente lejano, señala Cyrulnik (2004), hicieron la diferencia a la experiencia vivida en una familia maltratante. El estudio muestra que los niños y las niñas se aferraron emocionalmente a estas relaciones de amor. A esas personas que contribuyeron en sus vidas las denomina «tutores de resiliencia» (Cyrulnik, 2004; 2025). Las breves historias de amor se constituyeron, en la narrativa de la persona, en historias de gran poder emocional, que eclipsaron el maltrato o el abandono. Eso no significa que no hayan sufrido, que no exista un trauma al respecto. Sin embargo, el contexto las dotó de otros recursos sociales más allá del abuso y del maltrato físico, emocional o de ambos.

La teoría de la resiliencia de Cyrulnik (2025) es de grandes dimensiones y pone en duda dos premisas científicas psicológicas: la infancia es destino y la familia tradicional consanguínea es el sistema que garantiza el bienestar psicológico de sus miembros. Estas teorías contrastan con la conjetura de que el carácter o la identidad de una persona se van constituyendo día a día hasta la muerte —no solo es relevante en la infancia—, y se nutren de las miradas y tratos múltiples hacia nuestra persona —no solo de la familia de origen.

Se le da más peso o poder a la red de cuidadores, que se compone de aquellas personas que han acompañado a lo largo de la vida desde una posición de aceptación y reconocimiento, convirtiéndose en el grupo primario que estimula el bienestar personal.

Al respecto, José Luis Rubio y Gema Puig mencionan que muchas veces el tutor o tutora no es consciente de su participación, simplemente está ahí, y expresa su amor por el otro de forma natural. Si se da el encuentro con este tipo de personas, y hacen sentir digno a quien otros menosprecian, se resignifican las relaciones y se distingue entre aquellos que maltratan o abandonan y los que cuidan y acompañan. El que sufre maltrato

> es quien impregna de significado a dicho encuentro, incluso no en ese momento, puede ser mucho tiempo después. El encuentro, si se convierte en significativo, le puede dar oportunidad de verse a sí mismo como un ser completo, capaz, digno de ver entre su dolor un atisbo de esperanza [...] que ilumina un rincón del camino en ese mundo lleno de sombras y de indiferencia.
>
> [...]
>
> No tiene que ser una persona conocida, ni siquiera tiene que tratarse de una persona. Un tutor de resiliencia puede encarnase en una actividad, un interés o una afición, aunque normalmente alentada por alguien que cree en ti.
>
> [...]
>
> [La persona puede] encontrar o elegir, fuera de su entorno familiar [...] el tutor de resiliencia que, con un poder transformador, le ayude a confiar en el entorno, a darle sentido y construir un proyecto de vida, restableciendo un vínculo seguro y de calidad [...]. A pesar de estar sumido en el dolor y la desesperación más absoluta, a pesar de sentir que el mundo le ha traicionado y que nada puede ir peor, encuentra la mirada positiva del otro [...] que da la fuerza para surgir ante la adversidad. (Rubio y Puig, 2015, pp. 52-53, 54)

Hasta aquí se podría decir que la familia de elección se puede constituir por los tutores de resiliencia.

En busca de la familia de elección como recurso terapéutico de tercer orden

Este recorrido conduce a una conclusión preliminar: juzgar un modelo de familia como bueno o malo por los miembros que la componen ha sido una falacia organizada desde el modelo de la familia tradicional heterosexual patriarcal. Tal como se revisó en las nuevas investigaciones sobre la familia, sus integrantes miran hacia otro lado, en particular hacia las relaciones nutricias (Linares, 1996). Es decir, se puede considerar una familia «unida» y garantizar el bienestar de sus miembros no por quién la compone —nuclear, monoparental, homosexual, reconstituida, extensa, poliádica, etc.—, sino por la calidad de sus lazos, intimidad y libertad de quienes la integran.

La familia de elección es una provocación que invita a repensar a la familia tradicional, ampliar la perspectiva, reconocer a quienes que han contribuido al bienestar de las personas en el transcurso de la vida, más allá de la familia consanguínea o de parentesco. En el trabajo clínico se exploran las relaciones socioemocionales significativas para visibilizar a aquellas personas que han desempeñado la función de tutores o que incluso lo siguen haciendo, debiendo ser incluidos en el genograma familiar. Es un reconocimiento a quienes, sin saberlo, han acompañado, cuidado, valorado, querido y reconocido sin tener un lazo de parentesco. Por ejemplo, se podrá reconocer a aquellas personas de la familia extensa o no familiares que han asumido roles parentales de cuidado, acompañamiento, reconocimiento, etc., desde una posición genuina, y con ello integrarlos en el genograma familiar como padres, madres, tíos, tías, abuelos, abuelas, hermanos y hermanas.

Así pues, aquí se propone a «la familia de elección» como recurso clínico, y con la finalidad de ejemplificar lo dicho, a continuación se presenta una viñeta clínica.

Caso: «El hombre más bueno del mundo»*

Sara acudió a la clínica por indicaciones de la escuela de sus hijos, porque Juanito, su hijo de 9 años, tenía una conducta inusual en el último mes. Sara señaló que la maestra de la escuela los convocó a ella y a su marido porque Juanito era impaciente y

* La familia consultante firmó el consentimiento para que pudiera ser publicado su caso, siempre y cuando se cambiaran nombres y otros datos para salvaguardar su identidad.

agresivo con sus compañeros. Se le preguntó a Sara quiénes vivían en la misma casa, a lo que respondió que su marido Ernesto de 47 años, ella de 45 años, su hijo Juanito de 9 años, su hija María de 7 años y su hijo Pedro de 5 años. Se les invitó a que acudieran todos a la primera sesión para apoyar a Juanito.

Genograma familiar Ernesto y Juanito

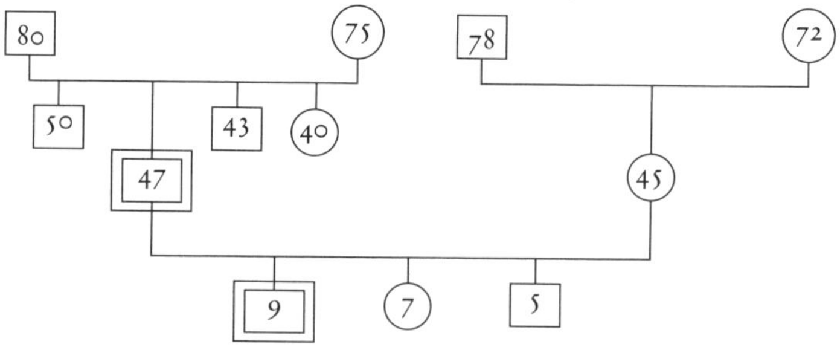

Todos acudieron a la primera sesión. Mi coterapeuta y yo nos presentamos y a continuación hicimos un encuadre sobre el contexto terapéutico, en el que los invitamos a participar con honestidad y respeto para generar un lugar seguro para todos. Se investigó sobre la composición de la familia en tres generaciones; todos participaron abiertamente, menos el padre, Ernesto.

Preguntamos por el motivo de consulta. Sara explicó que la maestra de la escuela había dicho que, en el último mes, Juanito peleaba mucho con sus compañeros de clase, además de que había bajado su rendimiento escolar.

Juanito respondió rápidamente justificando su conducta, señalando que sus compañeros lo desesperaban e insultaban y por ello se defendía y se distraía.

Se profundizó en el problema desde la perspectiva de Juanito, en todo momento se validó su sentir y percepción sin cuestionarlo. Se hicieron algunas preguntas circulares para provocar alguna reflexión autocrítica en Juanito y, en pocos minutos, reconoció que desde hacía tiempo era más intolerante y no podía concentrarse como antes.

Preguntamos a todos si tenían alguna idea de por qué Juanito no se concentraba como antes y se mostraba más intolerante.

Sara, la madre, respondió que Ernesto regañaba muy fuerte a Juanito.

Ernesto contestó inmediatamente que era porque Juanito agredía a María, que Juanito debía cuidarla y respetarla.

Sara mencionó que Ernesto se mostraba muy agresivo con Juanito y amenazaba con suicidarse si ella lo dejaba.

En ese momento mi coterapeuta y yo, sin ponernos de acuerdo de inmediato, pedimos la palabra y solicitamos que Juanito, su hermana y su hermano salieran del consultorio para hablar a solas con sus padres.

Solos con la pareja, Sara nos hizo ver que ya no podía más, que el comportamiento de su marido era intolerable.

Su esposo dijo:

ERNESTO *(en tono de amenaza)*: Ella sabe que si me deja... Porque últimamente me ha amenazado de que ya no quiere vivir conmigo, si me deja, que solo espere hasta la Navidad para hacerles el pastel que siempre horneo para la familia y después me ahorco. Yo sin Sara no puedo vivir, ella es el amor de mi vida y sin ella simplemente no tiene sentido mi existencia.

SARA *(en tono agresivo)*: Ya ve, doctor, esa historia la dice en frente de los niños, ellos se angustian y sobre todo Juanito responde agresivamente contra su hermana y en la escuela. Yo ya no quiero estar con él, quiero que se vaya de la casa. No me importa lo que haga con su vida, solo que no involucre a los niños.

En ese momento Ernesto enrojeció. Giré la silla hacia él, lo toqué en el hombro y le dije en tono amable, mirándolo a los ojos y con voz suave: «Ernesto, quiero entender tu sentimiento, quiero saber de ti». Él respondió llorando que su madre no lo quiso nunca, siempre lo rechazó y a sus hermanos y hermana los quería más que a él.

Ernesto: Nunca me quiso mi madre y siempre fui excluido en los planes de trabajo de mi padre, mis hermanos siempre tuvieron preferencia, nunca llené las expectativas de mi padre. Sara es la única persona que me ha querido como soy, no sé qué haría sin ella. Como dije, mi existencia no tendría sentido.

En ese momento, Sara se sentó a su lado en un acto de compasión, lo tocó, y le dijo:

Sara *(en voz baja)*: Yo te quiero mucho, pero no puedo tolerar tu conducta y amenazas. Estoy muy cansada, y la verdad ya no quiero estar contigo por ahora.

Sara se dirigió a nosotros para señalar que ayudáramos a su esposo a resolver sus amenazas de suicidio y a enfrentar la separación, que ella vendría a apoyar a Juanito, pero no a Ernesto.

Ernesto, llorando, dijo que no sabía qué hacer. Le hicimos ver que tendría en nosotros el apoyo para enfrentar sus problemas, que contara con nosotros.

Invitamos a los niños a pasar, y se hizo un plan para atender a Juanito, a su hermana y a su hermano y, por otra parte, a Ernesto, el padre. Finalmente, se agendaron las siguientes sesiones.

Mi coterapeuta atendió la demanda de la escuela, el problema de Juanito, se organizaron sesiones con toda la familia, con Sara y Ernesto como padres, y solo con Juanito y sus hermanos. Por otra parte, yo atendí en terapia individual a Ernesto.

En la siguiente sesión con Ernesto, ante la eminente separación, hicimos un plan para que organizara el lugar donde se quedaría y cómo apoyaría con su responsabilidad parental. Cabe agregar que Sara y Ernesto compartían un negocio de ropa, por lo que también se trabajó la salida de Ernesto del negocio, para no interferir en la relación con Sara. Con esto la situación de pérdida de Ernesto se convertía en un problema mayor.

Ernesto había sido diagnosticado de psicosis a los 20 años de edad. Desde entonces había estado medicado y las dosis aumentaban o disminuían de acuerdo con su estado emocional.

Al principio, cuando mostró el síntoma, Ernesto fue internado recurrentemente en hospitales psiquiátricos por semanas. A pesar del diagnóstico pudo estudiar y entablar una relación de pareja con Sara. Se conocieron en la universidad, desde que tenían 21 años iniciaron el noviazgo y al año se casaron. Conformaron una familia y tenían un negocio familiar modesto en el que ambos trabajaban y salieron adelante. Aunque Ernesto no terminó la universidad porque tenía que trabajar.

Me comuniqué con su psiquiatra para que me comentara su diagnóstico y evolución. El diagnóstico era contundente: esquizofrenia. Ernesto estaba en crisis en el momento en que consultaron conmigo, por lo que estaba sobremedicado. Cuando hablaba, arrastraba la lengua y tardaba en responder.

Ernesto mencionó que su hermana era la única que le hablaba ocasionalmente para saber cómo estaba. Ella estaba soltera y vivía sola, así que le pedimos a Ernesto que buscara apoyo con su hermana para que se quedara a vivir con ella mientras resolvía su problema. La hermana aceptó.

Ernesto insistía en regresar con Sara y sus hijos, así que pusimos como objetivo terapéutico reconquistar a Sara, sin prometer ni darle seguridad de que pasaría, pero que podríamos ponerlo como una meta. Le advertimos que, para que Sara lo aceptara de nuevo en casa, tendría que hacer una reflexión honesta sobre sí mismo y realizar cambios probablemente radicales durante el proceso psicoterapéutico. Estuvo de acuerdo con ello, siendo evidente el gran amor que sentía por Sara.

En las dos primeras sesiones se trabajó el tema de la familia de origen. Ernesto provenía de una familia adinerada y de abolengo en la ciudad, de clase alta y tradicional. Tenía dos hermanos exitosos empresarialmente, igual que el padre, también lo había sido el abuelo paterno. Ernesto mencionó que sus hermanos siempre mostraron intolerancia hacia él desde que eran niños y que el padre siempre lo comparaba con ellos. También tenía una hermana con quien siempre se había llevado bien. Sobre sus abuelos señaló que estaban muy presentes, todos los fines de semana comían con ellos. Reiteraba la narrativa de que no se sintió querido por su madre y su padre. Con esto se confirmó la hipótesis sistémica de su síntoma: una desconfirmación recurrente por parte del padre y la madre, enmarcada desde una comunicación emocional ambigua por parte de la madre. La forma en que Ernesto relataba su relación con su familia de origen era incómoda, con un alto sentimiento de decepción hacia ellos y hacia sí mismo. Este tema se tocó solo en las dos primeras sesiones, y no consideramos que hubiera los recursos socioemocionales para trabajarlo en terapia, así que hicimos un giro de ciento ochenta grados para explorar otros escenarios socioemocionales.

En las siguientes sesiones se le hizo ver a Ernesto que un tema fundamental para llegar a la meta deseada (volver con Sara) era que debería ser laboralmente productivo, en el sentido de poder obtener recursos suficientes para proveer a su familia. Cosa que nunca había logrado. Su motivación para volver con Sara era más fuerte que cualquier obstáculo. Se trabajó el aspecto laboral: Ernesto señaló que había tenido en mente por mucho tiempo abrir un nuevo negocio, pero nunca lo comunicó ni lo intentó. Poner una pequeña fábrica de ropa y zapatos para dormir. Lo postergó siempre y nunca lo socializó porque percibía y sentía que su familia de origen no lo veían capaz, además siempre se resistió a pedirles dinero.

Le preguntamos si tenía familia extensa cercana y amigos. De inmediato cambió su semblante y contó una historia fantástica sobre su adolescencia. Ernesto mencionó que fue la mejor etapa de su vida, sus mejores amigos eran de la secundaria y preparatoria; todos vivían muy cerca de su casa, la cual era enorme y tenía piscina y grandes jardines. Era el lugar donde se reunían todas las tardes. El relato sobre las recurrentes travesuras de la adolescencia y la gran complicidad de sus amigos mostraba un lazo fuerte que lo hacía sentir una persona querida y reconocida. Le preguntamos si seguía frecuentando a estos amigos y señaló que hacía muchos años que no se juntaba con ellos, pero que ellos se reunían cada semana a cenar. Justificaba que desde que nació su tercer hijo no tenía tiempo, dinero ni energía para asistir. Señaló que todos sus amigos lo apreciaban y que ellos habían tenido mucho éxito en la vida.

Le recomendamos que los buscara para volver a asistir a las cenas. Lo hizo y fue bienvenido, todos estuvieron contentos de verlo de nuevo.

Después de tres semanas les comentó de su negocio y, sin pedirles nada, ellos, con una generosidad desinteresada, de inmediato le hicieron saber que si requería apoyo estarían contentos de ayudarlo, sin compromisos. Hizo el plan de negocios con todos los requerimientos, un amigo le prestó una bodega para instalar su fábrica, otro le consiguió las tejedoras para montar los pijamas y pantuflas que él mismo había diseñado, casi todo el apoyo fue en especie. Él se sintió muy querido y estaba agradecido con ellos. Tardó seis meses para montar su fábrica y vender su primer pedido grande. Tuvo éxito, se veía una persona distinta, mencionó que nunca se había sentido tan empoderado y siempre reconocía el buen corazón de sus amigos, a quienes consideraba como hermanos. Ernesto no solo se sentía mejor, se veía bien, era otro, que iba por Juanito y sus otros hijos a la escuela para llevarlos a la casa donde vivían con su mamá.

Ernesto relató que Sara había cambiado su comportamiento hacia él, lo trataba distinto, empezaba a aceptarlo como antes, porque después de llevar a sus hijos de regreso de la escuela, Sara lo invitaba a pasar y le ofrecía comer juntos, e incluso últimamente a quedarse a cenar.

Después de siete meses, Sara se comunicó con nosotros para conversar. Mencionó que Ernesto era otra persona. Que estaba pensando en pedirle que volviera, pero tenía algunas dudas.

Trabajamos con Sara y, en una reflexión honesta hacia sí misma, pudo reconocer que, aunque quería mucho a Ernesto, nunca creyó que pudiera montar un negocio y mucho menos ser independiente económicamente, por su condición psiquiátrica. Admitió que probablemente ella era parte de su fracaso en la vida, repitiendo el patrón que Ernesto vivió con su familia de origen. Sara mencionó que siempre supo que Ernesto era una persona hipersensible, con problemas emocionales y con una mala relación con sus padres, pero nos hizo ver que era «el hombre más bueno del mundo», y solo cuando tenía las crisis perdía toda la cordura. Ante tal reflexión, Sara sabía que si regresaba con Ernesto, ella debía cambiar su trato hacia él, a quien ahora consideraba un hombre emprendedor y bueno.

A los nueve meses volvieron a estar juntos. Ernesto nunca perdió el contacto con sus hijos, siempre estuvo cerca de ellos y ejerció cabalmente su responsabilidad parental. Y reconquistó a Sara, el objetivo que se había planteado en psicoterapia.

Tuvimos una sesión con todos, en la que se veían contentos, sobre todo Ernesto, a quien se le reconocía su gran trabajo hacia sí mismo para recuperar a su esposa. Y a Juanito, quien ya no tenía el síntoma.

Cabe mencionar que fue la red de amigos la que lo apoyó a salir adelante. No era una cuestión solo de recursos, dinero y contactos, sino de hacer sentir a Ernesto capaz de emprender y ser reconocido como una persona digna, y como estupendo amigo. Sus amigos lo acompañaron muy de cerca, lo tutoraron, lo aconsejaban, lo animaron y con ello lo empoderaron. No solo el síntoma desapareció, también bajaron las dosis de los medicamentos. Ernesto apareció en escena como otra persona, desde la solidaridad y el apoyo de su red de amigos, a quienes consideraba como hermanos. Junto con Sara, su hermana, Juanito, María, Pedro y sus amigos, Ernesto constituyó su «familia de elección». Una red vital que integró a su genograma familiar.

Familia de elección

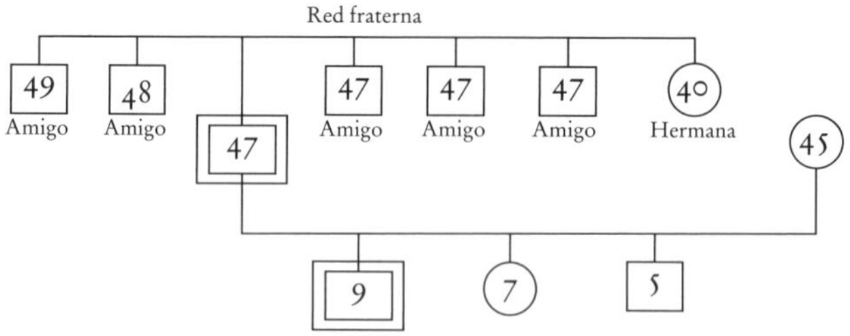

Resultados

El diálogo terapéutico se orienta a ampliar la experiencia vivida de la persona, más allá de la narrativa tradicional, para incluir y reconocer a otros que están en la experiencia nutricia. En este caso, es necesario hacer un trabajo de recuerdo histórico, sobre vivencias connotadas de experiencias significativas con otras personas ajenas a la familia de origen o creada, para configurar un mapa relacional altamente afectivo.

Con Ernesto, en especial se propició el recuerdo de aquellas relaciones cargadas de cuidado, aceptación, cariño, acompañamiento, admiración, reconocimiento, valoración y juego. Para ello se hizo un tipo de búsqueda biográfica, recurriendo a vivencias que el discurso saturado de la familia nuclear tradicional excluye, que provoca un «discurso de tensión» (Méndez y Reynoso, 2015), para transitar de la familia tradicional heterosexual a la familia de elección. Ernesto encontró en sus amigos una red fraterna.

Cuando se encuentran dichas historias nutrientes, es necesario profundizar en ellas: lugares, fechas, escenarios, personas específicas, circunstancias, emociones vividas, etc., para que genere un discurso de tensión sobre parentalidad, fraternidad, etc. En otras palabras, cuando se visualicen dichos contextos, se tendrá que negociar con aquellas personas que no permiten que entren otros en nuestro «mapa relacional familiar», con el fin de integrar la nueva narrativa sobre la familia que genera bienestar, y a otros actores de bienestar, tutores y pares de resiliencia en el genograma familiar. En el caso de Ernesto se activó esa red significativa fraterna histórica, para convertirla en un gran recurso socioemocional y material en el presente, desde donde se trabajó con resultados pragmáticos.

En otras palabras, el efecto terapéutico se da cuando las vivencias y experiencias nuevas son transformadas en una narrativa emocionalmente significativa, ampliando el genograma familiar con aquellos que cumplieron un rol de padre, madre, hermana o hermano en diferentes etapas de la vida. En ese momento es posible que la persona se apropie de esa nueva familia, para integrarla como parte de su biografía y de sí mismo, lo que impactará en su cuerpo e identidad. De esta manera, eclipsará el poder dominante que influía en el malestar. El efecto terapéutico se podrá observar; no solo desaparecerá el síntoma o malestar motivo de la demanda de la consulta, sino que habrá un cambio sustantivo en la familia (segundo orden) y en las creencias culturales (tercer orden) que sustentaban el malestar, encaminando una redefinición de sí mismo, de la identidad, la persona y la familia. Ernesto se veía, sentía y actuaba distinto.

Concluiremos con varias reflexiones desde el modelo de la familia de elección para integrar el cuerpo completo del texto.

Conclusiones

La «familia» vista como un sistema de tercer orden implica investigar sobre otros sistemas de la sociedad que la influyen, como los grupos de pertenencia, la cultura, la economía, el trabajo, la raza, clase social, religión, etc. (McDowell, Knudson-Martin y Bermudez, 2019). En esencia, el pensamiento de tercer orden invita a la familia a reconocer el contexto estructural que interfiere en el diálogo solidario, como el trabajo precario, los roles tradicionales impuestos por la cultura patriarcal, el romanticismo que interfiere con el amor maduro conyugal, la sobreexigencia a los hijos desde las necesidades y lealtades de clase social o de raza, la confusión del reconocimiento a los hijos desde el consumo desechable, etc. (Medina, 2022).

Aferrarse a la familia nuclear o de origen como la única fuente de bienestar identitaria implica empoderar y a su vez empobrecer la vincularidad y el diálogo con un grupo limitado. Si la familia consanguínea es maltratante, excluyente o simplemente está ausente, los recursos socioemocionales para salir adelante no son suficientes. Es por ello por lo que la familia de elección, como una categoría de tercer orden, desafía la cultura patriarcal para expandir los lazos y abrir el diálogo solidario a la red de cuidado.

Cuando se constituye la familia de elección en el proceso terapéutico, esta tiene alcances terapéuticos importantes, porque redimensiona el problema desde otro escenario relacional y lo enfrenta desde otra perspectiva, con mayores recursos socioemocionales.

La familia de elección se junta en la búsqueda de metas comunes, no establece relaciones jerárquicas rígidas, es flexible y complementaria; potencia sus recursos mediante una participación más activa, diluyendo el victimismo y la pasividad ante los retos de supervivencia que enfrentan cotidianamente. Desde el acompañamiento de la red se asoma la resiliencia personal, la identidad de sus integrantes se enriquece más allá de la familia tradicional, para empoderar la acción en la cooperación y la solidaridad (Gil, 2015).

Aquí consideramos a la familia de elección como un «espacio vital», que se constituye en el núcleo interpersonal desde el cual se da el autorreconocimiento y la autoimagen, y así es como se va construyendo la identidad. La familia de elección se compone de aquellas personas con las que el sujeto tiene una relación más estrecha de respeto y confianza, con las que cuenta para enfrentar las contingencias propias de la vida. La familia de elección es el marco de referencia de la experiencia personal, en el que no solo la persona recupera su salud y poder para enfrentar sus retos (Gutiérrez, 2019), sino que incluso se restaura su biología (Cyrulnik, 2016).

Por último, la familia de elección conduce a una nueva singularidad, es decir, desprenderse de lo anterior —la historia de maltrato, exclusión u olvido desde una estructura rígida y autoritaria— para encontrar una organización relacional distinta que impacte en la identidad y bienestar. Para llegar a una nueva autonomía, que «se refiere más a nuevos territorios, nuevos territorios sociales» (Guattari y Rolnik, 2006, p.142).

Referencias

BECK-GERNSHEIM, E. (2003). *La reinvención de la familia: En busca de nuevas formas de convivencia*. Barcelona: Paidós.

BERNARD, J. (1972). *The future of marriage*. Nueva York: World Publishing.

Bernardes, J. (1986). Multidimensional developmental pathways: A proposal to facilitate the conceptualisation of family diversity. *Sociological Review*, *34*(3), 590-610 [https://doi.org/10.1111/j.1467-954X.1986.tb00690.x].

Boh, K. (1989). European family life patterns – a reappraisal. En K. Boh, M. Bak, C. Clason, M. Pankratova, J. Qvortrup, G. Stritta y K. Waerness (eds.), *Changing patterns of European family life* (pp. 265-298). Londres: Routledge.

Butler, J. (2017). *Deshacer el género*. Barcelona: Paidós.

Cicerchia, R. (1998). Sensatez y sentimiento: La historia cultural de la familia y la construcción social del género. En R. Cicerchia, *Formas familiares, proceso histórico y cambio social en Latinoamérica* (pp. 249-259). Quito: Docuthe.

Comisión Económica para América Latina y el Caribe (1994). *Familia y futuro. Un programa regional en América Latina y el Caribe*. Santiago de Chile: onu.

Cyrulnik, B. (2004). La construcción de la resiliencia en el transcurso de las relaciones precoces. En B. Cyrulnik, S. Tomkiewicz, T. Guénard, S. Vanistendael, M. Manciaux *et al.*, *El realismo de la esperanza* (pp. 17-32). Barcelona: Gedisa.

— (2025). *El amor que nos cura*. Barcelona: Herder.

— (2016). ¿Por qué la resiliencia? En B. Cyrulnik y M. Anaut, *¿Por qué la resiliencia? Lo que nos permite reanudar la vida* (pp. 13-28). Barcelona: Gedisa.

Cheal, D. (1991). *Family and the state of theory*. Toronto: University of Toronto Press.

David, M.E. (ed.) (1998). *The fragmenting family: Does it matter?* Londres: iea.

Elkaïm, M. (1989). *Las prácticas de la terapia en red*. Barcelona: Gedisa.

Fletes, R. (1995). *Niños de la calle*. Jalisco: Colegio de Jalisco.

— (1996). *La infancia abandonada*. Jalisco: Colegio de Jalisco.

García, A. (2006). La familia en la comunidad gitana. En M. Laparra, *Situación social y tendencias de cambio en la comunidad gitana* (p. 25-44). Pamplona: Universidad Pública de Navarra.

Giddens, A. (1991). *Sociología general*. Madrid: Alianza.

Gil, A.M. (2015). Redes sociales en el trabajo social: apuntes para la praxis profesional. *Revista Eleuthera*, *12*, 181-196 [https://doi.org/10.17151/eleu.2015.12.10].

Guattari, F. y Rolnik, S. (2006). *Micropolítica. Cartografías del deseo*. Madrid: Traficantes de Sueños.

Gubrium, J.F. y Holstein, J.A. (1990). *What is a family?* Mountain View: Mayfield.

Gutiérrez, M.L. (2019). Reseña del libro: Cambios modestos, grandes revoluciones. Terapia familiar crítica. Segunda edición de Raúl Medina. *Carta Económica Regional*, *32*(124), 211-216.

Hill, R. (1966). Contemporary developments in family theory. *Journal of Marriage and the Family*, *28*(1), 10-26 [https://doi.org/10.2307/350035].

Hunter, M. (1981). *The changing family: Comparative perspectives*. Nueva York: Wiley.

Leeder, E. (2004). *The Family in a Global perspective?* Thousand Oaks: Sage.

Linares, J.L. (1996). *Identidad y narrativa. La terapia familiar en la práctica clínica*. Barcelona: Paidós.

McDowell, T., Knudson-Martin, C. y Bermudez, J.M. (2019). Third-order thinking in family therapy: Addressing social justice across family therapy practice. *Family Process*, *58*(1), 9-22 [https://doi.org/10.1111/famp.12383].

Medina, R. (2014). Nuclear family. En M. Coleman y L. Ganong (eds.), *The social history of the American family: An encyclopedia* (pp. 958-961). Los Ángeles: Sage.

— (2018). *Cambios modestos, grandes revoluciones: terapia familiar crítica*. Ciudad de México: Imagia.

— (2022). *La terapia familiar de tercer orden: del amor indignado al diálogo solidario*. Madrid: Morata.

Méndez, T. y Reynoso, O. (2015). *Narrativas de mujeres transformadoras sociales: Narrativas de la memoria*. Madrid: Editorial Académica Española.

Murdock, G.P. (1949). *Social structure*. Nueva York: Free Press.

Parsons, T. (1943). The kinship system of the contemporary United States. *American Anthropologist*, *45*(1), 22-38 [https://www.jstor.org/stable/662863].

— (1949). La estructura social de la familia. En R. Anshen (ed.), *The family: Its function and destiny* (pp. 33-58). Nueva York: Harper.

— (1971). The normal American family. En B. Adams y T. Weirath (eds.), *Reading on sociology of the family*. Chicago: Markham.

Pla, M.M. (2015). *La coparentalidad. El rol que desempeña en la aparición de problemas de conducta en la adolescencia* [tesis doctoral]. Madrid: Universidad Pontificia Comillas.

Popenoe, D. (1988). *Disturbing the nest: Family change and decline in modern societies*. Nueva York: Aldine de Gruyter.

Rubio, J.L. y Puig, G. (2015). *Tutores de resiliencia. Dame un punto de apoyo y moveré mi mundo*. Barcelona: Gedisa.

San-Román, T. (1997). *La diferencia inquietante. Viejas y nuevas estrategias culturales de los gitanos*. Madrid: Siglo xxi.

Seikkula, J. y Arnkil, T.E. (2016). *Diálogos terapéuticos en la red social*. Barcelona: Herder.

— y Olson, M. (2003). The open dialogue approach to acute psychosis: Its poetics and micropolitics. *Family Process, 42*(3), 403-418 [https://doi.org/10.1111/j.1545-5300.2003.00403.x].

Sluzki, C. (1998). *La red social: frontera de la práctica sistémica*. Ciudad de México: Gedisa.

Smith, D.E. (1993). The standard North American family. *Journal of Family Issues, 14*, 50-65 [https://doi.org/10.1177/0192513X93014001005].

Speck, R.V. y Attneave, C.L. (2000). *Redes familiares*. Buenos Aires: Amorrortu.

Stacey, J. (1990). *Brave new families: Stories of domestic upheaval in late twentieth century America*. Nueva York: Basic Books.

Stromquist, N.P. (1998). *Women in the third world: An encyclopedia of contemporary issues*. Londres: Routledge.

Thorne, B. (1992). Feminism and the family: Two decades of thought. En B. Thorne y M. Yalom (eds.), *Rethinking the family* (pp. 3-30). Boston: North-Eastern University Press.

Weeks, J., Heaphy, B. y Donovan, C. (1999). Partners by Choice: Equality, Power and Commitment in Non-heterosexual Relationships. En G. Allan (ed.), *The Sociology of the family. A Reader* (pp. 111-128). Oxford: Blackwell.

WERNER, E. y SMITH, R. (1982). *Vulnerable but invincible: A longitudinal study of resilient and children and youth*. Nueva York: McGraw-Hill.
YOUNG, M. y WILLMOTT, P. (1974). *The symmetrical family*. Nueva York: Pantheon.

8. Las psicoterapias de red como recurso psicoterapéutico de tercer orden: pioneros y nuevas contribuciones

Raúl Medina Centeno

El modelo sistémico provocó un cambio de paradigma en la psicología clínica, redefinió la psicopatología, la sacó del cuerpo y del individuo para reubicarla en el contexto relacional, particularmente en la vincularidad familiar. Convocar a la familia ha sido el recurso clínico para reconocer y enfrentar las pautas triangulares que generan malestar. Son varios los estilos psicoterapéuticos familiares que se han generado (Hoffman, 1990), y todos han aportado un enorme bagaje a la psicoterapia relacional.

Por otra parte, en la década de 1960, con el inicio del modelo sistémico, varios autores expandieron el radio contextual para explorar la complejidad socioemocional más allá de la familia y, con ello, ampliar la mirada y reconocer la red de apoyo social como un recurso sustantivo para el bienestar personal.

Todos concuerdan en señalar que la psicopatología es la respuesta de la persona que vive exclusión, maltrato e injusticia estructural, y es por ello por lo que consideran a la familia una unidad restringida para enfrentar con eficacia problemas complejos de salud que sufre una colectividad. El trabajo clínico en red conduce a exorcizar la psicopatología para despsiquiatrizar, desestigmatizar y humanizar a la persona. Así, se puede señalar que las terapias de red son un antecedente histórico de lo que hoy se denomina «terapia relacional de tercer orden» (McDowell, Knudson-Martin y Bermudez, 2019; Medina, 2022).

En este capítulo se presenta una breve revisión histórica de los precursores y las actuales propuestas de la terapia de red.

La red relacional como objeto de estudio psicosocial

La red relacional como objeto de estudio de las ciencias sociales no tiene mucho tiempo. José Luis Molina (2001) menciona que fue John Barnes (1954) el primero en utilizar el término «red» *(network)* para describir una pequeña aldea de pescadores noruegos, una sociedad «intermedia» estudiada por la antropología y las sociedades complejas. Fue Elisabeth Bott (1990) quien en 1955 propuso la categoría de «red social» para explicar que la segregación de los roles conyugales de los matrimonios urbanos londinenses era una función de la red social de la pareja. La estructura de relaciones tenía una capacidad explicativa más grande que las categorías sociales o grupos institucionalmente definidos. El trabajo de Bott (1955), surgido inicialmente del estudio de la familia, fue aplicado inmediatamente por los antropólogos británicos y sudafricanos en sus trabajos de campo (Molina, 2001).

Desde entonces el concepto de red social como objeto, categoría y metáfora de estudio ha sido utilizado por varios autores, entre los que destaca Kurt Lewin (1952), quien, desde la psicología social, integra las relaciones informales como parte de su paradigma de campo. José Luis Moreno (1966) desarrolló una cartografía para esbozar un mapa de red con relaciones íntimas e integrarlo a su propuesta del psicodrama. Por otra parte, Erich Lindemann (1979), desde la «teoría de crisis», destaca el papel fundamental de la red social compuesta de familiares, amigos, compañeros, etc., en los efectos de corto y largo plazo en las crisis personales. A estos se suma Maritza Montero (2003), quien define la red social como forma de organización en la cual se produce el intercambio continuo de ideas, servicios, objetos, etc. Para esta autora, la red social significativa transita a la constitución de una comunidad, que se caracteriza por ser una estructura de ayuda a los individuos, ya sea para expandirse o detenerse, actuar o paralizarse, siendo un lugar en el que las personas encuentran apoyo, recursos y refugio. Montero menciona que, a diferencia de las organizaciones formales, las jerarquías en la red social son menos rígidas, y es por ello por lo que se puede dar con mayor facilidad la expresión honesta y creativa, incluso la imaginación. Para Montero, «las redes son: un tejido vivo, integrado por comunidades, seres humanos, cuya textura es activa, llena de vida» (2003, p. 177).

Pensamiento de tercer orden en la psicoterapia relacional

Antes de profundizar en los modelos clínicos de red, se revisará brevemente una idea fundamental, el pensamiento de tercer orden en el campo clínico. Fueron Teresa McDowell, Carmen Knudson-Martin y J. Maria Bermudez (2019) quienes presentaron el concepto en «Third-order thinking in family therapy: Addressing social justice across family therapy practice» («El pensamiento de tercer orden en terapia familiar. Abordando la injusticia social en la práctica de la terapia familiar») (2019). En dicho artículo retomaron la premisa de aprendizaje III de Gregory Bateson, que consiste en «hacer visibles los sistemas de los sistemas» (1991, p. 9), lo que significa observar la relación compleja de la familia con los sistemas de la colectividad (economía, política, sociedad y cultura). Estos transfieren dicha idea al campo clínico, para proponer una terapia familiar de pensamiento de tercer orden, la cual implica que se expanda intencionalmente la conversación con las familias sobre el impacto que tienen en ellas otros sistemas de la sociedad en su malestar, por ejemplo, los grupos de pertenencia, la cultura, la economía, la raza, la clase social, la religión, etc. Es decir, el cambio de tercer orden ocurre cuando hay una transformación en la forma en que entendemos y relatamos los sistemas socioculturales como parte de la realidad a la que pertenecemos y no como algo fuera del poder o alcance de la familia. «Esta conciencia de sistemas de sistemas fortalece la elección, más allá de lo posible de un segundo orden, permitiéndonos imaginar y participar en una transformación significativa» (McDowell, 2018, p. 23, en McDowell, Knudson-Martin y Bermúdez, 2019, p. 13).

La psicoterapia de tercer orden parte de la creencia de que la sintomatología o malestar personal es una respuesta a la pérdida del diálogo solidario familiar y comunitario (Medina, 2022). Es así como se generan pautas de maltrato y exclusión que impactan en la psique y el cuerpo de las personas. Ante esto, el propósito clínico es encontrar los atenuantes que condujeron al desencuentro familiar y comunitario, para comprender los justificantes simbólicos del malestar. Es ahí donde se hacen visibles los contenidos estructurales: pobreza, injusticia, marginación, exclusión y sistemas culturales, como el patriarcado, el racismo, el clasismo, el romanticismo, el hiperconsumismo neoliberal actual, entre otros. Este contenido estructural del malestar se representa y se construye desde una complicidad organizada sistémica de diferentes actores, pudiendo ser familiares, amigos, compañeros, autoridades, etc. Es decir, la red también funciona acorde con los designios culturales.

Convocar la red permite que se tome conciencia colectiva del malestar que paradójicamente ellos mismos producen desde una micropolítica cotidiana (Guattari y Rolnik, 2006): excluyendo, maltratando, estigmatizando, psiquiatrizando desde un simbolismo estructural. Esta conciencia produce en principio una indignación colectiva, en la que todos se reconocen como parte del problema, para unirse nuevamente de manera amorosa e iniciar el diálogo solidario, generando estrategias comunitarias para enfrentar el problema y recuperar el bienestar personal, que se traduce en un bienestar común. Es por ello por lo que aquí se considera a la red un recurso clínico de tercer orden (Medina, 2022).

La red relacional como recurso psicoterapéutico: los pioneros y nuevas contribuciones

El modelo sistémico parte de la creencia irrefutable de que todas las personas viven cotidianamente entre grupos, los cuales influyen significativamente en su conducta. Tal como se mencionó antes, la familia se convirtió en el campo clínico de atención fundamental. Sin embargo, algunos autores ampliaron el campo para integrar la red social como objeto de estudio e intervención clínica. En términos generales, el objetivo que busca la intervención en red es visibilizar a las personas de la comunidad, más allá de las fronteras de la familia, para activarla como recurso socioemocional y enfrentar las dificultades individuales, familiares y comunitarias. Tener conciencia de tercer orden no es suficiente para lograr efectos terapéuticos; es necesario convocar a los distintos actores de la red para enfrentar los problemas. Los pioneros que destacan en este campo son Ross V. Speck y Carolyn L. Attneave (2000), Ross V. Speck (1989), Mony Elkaïm (1989) y Carlos E. Sluzki (1994); en la actualidad, la terapia comunitaria (Roll, Mira, Idárraga y Cárdenas, 2017), las prácticas narrativas colectivas (Denborough, 2008, 2010, 2011, 2014; White y Denborough,1998), el diálogo abierto de Jakko Seikkula y Mary E. Olson (2003), Jakko Seikkula y Tom E. Arnkil (2016) y la red de apoyo a la «familia de elección» (Medina, 2022).

Las redes familiares de Speck y Attneave

En 1973 Speck y Attneave publicaron *Redes familiares*, obra en la que refieren que, por lo general, «en la vida moderna, rara vez la red social se hace visible y adquiere presencia, como por ejemplo en ceremonias habituales del nacimiento, el casamiento o la muerte» (2000, p. 20). Para estos autores, la red social es aquella estructura de amplitud e intimidad equivalentes a los clanes y las familias extensas, que no se basa solo en el parentesco. Es un grupo de personas quc sc compone de miembros de la familia extensa multigeneracional, amigos, amigas, pares y vecinos (Speck y Attneave, 2000).

Se convoca explícitamente a esta red social para apoyar a un individuo o a una familia que presentan un problema recurrente que no han podido resolver con los métodos psicoterapéuticos convencionales. El objetivo de la intervención en red es «revivir relaciones personales que habían perdido su fuerza, aflojar o cortar lazos simbióticos, exorcizar antiguos fantasmas familiares y abrir las puertas a una comunicación más franca y cooperativa» (Speck y Attneave, 2000, p. 21). Estas autoras mencionan que las redes familiares pueden ser comparadas con una tribu: «Si uno de sus integrantes atraviesa una situación difícil, la red así constituida puede encontrar en sí misma los recursos "tribales" para desarrollar soluciones creativas» (Speck y Attneave, 2000, p. 20).

El modelo de intervención que proponen es el siguiente:

1. Desde el primer contacto se acuerda con la familia o el consultante el día, la hora de la sesión y las personas que serán convocadas: familiares, vecinos, amigos, compañeros, etc.
2. En la primera sesión se habla abiertamente del motivo y objetivo de la convocatoria. Después se invita a todos a que elijan un ritual cultural que ellos mismos practiquen, como algún baile, canto, ceremonia, etc., con el fin de retejer la red y constituir el compromiso ante los retos que enfrentarán en las siguientes sesiones. A este ritual lo denominan «retribalización», que funge como un encuadre que apoyará a todos a participar solidariamente en las subsiguientes sesiones. A continuación, se habla sobre el problema que los convoca, todas las voces son escuchadas con atención, en particular quien vive el malestar.
3. En la siguiente sesión se conforman grupos con el fin de conversar sobre las posibles soluciones al problema y los recursos con los que cuentan para resolverlo.
4. Después de escuchar las diversas soluciones y estrategias, eligen las más idóneas con el fin de iniciar los cambios requeridos. El equipo terapéutico hace eco, dando su opinión sin dejar sentimiento de frustración en los miembros de la red, y apoyar en las estrategias de acción que llevarán a cabo.
5. En la siguiente sesión se evalúan los resultados de sus acciones y siempre se vinculan a los alcances de la labor de la red, en la que se redimensiona el problema objeto de la convocatoria, haciendo una conciencia de éxito grupal, con el fin de reconocer el efecto de red en los resultados.
6. La finalización del proceso se enfoca en hablar de la experiencia y de los sentimientos que se fueron generando, los cambios obtenidos, los resultados y sobre todo el poder de la red en la solución de problemas individuales. Se cierra con una evaluación pragmática de los cambios obtenidos de acuerdo con el motivo de consulta.

Speck y Attneave mencionan que el rol del equipo terapéutico es el de un mediador, que apoya dando voz a aquellos que no la tienen y activando el progreso entre los miembros, que los conduce a modificar sus relaciones. También mencionan que los resultados clínicos desde la activación de la red han sido alentadores; en concreto, señalan que esta modifica la psicopatología social común, evita la psiquiatrización y elimina el estigma. Añaden que las redes de apoyo empoderan a la persona para enfrentar el malestar. Es decir, el acompañamiento mutuo ensancha el poder más allá de las limitaciones individuales y familiares, concluyendo que las redes familiares se convierten en un campo social protector del individuo y la familia.

Mony Elkaïm y las redes para la intervención de barrio

Speck y Attneave inspiraron a Mony Elkaïm en 1987, quien escribió *Las prácticas de la terapia de red*. En él relata que sus trabajos en esta modalidad datan de entre 1977 y 1979.

Elkaïm propone un trabajo socioterapéutico y comunitario en barrios desfavorecidos, con personas que son excluidas por el sistema, en particular inmigrantes. Plantea el trabajo en red con el fin no solo de eliminar el síntoma colectivo —como conductas antisociales de adolescentes—, sino de cambiar las prácticas sociales y políticas de exclusión y maltrato, causa del malestar y la sintomatología. Convoca a la red primaria, aquella en la que se negocia la vida privada y pública, que es una unidad microsociológica que se constituye por parientes, amigos, vecinos, maestros, funcionarios, policías, etc. Es el espacio psicosocial donde se da la experiencia socioemocional cotidiana para las personas.

El autor denomina a su enfoque «social-político» (1989), ya que trabaja con grupos minoritarios de inmigrantes que viven en Europa y que se encuentran en proceso de inclusión cultural. Señala que, por lo general, los problemas de conducta que aparecen en estos contextos se vinculan con situaciones culturales, de pobreza e injusticia. En ese sentido, y desde el enfoque de red, el foco no es la conducta de un individuo o una relación dual, sino la condición comunitaria de los miembros de la red. Se podría decir que la propuesta de Elkaïm ha sido una de las primeras experiencias de intervención sistémica de tercer orden (McDowel, Knudson-Martin y Bermudez, 2019; Medina, 2022).

El modelo de intervención que propone es el siguiente:

1. Se analiza la demanda de una institución o grupo de personas que se quejan de conductas atípicas recurrentes en algunos grupos de la población.
2. Se les pide invitar y convocar a la red involucrada en el problema, pudiendo ser miembros de la institución, familiares, vecinos, etc.
3. En esta primera sesión se presentan todos, incluidos los terapeutas y tutores. Estos últimos explicitan la demanda, el porqué de la reunión de la red y cuáles serán los objetivos que se buscan, presentando un posible programa de las reuniones.
4. En esta primera parte se invita a todos a que expresen los problemas tal como los perciben y los tratan. Después de expresar el problema, los tutores hacen ver que la demanda es en realidad un problema de todos y no de un individuo o de dos partes.
5. Desde esa conciencia colectiva, se invita a los participantes a que propongan soluciones al problema.
6. Se debate sobre las mejores estrategias vertidas por ellos mismos, hasta llegar a un consenso.
7. Se organizan comisiones para resolver. Se insiste en todo momento en que solo juntos podrán resolver el problema con mayor eficacia, y que de manera separada los cambios serán efímeros.
8. Por último, se les instruye para que vayan evaluando las intervenciones, desde la lógica de ensayo y error, y corrigiendo las estrategias, enriqueciendo los métodos desde los resultados.

El autor menciona que esta experiencia lo ha llevado a las siguientes conclusiones:

1. La terapia de red abre otras posibilidades más allá del individuo o la familia.
2. Los miembros cambian la percepción del problema, se experimenta una visión compartida de la crisis, generando cambio de relaciones, apareciendo la empatía y viviendo la experiencia compartida.
3. Con ello la red estimula un contexto vital diferente.

La red social frontera de la práctica sistémica: Carlos Sluzki

Otro clásico sistémico de la intervención en red es Carlos E. Sluzki, quien una década más tarde propuso ampliar la mirada más allá de las fronteras de la familia. Sluzki señala que no siempre la familia tiene los recursos socioemocionales y materiales para resolver los problemas, por lo que es necesario extender la exploración hacia la red significativa del consultante y convocar a la red de apoyo, en la que se pueden incluir amigos, compañeros, vecinos, etc.

Para Sluzki la red cumple funciones de compañía social, apoyo emocional, guía cognitiva y de consejos, regulación o control social, ayuda material y de servicios, y acceso a nuevos contactos (1998, p. 48), por lo que las redes sociales se convierten en «salutogénicas», puesto que movilizan círculos virtuosos «que protegen a las personas de las enfermedades, aceleran los procesos de curación y aumentan la sobrevida» (1998, p. 114). Añade que la red social también es un factor importante en la constitución de la identidad de la persona, porque en la red se da el reconocimiento y las múltiples miradas que alimentan al individuo.

Ante estas cualidades de las redes de apoyo personal, Sluzki propone invitar a la red como recurso clínico. Al respecto menciona que:

> La incorporación del paradigma red en la observación y conceptualización de la realidad clínica enriquece cualitativamente la visión multidimensional del terapeuta y, por tanto, su potencial de acción clínica, porque es una guía para la descripción, la explicación y la terapia: a) para la descripción, porque la incorporación de la red social expande y amplía la capacidad descriptiva, porque podemos observar procesos adicionales que habían pasado desapercibidos anteriormente y que son necesarios para la interacción del sujeto que pueden haber contribuido a desencadenar el problema o conflicto; b) para la explicación, porque facilita el desarrollo de nuevas hipótesis acerca de otros componentes de la red; y c) para la acción terapéutica porque la noción de red orienta en términos de sugerirnos nuevas intervenciones transformativas. (Sluzki, 1998, p. 14)

Sluzki concluye que la red de apoyo es un protector de la salud emocional y física de las personas desde la cual se invoca la resiliencia que anima a enfrentar las vicisitudes de la vida.

Terapia comunitaria

Otra perspectiva que trabaja clínicamente desde la categoría de red es la terapia comunitaria (Roll, Mira, Idárraga y Cárdenas, 2017). Por su parte, E.N. Suárez, A.M. de la Jara y C.V. Márquez mencionan que en la actualidad existe una grave falta de comunicación directa y honesta entre las personas, promovida por una forma de vida regida por el neoliberalismo, que fragmenta a las familias y a las personas, aislándolas desde un individualismo efímero. Señalan que esta incomunicación y división social solo puede ser superada desde el actor social, reconociendo que toda psicología es social por antonomasia, por lo que el concepto de redes sociales, y en particular el sentido de comunidad desenmascara a la falacia individualista. La intervención clínica gira en torno a la categoría de comunidad, que definen como «un conjunto de seres humanos unidos por un lazo social que implica una orientación cultural compartida que es fundamental en su identidad grupal» (Suárez, De la Jara y Márquez, 2011, p. 83). El argumento de partida de estos autores es que la red y la comunidad son campos esenciales de la existencia de los individuos, es decir, «la existencia del ser es siempre compartida, necesariamente abierta a la presencia del otro» (Suárez, De la Jara y Márquez, 2011, p. 83). Es así como el concepto de «comunidad implica un ir-con, un compartir tareas y símbolos, un encontrarse en torno a determinados símbolos de reconocimiento, con un fundamento de lazos sociales y culturales» (Suárez, De la Jara y Márquez 2011, pp. 83-84).

Al respecto, Ángela Roll, Elizabeth Mira, Luz Eugenia Idárraga y Martha Cárdenas proponen el diálogo como recurso clínico comunitario:

> El diálogo en la terapia comunitaria permite la construcción de significados e historias, cumpliendo un papel fundamental para quien narra y para quien escucha por encontrar coincidencias en el sufrimiento, pero también en las soluciones, y permitir saber que no se está solo. (2017, p. 1)

Por ejemplo, cuando una mujer se queja con la comunidad del maltrato intrafamiliar que vive, algunos de los que escuchan se identificarán con el problema, permitiéndole reconocer que su malestar no es un problema privado, sino colectivo. No solo es propio de esta familia, sino de toda una comunidad, enmarcada en un problema estructural, multisistémico. El reconocimiento mutuo en torno al problema permitirá un despliegue de propuestas para enfrentarlo juntos. Empoderará a la mujer desde el acompañamiento comunitario. Esto no solo tiene efectos positivos terapéuticos individuales, también generará una resistencia comunitaria organizada para el cambio de prácticas de maltrato y exclusión que se dan en las instituciones, grupos y diversos escenarios en los que conviven.

Las prácticas narrativas colectivas

Las prácticas narrativas tienen que ver con maneras de pensar (epistemología), de sentir (ética) y de hacer (política), relacionadas con que las personas, grupos y comunidades narran desde la dignidad (Ortega, 2021). Tal sería la estructura teórica de este modelo de intervención. Desde esta perspectiva, David Denborough lanza la pregunta eje desde la que se organiza la intervención: «¿Cómo podemos responder a historias de sufrimiento social, en las cuales no solo se alivie el sufrimiento individual, sino que también mantengan y sostengan desde la acción social local, respondiendo a injusticias más amplias, como violencia y abusos en los múltiples contextos?» (2008, p. xi).

Las prácticas narrativas colaborativas aparecieron como modelo en la década de 1990, inspiradas en los fundamentos de la terapia narrativa que propusieron Michel White y David Epston (White y Epston, 1993; White, 2002; 2002b). Fueron principalmente David Denborough y Cheryl White quienes, desde el Dulwich Centre, en Australia, hicieron las transferencias de la terapia narrativa al campo de la intervención comunitaria para renombrarlas «prácticas narrativas colaborativas» (Denborough, 2008, 2010, 2011, 2014; White y Denborough,1998).

Esta modalidad de intervención de red se enfoca particularmente en grupos que viven en condiciones de vulnerabilidad, las minorías excluidas del bienestar y desprovistas de reconocimiento legal y social, tales como mujeres maltratadas, diversidad de género y sexual, ancianos, presos, niños o niñas huérfanos que perdieron a sus padres por alguna enfermedad o conflictos armados, indígenas, adolescentes con conductas antisociales y, en general, población marginada. Denborough menciona que «las prácticas narrativas colectivas buscan responder a grupos y comunidades que han experimentado sufrimiento social en contextos en los cuales la "terapia" pudiera no resonar culturalmente» (2014, p. 1). Al respecto Juan Antonio Bustamante señala que se trabaja en

> la recuperación de la memoria colectiva, la obtención de justicia, el recuerdo de las víctimas y desaparecidos, así como el testimonio de los sobrevivientes y sus acciones de resistencia [...] recuperar las historias de resistencia que posee esta comunidad que fue sujeto de prácticas simbólicas y de terror que buscaron hacer borrosa e incluso invisible sus características, identidad y pasado. (2011, p. 11)

Vanessa Pupavac (2002) menciona que las psicoterapias tradicionales suelen instaurar un «gobierno terapéutico» que puede tener el efecto de no solo minimizar y desempoderar las formas en que responden las comunidades, sino también de patologizarlas como disfuncionales y deslegitimarlas políticamente.

El objetivo de las prácticas narrativas colaborativas es implementar «políticas y metodologías que le den voz y fortaleza a las comunidades, así como a sus habilidades y conocimientos» (Bustamante, 2011, p.18). Bustamante añade que las prácticas narrativas colaborativas son un tipo de «atención primaria [que] busca ser cercana a las comunidades en su territorio, con un enfoque familiar y comunitario, buscando trascender el modelo biomédico tradicional» (2011, p. 9). Mick Cooper y John McLeod añaden que

> en términos sociales, la terapia psicológica individual tradicional opera como una clase de «embudo» emocional hacia el cual las tensiones comunales e interpersonales puedan absorberse. En contraste, la terapia narrativa tiene la capacidad de canalizar la energía emanada de los problemas individuales y darle forma en una acción social productiva. En este trabajo, el concepto de narrativa provee un puente entre las historias contadas por personas específicas, los discursos dominantes y las narrativas dentro de las cuales todos colectivamente vivimos nuestras vidas. (2007, p. 244, cit. en Denborough, 2014, p. 27)

Técnicas de las prácticas narrativas colaborativas

Desde este modelo se han elaborado una serie de metodologías o técnicas de intervención, de las cuales destacan el cometa, el árbol de la vida, la receta, la cocina, el equipo de la vida, la línea del tiempo, la deconstrucción, el uso de la música y el uso de documentos colectivos.

Aquí profundizaremos en los documentos colectivos. Bustamante describe, de forma excepcional, una experiencia de intervención con un grupo de adultos mayores de una comunidad excluida en Chile que expresaban su malestar con depresión (2001). Usa de manera magistral los documentos para restaurar la resistencia colectiva y el bienestar de esta comunidad.

El caso de adultos mayores con depresión de una comunidad marginada: el uso de los documentos colectivos

Se parte del principio de que es necesario recuperar la memoria completa. Por lo general, cuando existe una crisis individual, familiar o grupal sobresalen los aspectos negativos, los traumas y las injusticias, todo ello en un escenario desolador y sin esperanza. Esta narrativa eclipsa la memoria de experiencias de resistencia, actos de cuidado mutuo y acompañamiento. Por tanto, los documentos colectivos son una técnica que ayuda a narrar la historia completa (Bustamante, 2011).

Los documentos colectivos buscan reclutar o reunir una audiencia que participe activamente en narrar su historia con el fin hacer circular los relatos, buscar historias alternativas en las que los participantes se vean y se sientan, en principio, personas dignas y capaces de enfrentar retos. Al respecto, Bustamante menciona que los relatos consisten en que todas las personas se puedan reconocer en el problema y, por tanto, interconectarse significativamente, generando lo que denomina «communitas», para referirse al sentido de unidad compartida entre las personas que están pasando por la misma experiencia (2011). Esto «permite dar voz a lo que el grupo valora en un contexto histórico que lo vincula con tradiciones locales, respetando, al mismo tiempo, "la unidad en la diversidad"» (Freire, 1994, cit. en Bustamante, 2011, pp. 11-12).

Primera y segunda sesión

El trabajo se realiza, por lo general, en los territorios donde viven los consultantes. En la primera sesión se convocó a la comunidad, se presentaron todos, incluidos los facilitadores. Los consultantes expresaron su malestar sobre todas las injusticias que han pasado a través de la historia y la sintomatología que vivían. En una segunda parte, los facilitadores intervinieron para que la queja se convirtiera en demanda compartida; se organizaron grupos de tres personas o más para analizar y responder las siguientes preguntas:

— ¿Cuál es el nombre de una habilidad especial, conocimiento o valor que los ha sostenido a ustedes y a sus familias (si las hay) en tiempos difíciles?
— ¿Hay alguna historia o anécdota sobre esta habilidad, conocimiento o valor, una historia sobre alguna ocasión donde esto hizo la diferencia para ti o para los demás?
— ¿Cuál es la historia de esta habilidad, conocimiento o valor? ¿Cómo lo aprendió? ¿De quién lo aprendió?
— ¿Está conectada esta habilidad de alguna manera con alguna forma de tradición familiar o comunitaria o con tradiciones culturales? ¿Hay algún proverbio, dicho, historia, canción, imagen de tu familia/cultura/comunidad con la cual estas habilidades y conocimientos estén conectadas? (Bustamante, 2011,p. 17)

Después de responder dichas preguntas, los participantes escribieron y discutieron las respuestas.

Tercera y cuarta sesión

Se leyeron en voz alta las respuestas de cada grupo y se socializaron las conversaciones que surgieron en torno a ellas, para reconceptualizar desde otro escenario. Después se invitó al grupo a escribir un documento colectivo que los identificara y que sumara sus habilidades y conocimientos. Posteriormente, se enmarcaron en un relato que hubieran vivido para conectarlo con alguna tradición familiar y comunitaria.

Cuarta y quinta sesión

Se leyó en voz alta del documento colectivo escrito. «Leer de vuelta el documento a los participantes permite identificar si este describe de manera precisa y vívida las habilidades especiales y los conocimientos. Es importante durante este momento generar un contexto donde los participantes tengan la posibilidad de hacer cualquier cambio o adición al documento, puesto que buscamos no imponer nuestra visión, sino generar un documento que los represente» (Bustamante, 2011, p.16). En esta parte del proceso se integraron todas las perspectivas de identificación socioemocional a la nueva narrativa, que implica reconocerse desde otra perspectiva.

Sesión final

En el marco de una convivencia, en la que se compartieron bebidas y comidas, se llevó a cabo un ritual oral con la lectura final del documento colectivo y se entregaron diplomas a cada uno de los participantes; con ello se reconoce la singular contribución que da cuerpo a la narrativa colectiva.

Este trabajo colectivo condujo a la reautoría personal y colectiva; la narrativa de víctima centrada en la queja transitó hacia una narrativa de recursos que empodera la resistencia para enfrentar el maltrato estructural y, con ello, dejar el malestar.

El rol de los facilitadores es integrador:

> Implica tomar nota de lo surgido, prestar atención a lo «particular» y a las «imágenes» que surgen en las historias. La recopilación de las historias particulares, las frases «tal como fueron dichas», las imágenes y metáforas, serán usadas en la construcción del documento colectivo. Son estas imágenes, metáforas y frases particulares las que, posteriormente en la lectura en voz alta, se espera resuenen y traigan a la memoria la conexión, visibilización y reconocimiento de las habilidades que han sostenido a las personas. Rescatar aquellas frases, imágenes y metáforas que conectan las habilidades y

> conocimientos con la experiencia de estas personas. (Bustamante, 2011, pp. 12-13)

En conclusión, las prácticas narrativas colaborativas desmitifican las verdades absolutas para reconocer la historia completa y la diversidad de perspectivas sobre un problema para convertir esta polifonía en un recurso. Se da una atención especial a los valores implícitos de sus prácticas narrativas, se visibilizan para reconocer su vinculación con el problema. De igual manera, se exploran otras prácticas con valores y principios de respeto y colaboración que hayan experimentado como grupo, con el fin de revisarlos y traerlos de nuevo para enfrentar los retos como comunidad. Esto conduce a la reautoría de la persona y la comunidad (Chimpén, 2013; Chimpén, Conde, Ferrer y Juárez, 2022).

La red y el diálogo abierto

Con la influencia de Speck y Attneave y la propuesta de «equipo reflexivo» de Tom Andersen (1994) aparece el enfoque terapéutico centrado en el «diálogo abierto» (Seikkula y Olson, 2003; Seikkula y Arnkil, 2016). En *Diálogos terapéuticos en la red social* (2016), Seikkula y Arnkil presentan los resultados de veinte años de investigación clínica aplicada a psicosis y familias en el sector público en Finlandia. Su enfoque revolucionó las explicaciones e intervenciones sobre la psicosis, reduciendo a un mínimo su prevalencia. Critican fuertemente la psiquiatría biologicista y las psicoterapias que se basan en descripciones y tratamientos de «verdad», como los que usan la guía diagnóstica del DSM y su consecuente medicación. Señalan que este procedimiento profundizaba el malestar de las personas porque los diagnósticos o teorías absolutistas se enfocan en el problema desde una posición no democrática y dialógica. Parten de la hipótesis de que la sintomatología aparece porque se rompió el diálogo en la red del consultante, incluidos el grupo de profesionales. No se les escucha, se les prejuzga y diagnostica cerrando la posibilidad de dialogar. Para Seikkula y su equipo, la salud pública basada en este modelo contribuye en la desconfirmación del consultante: como persona, este es un ente invisible, y el diagnóstico y las explicaciones *ad hoc* giran en torno a declaraciones de expertos o justificaciones familiares sobre el malestar que sufre.

Su propuesta de intervención clínica gira en torno a dos conceptos: red personal y diálogo abierto. Toman el concepto de red como metáfora y, en principio, señalan que todos estamos implícitamente inmersos siempre en una red de relaciones, incluso cuando hablamos solos o entre dos personas. En cada vocablo siempre se invoca a la red personal. Señalan que también la propia identidad está inmersa en una red socio-emocional significativa: es imposible sentir, actuar y hablar sin que estén presentes actores de nuestra red personal.

Posteriormente lo que hacen es preguntar a la persona que sufre el problema sobre su red personal significativa para invitarla a la sesión; los expertos hacen lo mismo, esto es, se convoca a la red de profesionales junto a la del consultante. En este escenario se establece un diálogo en el que se confrontan ambas redes, los expertos en la vida cotidiana, la familia y los expertos profesionales. Seikkula y Arnkil mencionan que «cuando se invita a la red personal del paciente a participar en el tratamiento no es para tratarla, sino para que proporcione ayuda y apoyo. Esta red personal es un recurso en el tratamiento, siendo a su vez coautora en el proceso» (2016, p. 39). El objetivo de la intervención en red es rastrear las fibras de la relación y buscar recurso en esas relaciones: «Pensar en términos de red permite planificar la actividad en términos de redes, y cuando las redes se encuentran [la red personal del consultante y la de los profesionales] puede surgir una experticia que sobrepasa las capacidades de un solo agente» (2016, pp. 36-38). La idea fundamental del trabajo en red es incrementar el capital social y la confianza mutua, sobre todo de quien expresa el síntoma.

El trabajo en red se hace desde la perspectiva dialógica; no son entrevistas centradas en la enfermedad, sino abiertas a cualquier tema. La idea es motivar el diálogo como encuadre relacional del contexto terapéutico. Se promueve en todo momento escuchar, pensar y resolver juntos. El diálogo es polifónico, democrático, sin prejuicios ni ataduras jerárquicas o burocráticas; conduciendo a la reflexión en voz alta y de ahí a soluciones creativas posibles. A esto se denomina «diálogo abierto».

En resumen, se convoca a la red sanitaria y la red personal del consultante para «abrir el diálogo»; es decir, no ver el síntoma, sino a la persona y su contexto social, escuchar con mucha atención sus necesidades. En principio se invita a ver el problema desde la mirada del consultante. Sin prejuicios estigmatizadores o de otra índole. Para iniciar un diálogo es importante partir desde las necesidades legítimas de la persona que sufre el malestar tomando en cuenta la red, es decir, aquellos individuos importantes en su vida y los miembros del sistema de salud. Este primer paso desactiva la desconfirmación que siente y vive el consultante. Después de restablecer la confianza mutua, la red comienza a reflexionar en voz alta para contribuir con las posibles soluciones que todos proponen y eligen como las más idóneas para implementarlas.

Los diálogos terapéuticos en la red social, propuestos como política pública de salud mental, han tenido estupendos resultados: bajó la tasa de psicosis a más del 80% y es mínimo el consumo de medicamentos (Seikkula y Arnkil, 2016).

De la red de apoyo a «la familia de elección»

En *La terapia familiar de tercer orden: del amor indignado al diálogo solidario* se establece un nexo entre familia y red de apoyo, para que algunos actores de la red transiten a convertirse en lo que se denomina la «familia de elección» (Medina, 2022). El centro aquí son las personas que han vivido maltrato y exclusión por parte de su familia de origen o esta los ha abandonado. Desde una intervención individual se invoca a la red significativa. En el proceso terapéutico se hace una elección deliberada en la que la persona rescata, de su vivencia y experiencia, a todas aquellas personas significativas que, sin ser familia, cumplieron un rol representativo para su bienestar personal. El método clínico se enfoca en integrar al genograma familiar, amigos, maestros, compañeros, vecinos e incluso familiares que han acompañado y cuidado desde una posición empática. Es reconocer a miembros de la red como parte de la familia y con ello encontrar los recursos tribales para restaurar el bienestar. La familia de elección visibiliza los recursos vinculares que han generado resiliencia personal ampliando la libertad psicológica de la persona. Es un recurso de tercer orden para enfrentar las patologías estructurales (Medina, 2022). Este tema ha sido abordado en profundidad en el capítulo anterior.

Conclusiones

Todos los modelos de terapia de red concluyen que la familia es una unidad restringida para enfrentar con eficacia problemas complejos de salud como la depresión, la esquizofrenia, la ansiedad y el maltrato de pareja, por ello extienden el radio hacia la red significativa más allá de las fronteras de la familia.

Las terapias de red son un gran recurso clínico social, en especial en poblaciones que expresan un malestar colectivo. Se convoca a todos, incluida la red de salud, protección o servidores públicos. En algunos casos, tener conciencia de tercer orden no es suficiente para obtener efectos terapéuticos; es necesario convocar a los distintos actores de la red para enfrentar los problemas.

La terapia de red implica un gran esfuerzo humano y de recursos, pues se convoca a un grupo de personas que acuden a apoyar a un individuo, una familia o toda una comunidad a enfrentar un problema psicológico que no han podido resolver mediante estrategias convencionales. Sin embargo, este esfuerzo comunitario no es en vano. No solo resuelve el problema del consultante en cuestión, sino que tiene efectos retributivos para la comunidad: tomarán conciencia de que el problema no era privado, sino colectivo y que ellos mismos lo activaban desde una micropolítica cotidiana que es inseparable del contexto estructural.

El trabajo clínico en red desactiva las creencias o prácticas sociales que genera y reproduce el problema, y con ello lo exorciza para despsiquiatrizarlo, desestigmatizar y humanizar a la persona. Hay un amplio consenso respecto a que la psicopatología es la respuesta de la persona que vive exclusión, maltrato e injusticia estructural, por ello la intervención intersistémica tiene mayor grado de efectividad. Frente a esto, se concluye que la terapia de red es un antecedente histórico de lo que hoy se denomina «terapia relacional de tercer orden» (McDowel, Knudson-Martin y Bermudez, 2019; Medina, 2022).

Referencias

Andersen, T. (1994). *El equipo reflexivo*. Barcelona: Gedisa.

Barnes, J. (1954). Class and committees in a Norwegian island parish. *Human Relations*, *7*(1), 39-58 [https://doi.org/10.1177/001872675400700102].

Bateson, G. (1991). *Una unidad sagrada. Pasos ulteriores hacia una ecología de la mente*. Barcelona: Gedisa.

Bott, E. (1955). Urban families: Conjugal roles and social networks. *Human Relations*, *8*(4), 345-384 [https://doi.org/10.1177/001872675500800401].

— (1990). *Familia y red social*. Madrid: Taurus.

Bustamante, J.A. (2011). *Collective Narrative Practice: «Reclaiming our life from the influence of depression, Collective Document and Testimony of the elderly people of Glorias Navales Chile* [https://www.researchgate.net/publication/220016089].

Chimpén, C. (2013). De la terapia narrativa familiar a las prácticas narrativas colectivas. *Psyciencia*, 1-22 [https://www.psyciencia.com/de-la-terapia-narrativa-familiar-a-las-practicas-narrativas-colectivas/]

—, Conde, D., Ferrer, M. y Juárez, L.M. (2022). *Terapia narrativa en la práctica: ampliando historias de resistencia*. Madrid: McGraw-Hill.

Cooper, M. y McLeod, J. (2007). A pluralistic framework for counselling and psychotherapy: Implications for research. *Counselling and Psychotherapy Research*, *7*(3), 135-143 [https://doi.org/10.1080/14733140701566282].

Denborough, D. (2008). *Collective Narrative Practice: Responding to individuals, groups, and communities who have experienced trauma*. Adelaida: Dulwich Centre Publications.

— (2010). *Kite of Life: From intergenerational conflict to intergenerational alliance*. Adelaida: Dulwich Centre Foundation.

— (2011). Resonance, rich description and socialhistorical healing: The use of collective narrative practice in Srebrenica. *International Journal of Narrative Therapy and Community Work*, *3*, 27-42.

— (2014). Una línea histórica de la práctica narrativa colectiva: Una historia de ideas, proyectos sociales y colaboraciones (1.ª parte). *Revista de Psicología. Procesos psicológicos psicosociales*, Universidad Veracruzana.

Elkaïm, M. (1989). *Las prácticas de la terapia en red*. Barcelona: Gedisa.

Guattari, F. y Rolnik, S. (2006). *Micropolítica. Cartografías del deseo*. Madrid: Traficantes de Sueños.

Hoffman, L. (1990). *Fundamentos de la terapia familiar*. Ciudad de México: fce.

Lewin, K. (1952). *Field Theory in Social Science*. Nueva York: Harper & Row [trad. cast.: *La teoría del campo en la ciencia social*, Barcelona, Paidós, 1988].

Lindemann, E. (1979). *Beyond grief: Studies in crisis intervention*. Nueva York: Jason Aronson.

McDowell, T., Knudson-Martin, C. y Bermúdez, J.M. (2019). Third-order thinking in family therapy: Addressing social justice across family therapy practice. *Family Process*, *58*(1), 9-22 [https://doi.org/10.1111/famp.12383]

Medina, R. (2022). *La terapia familiar de tercer orden: del amor indignado al diálogo solidario*. Madrid: Morata.

Molina, J.L. (2001). *El análisis de redes sociales: aplicaciones al estudio de la cultura en las organizaciones* [tesis doctoral]. Barcelona: Universidad Autónoma de Barcelona.

Montero, M. (2003). *Teoría y práctica de la psicología comunitaria*. Buenos Aires: Paidós.

Moreno, J.L. (1966). *Psicoterapia de grupos y psicodrama*. Ciudad de México: fce.

Ortega, A. (2021). Prácticas narrativas para (re)narrarnos desde la dignidad. *Periodistas de a pie* [https://periodistasdeapie.org.mx/2021/08/23/practicas-narrativas-para-renarrarnos-desde-la-dignidad/].

Pupavac, V. (2002). Pathologizing populations and colonizing minds: International psychosocial programs in Kosovo. *Alternatives, 27*(4), 489-511.

Roll, A.P., Mira, E., Idárraga, L. y Cárdenas, M. (2017). Noción del diálogo en la terapia comunitaria. *Revista Universidad Católica Luis Amigó* [http://www.funlam.edu.co/revistas/index.php/RULuisAmigo/article/view/2658].

Seikkula, J. y Olson, M. (2003). The open dialogue approach to acute psychosis: Its poetics and micropolitics. *Family Process, 42*(3), 403-418 [https://doi.org/10.1111/j.1545-5300.2003.00403.x].

— y Arnkil, T.E. (2016). *Diálogos terapéuticos en la red social*. Barcelona: Herder.

Sluzki, C. (1994). Violencia familiar y violencia política. Implicaciones terapéuticas de un modelo general. En D.F. Schnitman (ed.), *Nuevos paradigmas, cultura y subjetividad* (pp. 351-370). Buenos Aires: Paidós.

— (1998). *La red social. Frontera de la práctica sistémica*. Ciudad de México: Gedisa.

Smith, D.E. (1993). The Standard North American Family. *Journal of Family, 14*, 50-65 [https://doi.org/10.1177/0192513X93014001005].

Speck, R.V. (1989). La intervención de red social: las terapias de red, teoría y desarrollo. En M. Elkaïm (ed.), *Las prácticas de la terapia en red* (pp. 20-39). Barcelona: Gedisa.

— y Attneave, C.L. (2000). *Redes familiares*. Buenos Aires: Amorrortu.

Suárez, E.N., De la Jara, A.M. y Márquez, C.V. (2011). Trabajo comunitario y resiliencia social. En M. Munist, E.N. Suárez, D. Krauskopf y T.S. Silber (eds.), *Adolescencias y resiliencia* (pp. 81-108). Buenos Aires: Paidós.

White, M. (2002a). *Reescribir la vida: entrevistas y ensayos*. Barcelona: Gedisa.

— (2002b). *El enfoque narrativo en la experiencia de los terapeutas*. Barcelona: Gedisa.
— y Epston, D. (1993). *Medios narrativos para fines terapéuticos*. Barcelona: Gedisa.
— y Denborough, D. (1998). *Introducing Narrative Therapy: A collection of practice-based writings*. Adelaida: Dulwich Centre Publications.

9. Entre dos aguas: violencia machista, familias y red

Clara Linares

Nadar entre dos aguas
Expresión de origen marítimo,
en referencia a la peligrosa confluencia de corrientes
provocada por un río que desemboca en el mar.

La violencia machista ha permanecido oculta y consentida, incluso justificada, durante siglos. A lo largo de la historia moderna, los feminismos han ido ocupándose de las desigualdades y discriminaciones que afectan a las mujeres. En el siglo XXI se ha puesto el foco en esta violencia; en el imaginario colectivo se ha transformado en un problema social que hay que erradicar, se han aprobado leyes que la definen como un delito, se han establecido los derechos de las mujeres y creado dispositivos especializados para su protección y atención. En este proceso, la atención a los hijos e hijas ha avanzado a menor velocidad (de forma coherente con otros ámbitos, si tenemos en cuenta que la infancia no fue considerada como sujeto de derecho hasta el siglo XX). Los cambios sociales y legislativos (tanto las leyes de protección a la infancia como las de lucha contra la violencia machista) han definido un marco en el que la violencia machista en el ámbito de la pareja se considera una situación de riesgo para los hijos, estos son víctimas principales, presentando avances para garantizar sus derechos y desarrollando programas para su recuperación, integrados en los servicios de ayuda a sus madres (Alemany *et al.*, 2012).

En Cataluña, la protección a la infancia en situación de riesgo se ejerce por dos vías: la administrativa y la judicial, esta última en un lugar jerárquico superior. En el abordaje administrativo (servicios sociales básicos, equipos de atención a la infancia y adolescencia) hay un vacío (que se desprende de la aplicación de la ley) cuando los progenitores están separados y uno ejerce maltrato sobre los hijos pero el otro es bientratante o protector: o se suspende la guarda de ambos progenitores, o de ninguno. En estas situaciones, los equipos sociales de protección se encuentran en posición compleja: asisten al riesgo y maltrato leve-medio por parte de un progenitor, sin que puedan regular las visitas ni la custodia, y tienen que orientar al otro a que solicite la modificación del convenio regulador por vía judicial civil. Esta es la tesitura de las madres que han vivido violencia por parte de su pareja cuando se separan si sus hijos, en las visitas con los padres, son maltratados por estos. Algunas de estas madres tienen miedo de emprender acciones que puedan provocar la ira de la persona que las maltrató, como solicitar la custodia de sus hijos. Además, la vía judicial civil (que actúa para regular el convenio cuando los progenitores no se ponen de acuerdo con la custodia y las visitas de los hijos y solicitan un régimen determinado) es muy lenta.

Otra vía de protección puede ser la penal, que, cuando hay una denuncia por maltrato en casos de violencia machista o maltrato infantil, puede regular la guarda. Pero un problema que encontramos en esta vía es que el maltrato, especialmente el psicológico, es muy difícil de demostrar judicialmente. Y sabemos bien que, salvo en situaciones extremas de violencia física, puede ser tan o más dañino que esta.

Muchos hijos de familias en las que se da violencia en la pareja viven en una situación de desprotección; incluso más, paradójicamente, cuando sus madres dan el paso de separarse como forma de poner fin a la relación (Lizana, 2015). Este es un ejemplo, entre muchos otros, de un asunto que, así como la dimensión legal es necesaria para garantizar los derechos de las personas afectadas, no se puede abordar solamente desde el ámbito judicial. La violencia machista es un problema social que requiere de un abordaje integrado desde los diferentes sectores implicados en cada caso concreto.

La intervención

Una primera dificultad que encontramos para diseñar programas de intervención terapéutica que abarquen la complejidad y que gocen de consenso entre diferentes sectores es la propia definición del concepto «violencia machista». ¿Es una vulneración de los derechos humanos? ¿Es un delito? ¿Es un problema relacional? No responderemos aquí a estas preguntas, pero sí afirmaremos que no debemos quedarnos con una sola dimensión. En este capítulo usaremos el término *violencia machista* de acuerdo con la Ley 17/2020, de 22 de diciembre, de modificación de la Ley 5/2008, del derecho de las mujeres a erradicar la violencia machista (Comunidad Autónoma de Cataluña), porque va más allá de la violencia ejercida por la pareja o la expareja y se centra en la idea de estructura social basada en la violencia perpetrada a causa del patriarcado. Cuando definimos un concepto, se abren nuevos interrogantes. ¿Cómo nos referimos a la violencia en parejas heterodivergentes? ¿Cómo abordamos la violencia de una mujer hacia un hombre? ¿Que se dé violencia machista en una familia excluye que se den otras formas de violencia?

Para comprender cómo operan las violencias machistas, cómo prevenirlas y cómo repararlas hay que ampliar el foco más allá del marco del conflicto intersubjetivo y particular, entendiendo que se trata de una problemática política, social, económica y simbólica global y estructural (Departament d'Igualtat i Feminismes, 2022). Mujeres, hombres, niños y adolescentes no son colectivos homogéneos. Para comprender las conductas de dominio, control y abuso de poder, además de la construcción social del género y los procesos de socialización de hombres y mujeres, debemos incorporar los diferentes ejes de desigualdades sociales (como el género, la raza, la etnia, la clase social, la educación, la orientación sexual, la discapacidad o la edad, entre otros) que intersecan. Desde un enfoque interseccional, hay que considerar que todas las personas están situadas en todos los ejes de desigualdad, simultáneamente, en posiciones de opresión y de privilegio, por lo que no hay situaciones neutras, dado que aquellas condicionan la forma en que se relacionan. Por eso decimos que una mujer blanca homosexual de clase social alta puede estar en situaciones de privilegio en algunos ejes y, en otros, de opresión. Sin tener en cuenta estas cuestiones y la manera concreta en que se interrelacionan y se materializan en cada caso, no se puede comprender qué ha provocado una situación en la que se da violencia en una familia, ni tampoco se podrán encontrar las formas de hacerle frente (Collins, 2000; Crenshaw, 1989; Rodó-Zárate, 2021; Yuval-Davis, 2011; Departament d'Igualtat i Feminismes, 2022).

La segunda dificultad es el posicionamiento con respecto a cómo luchar para llegar a poner fin a dicha violencia. Los distintos sectores interpelados en el trabajo para la erradicación de la violencia machista (social, sanitario, educativo, judicial, policial, político, administrativo, ocupacional, cultural, etc.) están de acuerdo en la meta pero, lógicamente, difieren en los medios para alcanzarla porque competen a ámbitos diferentes. La intersección entre niveles diversos, tan necesaria para poder dar respuestas integradas, tiene implicaciones importantes en la conceptualización de la intervención terapéutica con familias: en cómo se hace terapia y para qué. El espacio terapéutico tiene que darse en un marco simbólico de seguridad interpersonal en el que no se continúen dando conductas violentas, en esto no hay conflicto. Pero hay preguntas que se convierten en debates, e incluso en planteamientos contrapuestos. ¿Cuál es la finalidad de la terapia? ¿Que la mujer se separe? ¿Que cese la violencia? ¿Cómo se plantea la intervención con los hombres que maltratan? ¿Merecen ser ayudados? ¿Hay que priorizar el cese de la violencia machista por encima de otros tipos de violencia? El posicionamiento de la autora es que la violencia en las relaciones interpersonales es, eminentemente, destructiva. En una dimensión política, hay que luchar para que la sociedad no perpetúe estructuras que acaban ejerciendo violencia sobre los individuos, como las desigualdades sociales y, entre ellas, las de género. En una dimensión terapéutica (que es, también, política), hay que trabajar para que en las relaciones familiares no se dé violencia (ni machista ni de ningún otro tipo), para sanar a las personas heridas y para sanar también a las personas que hieren. La perspectiva feminista, la justicia social y el modelo sistémico deben integrarse para este fin.

El diálogo alrededor de la violencia machista entre el enfoque sistémico y el feminista en ocasiones ha sido conflictivo, defensivo y excluyente. Algunas de las críticas del feminismo a la terapia familiar han sido, en el pasado, por tener dificultades en reconocer la violencia, el abuso y el control, y por qué posición adopta (Avis, 1988; Bograd, 1986; Garrido y García-Cubillana, 2005; Libow, 1985). Algunas críticas de la terapia familiar a algunos feminismos han sido por confundir «la comprensión de las dinámicas relacionales» con «justificarlas», y por pretender, en el nivel terapéutico, castigar a los agresores en lugar de invertir en el cambio de las dinámicas relacionales.

Estas críticas han llevado a varias reservas con respecto a la idoneidad de la teoría sistémica para tratar la violencia familiar, reflejando una preocupación importante por la seguridad y el bienestar de las víctimas de violencia en el ámbito familiar. A pesar de que las preocupaciones expresadas por los críticos de la teoría sistémica son muy importantes, se basan principalmente en un argumento filosófico más que en hechos empíricos. Hasta la fecha, no hay evidencia concluyente de que los abordajes sistémicos para tratar las cuestiones relativas a la violencia familiar no sean efectivos. Sin embargo, la capacidad de los terapeutas de pareja y familiares como profesión para desarrollar esta evidencia está actualmente desautorizada por algunas regulaciones estatales (por ejemplo en Estados Unidos) y el saber convencional, que no permiten (o, según el contexto, desconfían de) la aplicación de la teoría sistémica a la práctica terapéutica y la investigación en el ámbito de la violencia familiar, especialmente en programas de intervención para agresores. Existen limitaciones potenciales que surgen al excluir la teoría sistémica de los ámbitos de la teoría, la práctica y la investigación en el campo de la violencia familiar, entre otras, obstáculos al proceso científico en investigación sobre violencia familiar, limitaciones de la efectividad del tratamiento y atención inadecuada a la dimensión intergeneracional de transmisión de la violencia (Murray, 2006; Rosenbaum, 1988; Rotter y Houston, 1999).

La terapia familiar y el modelo sistémico iniciales del siglo XX no son los mismos que en la actualidad. A lo largo de esta evolución, además de conflicto, se ha producido un diálogo muy interesante y enriquecedor con el feminismo, recibiendo críticas que han sido un revulsivo, han propiciado la incorporación de una perspectiva de género en la mirada sistémica y han generado enfoques como la terapia familiar feminista (Goodrich *et al.*, 1989; Walters *et al.*, 1991). Además, la emergencia de la perspectiva interseccional en el marco teórico, político y profesional añade una complejidad que proporciona más puntos de encuentro en la comprensión de las violencias machistas en las familias y sus causas estructurales (George y Stith, 2014).

Aunque no existe un tipo de persona agresora ni de familia en la que se da violencia, la violencia no se da en cualquier familia. El enfoque sistémico ayuda a comprender algunas características que suelen ser aspectos redundantes, como los límites poco claros, las coaliciones, las dificultades comunicativas y de negociación y las jerarquías abusivas o alteradas. Sin embargo, al hablar de «dinámica familiar» no debe entenderse que la familia sea la causa fundamental del problema de la violencia machista, sino que es el contexto en el que confluyen las historias transgeneracionales y los elementos macrocontextuales de una sociedad patriarcal en la que el sexismo y la violencia son elementos culturales que se manifiestan en las relaciones de poder familiares (Garrido y García-Cubillana, 2005).

Desde el conocimiento de las dinámicas familiares y del mundo relacional que proporciona la práctica terapéutica, sabemos que entre el blanco y el negro hay muchos grises y que las realidades de las familias están llenas de matices; que el maltrato puede aparecer en las relaciones en algunas ocasiones de forma puntual o leve, o que puede configurar patrones crónicos; que puede ser lineal o bidireccional; que puede haber situaciones en las que los hijos queden preservados o que una mujer que sufre violencia mantenga sus capacidades «marentales» conservadas; que los vínculos afectivos de los hijos con sus padres maltratantes no deben ignorarse, y hay decisiones que no pueden tomarse a la ligera, como la interrupción del contacto. Ahora bien, en muchas situaciones sigue operando el mito «aunque un hombre maltrate a la madre de sus hijos, puede ser un buen padre», sin valorar de forma apropiada el impacto que puede tener en estos. Aunque sea un padre cariñoso, protector, proveedor, implicado, si el trato que da a la madre de sus hijos la daña, perjudica su imagen ante ellos y les da un ejemplo de trato irrespetuoso, los asusta, estresa o entristece, o los utiliza o manipula para perjudicarla, está maltratando también a sus hijos. Sería un ejemplo de cómo una parentalidad primariamente conservada puede verse secundariamente deteriorada por una conyugalidad disarmónica (Linares, 2012).

No obstante, muchos elementos personales, vinculares y biográficos que favorecen la emergencia de violencia en una pareja, también se ponen en juego en la parentalidad. Así, los hijos de familias en las que se da violencia machista, además de asistir a esta, tienen una probabilidad más alta de ser maltratados también directamente por el padre. Los hijos de estas familias son considerados víctimas principales, tanto si reciben directamente actos violentos como si no, si viven en un entorno familiar impregnado de tensión y maltrato y son testigos de las agresiones sobre sus figuras de apego (las madres), a menudo por parte de sus, también, figuras de apego (los padres). La exposición prolongada a situaciones crónicas de maltrato, que dejan a los hijos asustados y sin una figura significativa disponible para ayudarles a organizar sus emociones, puede conllevar la cristalización del llamado trauma complejo, la internalización de estas relaciones como inseguras y de las figuras de apego como víctimas o victimarias, con la peligrosa posibilidad de identificación con ellas, que es el caldo de cultivo para la posterior repetición de roles y la transmisión intergeneracional de la violencia y el trauma (Cancrini, 2021; Cirillo, 2012; Pitillas, 2021).

Una gran ventaja del enfoque sistémico actual, con las aportaciones recibidas por parte del ecológico (Bronfenbrenner, 1987), es la capacidad de análisis global y, a la vez, de intervención en diferentes niveles de relación. Así pues, habiendo realizado los pasos e intervenciones necesarios para detener la violencia, priorizando la seguridad y la protección, estableciendo límites firmes contra el abuso de poder, y la búsqueda de alternativas claras frente al comportamiento violento, nos permite valorar cuál es la estrategia terapéutica más adecuada para una determinada familia, que es única e irrepetible. En el terreno de la violencia machista en el ámbito familiar, esto se traduce en valorar, ateniéndonos a criterios técnicos, si el tratamiento debe ser conjunto o separado de todos los actores y afectados por la violencia. Es decir, intervenir sistémicamente en estas situaciones no equivale a realizar terapia familiar o de pareja necesariamente (no siempre pueden ser tratados todos los miembros de la familia en conjunto). Intervenir eco-sistémicamente significa no perder al conjunto de la familia en nuestra cabeza, y ver qué *teclas* se deben tocar para responder a sus necesidades de cara al tratamiento, la reparación y la recuperación de sus miembros, así como la mejora de las relaciones, dando un giro importante de la orientación de «el rescate de los niños» al concepto de «ayuda a la familia» (Cancrini, 2021; Cirillo, 2012; Garrido y García-Cubillana, 2005; Gil, 1997; Linares, 2012; Minuchin, 1991).

En este terreno tan delicado y pantanoso, hay algunas iniciativas interesantísimas que, siguiendo estos principios, han apostado por un tipo de intervención terapéutica sistémica con una sensibilidad y atención especiales hacia los hijos en estas situaciones. Son propuestas que priorizan la seguridad de mujeres e hijos, incluyen (si se puede) a los hombres-padres que maltratan, trabajan por la responsabilización y la reparación del daño, intervienen en la coparentalidad y se adaptan a situaciones familiares diversas (por ejemplo, tanto si la mujer decide separarse de su pareja como si no). Algunos ejemplos son Reading Safer Families Project (Cooper y Vetere, 2005), Fathers for Change (Stover, 2013), The Marlborough Model (Asen, *et al.*, 2001).

Caso clínico

Contexto de trabajo

El caso que aquí presentamos fue tratado en un dispositivo municipal de la ciudad de Barcelona especializado en la atención integral de mujeres, niños y adolescentes que viven o han vivido una situación de violencia machista.

Llegada al servicio

> Miquel y Estefanía mantuvieron una relación sentimental, fruto de la cual nacieron Sofía y Diego.
>
> La pareja se separó en agosto de 2019; en ese momento, sus hijos tenían 9 y 7 años, respectivamente. En septiembre, Miquel agredió a Estefanía en presencia de sus hijos. En enero de 2020 ella puso una denuncia contra él por violencia machista, y acudió por primera vez a nuestro servicio en febrero, orientada por la policía. Como es habitual en nuestra práctica, se procedió a valorar el riesgo de que ocurrieran nuevas agresiones físicas. El riesgo era bajo, así que Estefanía no fue a una casa de acogida sino que siguió con su vida y rutinas. Se le ofreció atención psicológica ambulatoria para ella en nuestro centro, abriéndose un contexto terapéutico (Alegret, 2012).
>
> A raíz de la denuncia interpuesta, se abrió un procedimiento penal en el juzgado de violencia sobre la mujer.

La legislación vigente considera la violencia machista como un factor de riesgo para el sano desarrollo de los hijos. Así pues, cuando se pone una denuncia, el juzgado lo comunica a las instancias de protección a la infancia (Fiscalía de Menores y Dirección General de Atención a la Infancia y Adolescencia) y se abre un expediente de riesgo de los hijos (contexto de control). Protección a la Infancia encarga a alguno de los servicios del paraguas de servicios sociales para estudiar la situación de los menores, como servicios sociales básicos, los equipos de atención a la infancia y adolescencia (EAIA) o al servicio de atención, recuperación y acogida (nosotros). Al finalizar, se emite un informe para Protección a la Infancia con la valoración del riesgo y las medidas que se llevarán a cabo para rebajarlo y en pro del bienestar de los menores. Este circuito de información es, básicamente, burocrático: nos llega la petición de información y la enviamos por correo electrónico, no hay ningún contacto interpersonal.

Dado que Estefanía estaba empezando a ser atendida por nuestro servicio, fuimos recomendados para el estudio del riesgo de Sofía y Diego. Esta circunstancia nos puso en un lugar ambiguo en la relación profesional con la mujer, porque transforma el contexto de ayuda propio de nuestro servicio (terapéutico, asistencial) en un contexto de control mientras dura la exploración de oficio.

Se añade otro factor de complejidad: la inclusión del padre (cuando este es el agresor) en la exploración de oficio. Nuestros protocolos están diseñados en términos de contexto de ayuda para la mujer y no contemplan «trabajar con el agresor». Pero la valoración de la situación de riesgo de los menores requiere explorar al padre y la relación paterno-filial. ¿Cómo se resuelve esta doble demanda? Se distribuye la exploración: nuestro servicio se encarga de la madre, de los hijos y de la relación materno-filial; el servicio municipal de atención a hombres se encarga, por parte de un tándem de psicólogas, del padre; ambos servicios hacemos juntos la valoración final y elaboramos un único informe para enviar a Protección a la Infancia.

Aquí nos encontramos con una doble escisión. Por un lado, por llevar a cabo una exploración por parte de dos servicios diferentes y extraer conclusiones acerca de las relaciones que se dan en una familia. Por otro lado, en el servicio de atención a hombres no ven a los hijos de los padres que atienden, ni solos ni con el padre (aunque vivan con ellos o tengan visitas). Con muy buena voluntad y un gran esfuerzo, nos encontramos en una sesión de trabajo los cuatro profesionales que hemos realizado la exploración (educador/a social y psicólogo/a por la madre e hijos, dos psicólogos/as por el padre), intercambiamos impresiones y pensamos el plan de intervención a proponer a la familia. Es un encuentro agradable, sintónico, somos dos servicios que nos reconocemos mutuamente, con la misma misión y la misma ideología: combatir la violencia machista, reparar sus efectos, prevenir su repetición. Es difícil divergir: estamos muy cerca y, a la vez, no nos solapamos.

Este planteamiento escindido, desde mi punto de vista, es poco funcional por diferentes motivos. Para empezar, en el nivel organizativo, consume recursos temporales de profesionales, por aumentar la necesidad de coordinación. En el nivel técnico, la valoración de una familia por parte de dos equipos diferentes puede introducir elementos de parcialidad difíciles de salvar. ¿Cómo se valoran las relaciones familiares y las habilidades parentales sin conocer a todos los implicados u observar la interacción (siempre y cuando no haya un riesgo físico o relacional para las personas)? ¿Cómo se valora el vínculo de los hijos y el padre? ¿Cómo se confrontan los mecanismos de negación y minimización, tan habituales en las situaciones de maltrato? Aunque sea posible, es más difícil y costoso que si lo hiciera un solo equipo, y puede proporcionar una información incompleta. Además, se pierde la oportunidad de, una vez finalizada la valoración, trabajar con la fuerza de la experiencia y el conocimiento directo de todos los miembros de la familia y la perspectiva de la globalidad. Con el padre agresor, una demanda de intervención para el cambio (es decir, una derivación a un espacio terapéutico) con mayor solidez y credibilidad proporcionadas por el testigo directo de las personas afectadas (madre e hijos). Con la madre, una perspectiva realista del padre de sus hijos y de su propio papel con estos. Con los hijos, el duelo por el padre que no es y la integración del padre real que tienen.

La familia

Progenitores

> Miquel trabajaba en el sector de servicios. Era el séptimo de una fratría de ocho hermanos y hermanas, con los que describía una relación ciertamente distante con contactos puntuales, aunque señaló que se ofrecían apoyo en caso necesario. En cuanto a sus padres, su padre había muerto veintidós años atrás y su madre vivía en una residencia geriátrica desde hacía un par de años. Convivía con su pareja actual, madre de dos hijos de una relación anterior, desde que se rompió la pareja con Estefanía. Con respecto a la salud, a raíz de la muerte de su padre y la afectación emocional que esto supuso, inició un consumo de cocaína, según él en un contexto lúdico y social durante su juventud, que abandonó sin requerir apoyo profesional. Sin embargo, a partir de la separación conyugal, inició terapia psicológica individual.

Estefanía trabajaba como esteticista. De su familia de origen, era la tercera de una fratría de cuatro y describía unas relaciones familiares cercanas y con contacto diario con los distintos miembros, incluido con su madre y las dos hermanas que vivían en un país de Sudamérica. Asimismo, indicó que tenía una relación frecuente y de apoyo con su hermano, quien residía cerca de su domicilio y le ayudaba a compaginar la esfera laboral con la atención de sus hijos.

Historia de la familia

Ambos describieron unos inicios de pareja caracterizados por el enamoramiento, guardaban buenos recuerdos. Durante el noviazgo, Estefanía recuerda un buen trato por parte de Miquel. Empezaron enseguida la convivencia, y a los pocos meses de estar juntos decidieron ser padres, quedando ella pronto embarazada de Sofía. En cuanto a la organización familiar, tenían una distribución tradicional de roles de género, ella a cargo de los hijos y él trabajando fuera del domicilio, con una amplia jornada para cubrir los gastos familiares. Según Estefanía, ya a los pocos meses se dieron situaciones de desprecio y violencia verbal de Miquel hacia ella, que ella relacionó con el consumo de sustancias.

Con el transcurso de los años, él empezó a mostrarse impulsivo y con una actitud agresiva. Miquel tenía un bar de copas y trabajaba por las noches, lo que suponía un rol ausente en la cotidianidad familiar y en la crianza de los hijos. En ese contexto, principalmente los fines de semana, llegaba a casa bajo los efectos del alcohol y la cocaína. Pese a las promesas de cambio, continuaba con un consumo activo de alcohol y presentaba oscilaciones constantes entre un ánimo agradable y mostrarse frío y distante. Con respecto a la dinámica conyugal, Miquel mencionó divergencias en relación con que Estefanía le solía reprochar que al salir del trabajo fuera a tomar alguna cerveza, o que los domingos que no trabajaba quisiera descansar porque estaba cansado de la semana laboral. Consideraba que faltó el diálogo entre ellos y que la relación se fue deteriorando paulatinamente.

Destacó un punto de inflexión en el año 2012, cuando Estefanía volvió a quedarse embarazada y él manifestó la imposibilidad de asumir económicamente un miembro más en la familia. Así, explicó que Estefanía, a regañadientes, interrumpió el embarazo. Según él, no pudo perdonarlo, entró en un estado emocional depresivo a raíz de este hecho y ella le planteó la separación.

Estefanía narró que, con el transcurso de los años, él se fue mostrando más impulsivo y con reacciones más agresivas hacia ella, por lo que decidió separarse. Se separaron por primera vez en 2014, cuando Diego tenía un año y medio. Durante ese primer período de ruptura, describió una actitud de Miquel controladora y caracterizada por insultos, amenazas, conductas de acoso y un comportamiento invasivo de su intimidad, con agresiones físicas. Sin embargo, expresó que no consideró necesario formular ninguna denuncia contra él y, a los ocho meses, decidió reanudar la relación, ante las promesas de cambio de Miquel y para poder ofrecer a sus hijos un entorno familiar con la presencia de su padre.

Él cambió de trabajo, ante la demanda de Sofía, quien requería de una mayor presencia en la cotidianidad filial. Sin embargo, reconoció que no tenía sentimientos de pareja hacia Estefanía, y describía una dinámica relacional distante. Con el tiempo, y de forma inconsciente, ella fue cogiéndole miedo y perdió los sentimientos amorosos hacia él, si bien sostenía el deseo de ofrecer una familia a sus hijos. Sin embargo, especificó que Miquel mantenía un rol periférico sin participar de la cotidianidad familiar, y describió un ciclo de violencia verbal y física y arrepentimiento.

Miquel explicó que en este contexto conoció a una tercera persona, lo que conllevó la ruptura cuando Estefanía se enteró. Él, en relación con esta situación, reconocía su equivocación en cuanto a la forma de hacer las cosas. Ella expresó que Miquel, ante su negativa a continuar con la relación de pareja, tuvo un comportamiento desajustado, con insultos, amenazas e intimidación en su domicilio, incluso en presencia de sus hijos.

Postseparación

En julio de 2019 se dio la separación definitiva. Según Estefanía, desde la separación se produjeron repetidos episodios de violencia verbal y psicológica, dándose también en los intercambios con los hijos, acoso telefónico a través de los niños, así como un episodio de violencia ambiental (golpes en la puerta del domicilio) y física (cogerla del cuello) ante ellos.

Tras separarse, acordaron una organización familiar consistente en que la madre acompañaba a los niños a la escuela y el padre los recogía y pasaba la tarde con ellos, así como fines de semana alternos. Esta organización se mantuvo hasta marzo de 2020, momento en que se decretó el confinamiento por la pandemia de COVID-19. A partir de ahí, el padre decidió no realizar visitas con sus hijos, dado que él trabajaba en un sector que podía implicar riesgos de contagio. Sin embargo, los saludaba desde la calle y les llevaba comida. Con posterioridad, reanudaron el contacto y restablecieron la distribución anterior. En agosto de 2020 Sofía manifestó su voluntad de no quedarse a dormir con él, demanda que respetó, así como que Diego tampoco se quedara si no lo hacía la hermana. Se mantuvieron los contactos aunque sin pernoctas con él. Con respecto a los posibles motivos de la hija, él no identificaba ningún incidente o actitud que pudiera acarrear la negativa de la hija a pernoctar con él, más allá de una salida con amigos que hicieron, y a Sofía le costó conciliar el sueño.

Los hijos

En la exploración de los hijos se detectó que habían presenciado episodios de violencia verbal, psicológica, física y ambiental hacia la madre, que los mantenían en un estado de alerta y sentían que tenían que protegerla de una posible agresión física por parte del padre. Se encontraban en un proceso de adaptación emocional a la nueva configuración familiar (separación de los padres, nuevas parejas, hijos de estas), dificultada por la mala relación actual entre los padres, las situaciones altamente estresantes vividas en el pasado, así como su relación ambivalente con el padre. Se apreciaba, por un lado, una vinculación afectiva con él, a quien tenían referenciado como figura paterna y con quien les gustaba realizar actividades lúdicas. Por otra parte, se detectó desconfianza debido a su inestabilidad, la imprevisibilidad de sus reacciones airadas e intimidantes, el miedo a que se enfadara mucho con ellos por cuestiones cotidianas leves, la angustia a la hora de pernoctar en su domicilio y a no poder dormirse, el temor a que hiciera daño a la madre, el malestar cuando se sentían presionados, culpabilizados, chantajeados o conflictuados por mensajes negativos del padre. Querían verlo, pero que estuviera «tranquilo».

Sofía (9 años) era una niña con una muy buena capacidad de expresión y un buen funcionamiento general. En ocasiones tenía conductas más adultas que las que le corresponderían por edad, y adoptaba un rol protector de la madre respecto al padre, así como de «portavoz de los hermanos», verbalizando al padre algunas de las conductas que los hacían sentir mal, y habiéndose visto resentida la relación con él por ese motivo. Había presentado tristeza, irritabilidad, explosiones de rabia, ansiedad, insomnio, pesadillas y enuresis nocturna.

Diego (8 años) era un niño más bien inquieto y emocional, cariñoso y sociable, con un buen funcionamiento general. Había presentado síntomas de irritabilidad, agresividad, ansiedad e insomnio.

Indicamos las siguientes actuaciones:

- Mantenimiento del espacio de atención psicológica de los menores.
- Mantenimiento del espacio de atención psicológica de la madre.
- Apertura de un espacio de intervención de mejora de las habilidades parentales con el padre.
- Seguimiento de las conductas del padre y de la relación parento-filial durante un período posterior a los juicios pendientes. Condicionamiento de las pernoctas y visitas

con el padre a una positiva evolución del estado emocional de los menores.

En noviembre de 2020, una vez terminada la exploración, enviamos el informe a Protección a la Infancia y cerramos el contexto de control de nuestro servicio. En la devolución que le habían hecho a Miquel en el servicio de atención a hombres, le habían aconsejado y ofrecido un espacio terapéutico para mejorar sus habilidades parentales, pero él declinó, argumentando que ya tenía su terapia privada. Sin embargo, no se había realizado ningún contacto con su terapeuta. Como consideramos que Sofía y Diego necesitaban un espacio terapéutico, decidimos que fuera yo la psicóloga que se ocupara de este, dado que ellos ya me conocían. Me informaron de que el padre les preguntaba acerca de las visitas conmigo. Decidí contactar directamente con él. En mi servicio no podemos «trabajar con el padre» pero sí «explorar al padre», así que me acogí al protocolo: establece que debería tener tres entrevistas conjuntas con él en el servicio de atención a hombres (¡otra vez!), junto con una psicóloga del programa para padres (diferente a las psicólogas que hicieron la exploración de oficio). Lo llamé por teléfono para presentarme y citarlo. Me encontré a un hombre explícitamente molesto —«estás tratando a mis hijos sin que nadie me haya dicho nada»—, que rechazó que nos encontráramos en el servicio de atención a hombres porque él ya tenía su psicóloga privada. Decidí citarlo en otro lugar: un espacio que tenemos a disposición para entrevistas y que me pareció que sería un sitio neutral. Me dirigí a la primera entrevista con él con cierto nerviosismo. Por la tarde no hay personal de seguridad, y no sabía con qué hombre me iba a encontrar. Tuve el impulso de llamar a una compañera para que supiera dónde estaba; acordamos que cuando acabara la entrevista la volvería a llamar. Este plan me dio un poco de seguridad.

Me encontré a un hombre enfadado con el mundo, y especialmente con mi servicio. No se identificaba como maltratador, obviamente, y no entendía ni aceptaba que sus hijos fueran atendidos en un servicio que atendía a mujeres que habían vivido violencia machista, y encima «sin que nadie le haya dicho nada». Intenté aclararle algunos puntos: la exploración que realicé con sus hijos era de oficio; es decir, que tanto los servicios, como sus hijos, su madre y él, estamos obligados a hacerla por mandato de un ente jerárquicamente superior, como es Protección a la Infancia y Justicia; que, una vez terminada la exploración, lo había citado precisamente para compartir con él mis impresiones acerca de sus hijos, así como para conocer su perspectiva como padre; y que todavía no había empezado a tratar a sus hijos. Pero estaba muy posicionado en un lugar de víctima de la situación y mis argumentos no lo convencieron. Legitimé la desconfianza que pudiera sentir, me desvinculé del proceso judicial en el que estaba inmerso con Estefanía, me situé como psicóloga de los niños, y, desde su vinculación como padre, le propuse una colaboración. Mantuvimos dos o tres entrevistas, en las que hablamos de sus hijos; él podía expresar sus quejas hacia la madre y los factores que pensaba que influían negativamente en sus hijos (por ejemplo, que le hablaran negativamente de él en casa de la madre; ser visitados en mi servicio; la separación de los padres), y su preocupación por que sus hijos no querían pernoctar con él. Estábamos en Navidades, y se dio una situación en la que Miquel perdió el control: Sofía estaba seria, él le recriminó que siempre estaba enfadada con él, le preguntó qué le pasaba, la encerró en la habitación con él hasta que no se lo contara, al cerrar la puerta con fuerza se cayó el pomo, el padre se le puso encima gritando, Sofía se asustó mucho, llegó a casa de su madre llorando, esta llamó al padre muy enfadada. Sofía pasó el resto de las vacaciones con la madre sin querer ver a Miquel. En la siguiente entrevista conmigo, Miquel minimizó totalmente lo sucedido. No lo confronté en exceso porque no tenía la seguridad de que, haciéndolo, desprotegiera a Sofía si él se enfada con ella. Acabó reconociendo que a veces era «un poco brusco», aceptó formalmente que yo me constituyera como terapeuta de sus hijos en esta nueva fase de intervención, así como que continuáramos las entrevistas con él en el servicio de atención a hombres.

El protocolo de mi servicio establece que las psicólogas de infancia y adolescencia podemos realizar hasta tres entrevistas con los padres en el servicio de hombres, conjuntas con una psicóloga del servicio (es lo que llamamos «exploración del padre»). Tras estas, el padre debería quedar vinculado a ese servicio, donde seguiría el trabajo centrado en su parentalidad. La psicóloga que lo atiende no conoce a los hijos porque no se realizan sesiones con ellos, ni con el padre ni sin él, aunque sí existe la posibilidad de que ambas psicólogas nos coordinemos para intercambiar sobre los procesos que llevamos. Podemos, también, periódicamente hacer entrevistas con el padre si tiene interés en un seguimiento del proceso terapéutico de sus hijos. Esta es otra escisión del sistema, como la mencionada anteriormente. Y, además, incongruente en los casos en los que hay un régimen de visitas con los hijos. ¿Qué sentido tiene que una psicóloga no pueda trabajar con un padre si después, en casa, se encuentra con los hijos y las interacciones se dan sin ningún tipo de observación ni contención?

Hice el informe de derivación al servicio de hombres, lo envié por email y mi nueva colega y yo hicimos una puesta en común previa, en la que le compartí información actualizada y trazamos los objetivos para las entrevistas conjuntas. Empezamos las tres entrevistas iniciales con el padre (marzo-junio de 2021), muy espaciadas por la dificultad de coordinar las tres agendas y una motivación baja por parte de él. Ya había establecido una línea de comunicación con él por email, así que hice de nexo entre él y mi colega. En estas entrevistas, estuve presente pero con un papel secundario.

Estefanía y Miquel estaban en pleno proceso judicial, lo cual era muy mal momento para una intervención terapéutica: las posiciones estaban polarizadas en un clima de confrontación, sería muy difícil promover la autocrítica y aceptar malas actuaciones propias para buscar un cambio, y era fácil que me pusiera en el «bando enemigo». Pero había unos hijos que estaban sufriendo, los tiempos judiciales a veces son muy largos, teníamos a un padre que quería a sus hijos y quería información; así que tuve la expectativa de que la motivación de querer demostrar que era un buen padre y el interés en ellos facilitara que se vinculara al servicio, pudiera concluir que él pudiera obtener algo interesante de un proceso de intervención, y mejorara su parentalidad. No reconocía haber tenido conductas violentas con la madre ni con los hijos, pero expresaba preocupación por su relación con estos. Mi colega tenía un estilo más bien racional y contenido en la conducción de la entrevista; yo traté de emitir pocos mensajes pero empáticos, de recoger su conocimiento, perspectiva y preocupaciones de los hijos, y en un momento dado subí la temperatura emocional compartiendo con él los deseos de sus hijos para su familia al cabo de diez años: estar bien. Se emocionó.

Acabamos la tercera entrevista, él aceptó trabajar con mi colega, y con coordinaciones de esta conmigo, la empatía con respecto a sus hijos. Sin embargo, rechazó que habláramos con su psicóloga privada. A partir de ahí, dejé de estar presente en las entrevistas y él dejó de asistir a sus citas. Seguí viendo a Sofía, que me traía ejemplos concretos de situaciones que deberían trabajarse con él, y busqué trasladarlas a mi colega. Durante ese período, mi colega y yo intercambiamos comunicaciones (correos electrónicos y llamadas) con intensidad considerable, que conllevaron una gran inversión de tiempo y esfuerzo por parte de ambas para poder superar los obstáculos organizacionales de nuestros servicios respectivos (horarios diferentes, agendas llenas, etc.). Pero el padre no se había vinculado a su espacio y, en cambio, me escribía por email pidiéndome *feedback* sobre sus hijos; tratamos de trazar conjuntamente una estrategia para ello. Mi colega me ayudó a colocarme en una posición un poco más distante en las respuestas que le daba por email. Al cabo de pocos meses (octubre de 2021), viendo que Miquel estaba más interesado en tener comunicación conmigo como psicóloga que trataba directamente con sus hijos, decidimos juntas cerrar su atención en el servicio para hombres y continuar dándole yo entrevistas de *feedback* en el espacio neutral. Sentí que volvía a quedarme sola con el sufrimiento de Sofía.

En abril de 2021 salió la sentencia del juicio penal por la denuncia de violencia machista: Miquel quedó absuelto por falta de pruebas (Estefanía no quiso, para preservarlos, que los hijos declararan como testigos de las agresiones presenciadas); se establecieron unas medidas civiles provisionales (guarda materna y tres tardes intersemanales y fines de semana sin pernocta con el padre). Miquel salió de este proceso con espíritu vencedor. Tenía gestos vengativos hacia Estefanía, y me costaba más, en las entrevistas periódicas que tenía con él, abrir grietas en sus defensas y minimizaciones. Aun así, no se opuso a que yo continuara atendiendo a sus hijos. Seguimos comunicándonos puntualmente por correo electrónico y teniendo alguna entrevista de *feedback*. Sus emails eran escuetos, directos y exigentes. Sin el componente analógico, me era difícil interpretarlos de un modo útil, y responderlos sin colocarme excesivamente desanimada o simetrizarme. Por suerte, tenía una compañera de trabajo con la que podía compartir los diferentes sucesos, y me ayudó a pensar las respuestas y preparar las entrevistas con él. Fue un apoyo fundamental en esta fase.

Con Estefanía mantuvimos una comunicación por email y por teléfono acerca de sus hijos. Era una mujer amorosa y empática, con un punto sobreprotector. Me compartía cómo estaban anímicamente, cómo regresaban de las visitas con el padre, si había alguna situación en la que él se descontrolaba. También me planteaba cuestiones que le preocupaban como madre: los hermanos peleaban mucho; Sofía no quería ir a dormir a casa de ninguna amiga, ni al revés; ella tenía una nueva pareja y tenía dudas acerca de si debía venir a casa o no, porque los hijos mostraban recelo. Trabajamos acerca de la jerarquía en su papel de madre. Con respecto al padre de sus hijos, ella quería que Miquel tuviera un papel en la vida de sus hijos porque pensaba que era positivo para ellos porque lo querían, pero no a toda costa, sino tratándolos bien. Se alegraba por ellos cuando Miquel tenía una temporada estable y volvían contentos de las visitas, con la esperanza de que se mantuviera así, pero lo decía con desconfianza. Se veía reflejada en ellos en las expectativas de cambio y en la dinámica del círculo de la violencia. A menudo le embargaban emociones intensas y las dudas, porque cuando él se descontrolaba lo confrontaba y en alguna de esas ocasiones decidió que sus hijos no hicieran la visita con él, pero temía que él se enfadara más y que, judicialmente, en el proceso civil de guarda, le fuera en contra. Ella tenía su psicóloga (una compañera de mi servicio) con la que iba elaborando las experiencias pasadas con relación al maltrato de su expareja y cómo situarse en el presente.

Mientras tanto, seguían las entrevistas con Sofía y Diego en mi espacio terapéutico. Diego no presentaba síntomas, el tema que le preocupaba era si llegaría el día que tendría que quedarse a dormir con su padre. Manifestaba abiertamente no querer acudir a las sesiones de terapia, así que decidimos, la madre y yo, darle vacaciones de psicóloga por un tiempo. Sofía, en cambio, venía a las visitas con ganas. Parecía que tener un espacio en el que reflexionar, expresarse y ser escuchada, comprendida y legitimada, le proporcionaba alivio. Hablaba de las discusiones con el padre, que este iba oscilando en su estado de ánimo y progresivamente se iba mostrando durante más tiempo tranquilo con ella, espaciándose las agrias situaciones en las que el padre la hería verbalmente. Había empezado la secundaria y en el espacio terapéutico tratamos también otros temas, como su inseguridad y autoexigencia, su inhibición social y conflictos con las amigas.

En junio de 2021, Estefanía presentó una demanda solicitando la guarda exclusiva y unas visitas de los hijos con el padre progresivas y supervisadas por profesionales. Asimismo, en octubre de 2021, Miquel presentó otra demanda y solicitó la regularización de la situación familiar con la guarda materna y un sistema progresivo de contactos de los hijos con él.

En noviembre de 2021, Sofía y Diego estaban mejor. La madre me transmitió que iban bien a las visitas con el padre, volvían contentos, los veía ilusionados con el cambio de Miquel. Sofía lo encontraba más amable y tranquilo, aunque no se acababa de fiar porque otras veces ya había sucedido y después había vuelto a descontrolarse. Hablamos de una carta que le escribió espontáneamente por su cumpleaños. En esta le expresaba que lo quería aunque hubiera hecho cosas malas, que a menudo estaba seria pero no porque estuviera enfadada con él sino porque ella era así, que intentaba ser mejor hija, y que siempre estaría disponible. Cuando Miquel recibió la carta, se puso a llorar y le dijo que no iba a cometer más errores. En la sesión trabajamos acerca de «ser una buena hija», en la línea de desculpabilizarla de cómo iba la relación con su padre. Como teníamos pronto una entrevista el padre y yo, le pregunté a Sofía qué quería que le pidiera a su padre de su parte. Sofía pidió que las cosas que ella le contaba al padre en confianza no las utilizara después diciéndole cosas negativas si se enfadaba con ella. Y que cuando la viera con la cara seria, no era porque estaba enfadada, que no le insistiera.

En la entrevista con el padre, este coincidió en que también los veía mejor con él: cariñosos y comunicativos. Miquel me planteó que creía que yo no solo tenía que trabajar la relación paternofilial, sino que a Sofía le pasaban otras cosas que a él le preocupaban, como dificultades en las relaciones con los iguales. Pensaba que él y su hija se parecían mucho en los complejos e introversión, se sentía muy identificado con ella y no quería que Sofía sufriera lo que él sufrió a su edad. Identificamos algunos aspectos que le concernían a él en la comunicación con su hija, lo insté a que tratara con su psicóloga con qué tenían que ver.

Mi satisfacción duró poco. Tres días más tarde, me escribió la madre porque había habido un nuevo descontrol de Miquel con Sofía (gritos, golpes en la mesa, intimidación, amenazas). A Sofía le tocaba al día siguiente ir con él, y tenía miedo. Pensé que mi intervención había llegado a su límite de poder propiciar un cambio en Miquel y proteger a Sofía. Lo cité, con la intención de comunicárselo e informarle de que consultaría el caso con el equipo de atención a la infancia y adolescencia (EAIA). No tenía mucha confianza en que la derivación a un EAIA pudiera suponer un cambio sustancial en la organización familiar y, por tanto, en la exposición de Sofía y Diego a los desajustes emocionales de su padre.

Por mi experiencia en otros casos de situaciones parecidas, dudaba de que entraran a intervenir por los motivos antes expuestos (si hay una madre no maltratante, lógicamente no retiran a los hijos, pero no pueden decidir que no haya visitas con el padre, sino que instan a la madre a que solicite judicialmente un cambio de medidas, cosa que ya había hecho Estefanía y estaban esperando). Además, la exploración (en caso de que aceptaran la derivación) se lleva a cabo a lo largo de seis meses. Mi expectativa era que Miquel, ante la apertura nuevamente de un contexto de control, se contuviera hasta que saliera la resolución judicial y aceptara que yo me coordinara con su terapeuta. Llego, además, una comunicación de los juzgados informando de que el juez había aceptado la valoración del EATAF (Equipo de Asesoramiento Técnico en Ámbito de Familia, equipo psicosocial de los juzgados civiles que realiza peritajes públicos para informar y hacer recomendaciones a los jueces en materia de familia) de cara al juicio, de las medidas (guarda y custodia, visitas con el padre). Sentí un poco de alivio y esperanza. No hice la derivación al EAIA.

De nuevo estábamos en Navidades. En enero, con Sofía trabajamos en otros temas: superar el miedo escénico que últimamente le había aparecido, atreverse a hablar y a conocer a personas nuevas, dejar de rumiar pensamientos negativos. Cuando retomamos la entrevista pendiente, a petición de Miquel, en febrero de 2022, pensé (y esperaba) que la noticia de la inminente valoración del EATAF promoviera la contención del padre. Abordé con él sus descontroles, que reconocía pero minimizaba y tendía a poner la responsabilidad fuera de él. Las entrevistas eran muy intensas, una danza entre recoger su vivencia, acoger su frustración en las interacciones con su hija, ampliar su narrativa con lo que me había compartido Sofía, ponerse a la defensiva, mentalizarlo, promover la mentalización de la hija, confrontarlo, identificar sus reflexiones e iniciativas conectadas y acertadas, validarlo y aportarle nueva información. En una de las entrevistas me explicó episodios de violencia muy traumáticos vividos en su infancia. Comprendí más sus dificultades.

Con Sofía fueron aflorando síntomas afectivos (obsesiones, fobia a las exposiciones en clase, atracones por ansiedad, estado de ánimo lábil). En marzo la madre descubrió que estaba autolesionándose. La llevó a urgencias, y de ahí la derivaron al centro de salud mental infantojuvenil (CSMIJ) referente. Hice algunas entrevistas de intervención en crisis. Sofía me comentó que empezó a autolesionarse en noviembre (coincidiendo con el último episodio de descontrol del padre). Estaba muy cansada de la situación y muy enfadada con él. Preparamos juntas qué le gustaría que le trasmitiera yo a su padre, ya que iba a verlo la semana siguiente.

Miquel estaba muy angustiado. De nuevo no quería que contactara con su terapeuta para que pudiera ayudarlo con lo que le sucedía con su hija. Los siguientes días estuvo encima de Sofía, la atosigaba para que le dijera cómo estaba, se enfadaba con ella si la encontraba cerrada. Estuve a punto de consultar el caso con el EAIA (protección a la infancia), cuando me informaron de que el EATAF empezaba a hacer sus entrevistas a principios de abril. Tomé un papel activo, y le dije a Estefanía que cuando tuviera su entrevista comentara que tenía interés en coordinarme con ellos, y que hiciera lo mismo con el CSMIJ. El psiquiatra me comentó por teléfono su impresión clínica: depresión reactiva a situación familiar; estaba valorando si pautar medicación, aunque el problema debería abordarse evitando el estrés de la mala relación con su padre. Le compartí la inminencia de la valoración del EATAF y la expectativa de un cambio en la organización de las visitas que protegiera a Sofía, y el trabajo indirecto que estaba realizando con el padre. Acordamos que no intervendría su psicóloga, dado que Sofía estaba vinculada a mí.

La psicóloga del EATAF me contactó por email y concertamos un encuentro telefónico. Era una comunicación diferente a la que había tenido con el psiquiatra, en la que intercambiábamos información y pensábamos juntos; en esta, la profesional pertenecía a una organización jerárquicamente superior y su función era de valoración. Le compartí mi valoración, actuaciones y preocupaciones, y ella los recibió.

Un mes más tarde, Miquel me envió un email en el que, a la vista del informe del EATAF, me pidió que me pusiera en contacto con su terapeuta para avanzar en la relación con su hija, ya que Sofía no quería hacer ninguna entrevista conjunta con el padre y conmigo. Escribí a la psicóloga del EATAF preguntándole por su valoración. Se disculpó por no haberme comentado del fin de su intervención. Había valorado que la madre tuviera la guarda y mantener las visitas como se estaban dando porque el padre se mostraba respetuoso con el tempo de los hijos, y tanto Sofía como Diego expresaban la necesidad de un cambio de actitud del progenitor pero no de no tener contacto con él. Consideraba imprescindible que se mantuviera la intervención psicológica y psiquiátrica con Sofía, así como que sería adecuado que la psicóloga de Miquel y yo coordináramos las intervenciones para promover la recuperación y reparación de la relación paternofilial.

Llamó al CSMIJ pero no pudo hablar con el psiquiatra; no había hablado con la psicóloga de Miquel. Ante su email, sentí una mezcla de incredulidad, rabia, desesperanza y angustia, que tuve que procesar antes de responderle:

> Buenos días, gracias por tu respuesta. Tengo una pregunta: ¿Habrá algún seguimiento judicial de la evolución de la relación paternofilial y del estado emocional de Sofi para protegerla de la fluctuación de la figura paterna? Pienso que la intervención terapéutica no es suficiente, especialmente si el padre no reconoce su agresividad, y en el último año y medio ha habido un empeoramiento clínico del malestar de Sofi a pesar de las intervenciones terapéuticas, que son lentas. Me preocupa mucho la evolución de Sofi, se ha vuelto a autoagredir. Siento que me quedo sola sosteniendo la situación y con poca fuerza para cambiarla. ¿No se puede hacer otra cosa? Por ejemplo, ¿punto de encuentro mientras vamos trabajando la conciencia del padre, el fortalecimiento de Sofi y la relación paternofilial? Gracias.

Me contestó que el informe ya se había enviado al juez, y que siempre se podía solicitar judicialmente (otra vez) una modificación de las medidas. Yo aún no lo sabía, pero más adelante, en la próxima comunicación que tuvimos, me compartió que se quedó preocupada tras mi mensaje y que pidió al juez hacer un seguimiento de la evolución de la situación.

Justo después de que el EATAF hubiera terminado sus entrevistas, pocos días antes del juicio, Miquel se descontroló con Sofía y le cogió el móvil de la mano con violencia, haciéndole daño y dejándole una marca. Sofía se asustó mucho, la madre fue a buscarla y la llevó al hospital, que comunicó la situación a Protección a la Infancia. Pasaron los días y, como no me llegaban noticias, llamé a Protección a la Infancia para interesarme por el tema, que estaba a la espera de que cursara una nueva exploración del riesgo. Le pedía al técnico que me atendió si podía oficiar a servicios sociales en lugar de a mí, dado que estaba haciendo una función terapéutica y adoptar una función de control no me parecía apropiado. Aceptó.

El juez dictó sentencia, en la que la guarda fue para la madre, seguía habiendo visitas de fin de semana y vacaciones sin pernocta, excepto en verano, que pasarían una semana con el padre con pernocta; en septiembre continuarían los fines de semana completos, siempre y cuando un nuevo informe del EATAF fuera favorable. Esta última información era una buena noticia: habría un seguimiento por parte del EATAF y del juez de la evolución de la situación, que condicionaría las próximas decisiones judiciales. Esta era una medida posible pero poco habitual, que me alivió un poco dentro de mi descontento. Sofía se enfadó mucho con el juez y con su padre por no haber tenido en cuenta su petición de no dormir en casa del padre. Expresó no sentirse escuchada, y una profunda decepción con la justicia, que había ignorado la violencia que habían vivido su madre y ellos.

El contacto con la psicóloga de Miquel fue primero cauteloso por ambas partes. Ambas sabíamos que formábamos parte de un sistema muy complejo impregnado de litigio, que lo útil era colaborar pero que era fácil deslizarse a una posición de «abogada que defiende a su cliente». Desconocía una parte de las actitudes agresivas de Miquel, capté su sorpresa; le trasladé la afectación de Sofía, me ayudó a comprender mejor la angustia de Miquel en la comunicación con su hija. Nos llamamos con periodicidad, ella trabajaba la gestión emocional, a mí me servía para reformular con Sofía su vivencia de no importarle a su padre o de que era malo, y para ir a las entrevistas con él con más empatía.

Poco a poco estaban todos más relajados. En verano los hijos lo pasaron bien con él. Miquel y Estefanía acordaron que, la semana que los hijos tenían que pernoctar con él, fueran menos días que los estipulados por el juez y espaciados. La madre me contó muy conmovida que él le pidió perdón por todo lo que la había hecho sufrir, y que entendía si ella no lo perdonaba. Lo compartió con sus hijos. Miquel y Estefanía podían tener una comunicación telefónica más tranquila acerca de los hijos, él ya no se alteraba como antes. Sofía estaba descolocada con el cambio del padre, que estaba más cariñoso y los trataba mejor, sin gritar como antes, buscando conversación. Por un lado, estaba más tranquila; por otro, le molestaba todo lo que él hacía, que le hablara, que le preguntara, que la abrazara, y se sentía mal por no corresponderle. No acababa de confiar en el cambio. Además, sentía que no era justo que el padre actuara como si no hubiese pasado nada, ella no quería olvidar de un día para el otro. No quería un padre que se comportara bien con los hijos porque iba a ser evaluado, sino porque quería estar bien con ellos. Y tampoco le servía que estuviera bien solo si estaban sonriendo, sino que aceptara que no quisiera hablarle y que tenía derecho a estar enfadada. Había días en que tenía ganas de estar sola, o quizá llegaba de mal humor del instituto, se le enfrentaba o se mostraba distante; el padre le preguntaba constantemente qué le ocurría, si estaba enfadada con él, le recriminaba si no se lo contaba, le pedía que pusiera de su parte para mejorar la relación, le reprochaba lo mal que lo pasaba él. Pensé que era necesario ayudar a Sofía a expresar con mi apoyo a su padre cómo se sentía, trabajar con Miquel una mayor contención y una reparación activa y explícita del daño que le había causado, y abordar la comunicación entre ellos para que pudiera ser más tranquila. Le propuse a Sofía hacer una entrevista conjunta; no quería, temía las represalias; sí aceptó escribir juntas una carta en primera persona que dirigí, como terapeuta de su hija, al padre.

Con la psicóloga de Miquel seguimos hablando periódicamente. Tuvimos que salvar algunos pequeños obstáculos: yo trabajaba en un contexto público que reserva tiempo en la agenda para el trabajo en red; ella, en un contexto privado que se rige por la demanda del cliente. Aun así, conseguimos crear una alianza profesional de colaboración para ayudar a padre e hija, y nuestras comunicaciones fueron progresivamente más distendidas. Cuando Sofía y yo terminamos la carta, con mi colega acordamos cómo proceder: yo la leería al padre en una entrevista con él y ella la trabajaría también con él. Pensé que prefería este formato a una entrevista a tres porque la que habíamos tenido fue tensa cuando confronté a Miquel con respecto a sus conductas; pensé que no quería poner en riesgo su alianza terapéutica.

En abril hicimos la entrevista conjunta con Miquel y Sofía, preparándola previamente con cada uno. Estuvo bien, el padre le pidió perdón por los errores cometidos, firmó un compromiso de autocontrol. Pero no lo pudo sostener, y pocos días después volvió a irritarse con Sofía y a decirle cosas hirientes. Ambas decidimos que no haríamos más entrevistas conjuntas por el momento. Estaban teniendo nuevas entrevistas con el EATAF porque en julio tenía que emitir otro informe para el juez acerca de las pernoctas. Sofía expresaba cada vez más no querer ver al padre, que volvía a estar nervioso e irritable. La psicóloga de Miquel me dijo que ella no podía trabajar los temas que le trasladé porque él no pedía citas y no estaban teniendo visitas. Conmigo sí hablaba; se mostraba cansado y desanimado ante las negativas de Sofía y la impresión de que su relación no avanzaba. Transmitía que no podía más, que quería tirar la toalla y que se estaba planteando renunciar judicialmente a las visitas. Le legitimé el «se puede no poder» y, en todo caso, si quería reducir las visitas con su hija que lo hiciera de un modo cuidado: sin culpabilizarla, sino planteándolo como una salida para no dañar la relación, y dejando la puerta abierta a que ella pudiera ir con él cuando quisiera. La psicóloga del EATAF y yo intercambiamos varias comunicaciones, constatando lo difícil que estaba siendo reconducir la situación, y pensando qué podía ser mejor para Sofía y Diego. El juez, alineado con el informe del EATAF, mantuvo la reducción de las visitas de Sofía y aumentó las de Diego, quien expresó querer ir con el padre.

Seguí viendo a Sofía. Después de un verano bueno (sin pernoctas con el padre) y un primer trimestre relajado, volvió a tener un bajón anímico, coincidiendo con un desencuentro agrio con él. Miquel me pidió la referencia de un psiquiatra que pudiera valorar si tenía un trastorno por déficit de atención e hiperactividad (necesitaba correr dos horas cada día para estar mínimamente tranquilo) porque había otros casos en su familia. Estaba buscando una explicación neuropsicológica a sus explosiones e impulsividad, además de sus dolorosas experiencias traumáticas infantiles. Diego estaba expresando síntomas de ansiedad, y había pedido ver a un psicólogo hombre. Empezaría con un psicólogo compañero de mi servicio; a ambos progenitores les pareció bien. Recientemente, Miquel tuvo una de sus explosiones; Sofía, que ya tenía 14 años, había decidido serenamente que no quería verlo ni tener ninguna comunicación con él; Estefanía no intentaría convencerla de que lo viera de vez en cuando; Miquel ya tenía hora con un psiquiatra en el centro de salud mental de adultos e iba a volver con su psicóloga de siempre. Le había escrito, por iniciativa propia y enviándomela a mí para que la revisara, una carta a su hija pidiéndole perdón. Sofía no quiso leerla.

Conclusiones

Son muchas las emociones encontradas al escribir este caso, de la mano de los aciertos, los errores y las preguntas que se abren. Procuraré ponerles algo de reflexión.

Podríamos resumir algunos de los logros de la intervención. Sofía hace un proceso de autoconciencia y empoderamiento en el que puede identificar qué le hace daño, ubicar dónde está la responsabilidad de ello, reformularlo de una manera realista con una narrativa más favorable (Linares, 2002), comunicar qué es lo que ella quiere y necesita, y activar sus recursos con respecto a la parte que a ella le compete. Se consigue activar cierto control y protección judicial. Miquel se mueve de una posición de sentirse víctima a confiar, responsabilizarse, pedir ayuda y hacer algunos cambios y acciones de reparación. Estefanía incrementa su autoridad materna y su capacidad de proteger a su hija. Hay una mejora de la coparentalidad en ambos como pareja de progenitores. Diego pasa de una posición pasiva y evitativa a pedir ayuda psicológica para él.

Los errores principales tienen que ver con las preguntas: ¿Cómo se hubiese podido acortar el sufrimiento de Sofía? ¿Tendría que haberse insistido en la derivación del caso a Protección a la Infancia? ¿Lo habrían cogido?

El caso muestra tres carencias claras del sistema: los largos tiempos de la justicia; los mecanismos de desprotección de los menores; la falta de integración de recursos terapéuticos para la recuperación de familias en las que se dan violencias. Además, ejemplifica cómo me apoyé en el trabajo en red para intentar superarlas.

En las situaciones de maltrato, como la violencia machista, son necesarias tanto la protección como un sólido abordaje terapéutico. A falta de un contexto claro de control, tuve que adoptar esta función, de forma simultánea con la terapéutica, mientras intentaba activar la protección en otras instancias (judicial y administrativa) mediante la red (Alegret, 2012). No se pueden tener los dos papeles a la vez sin poner en riesgo las alianzas terapéuticas; además, mi rol profesional no me otorga la fuerza para hacerlo. Es un ejemplo más de muchas situaciones de violencia machista en las que la protección de los menores queda, erróneamente, en manos de sus madres o de terapeutas, impotentes para hacerla efectiva y real, y de cómo los tiempos de los menores requieren de respuestas más ágiles y rápidas que los que en muchas ocasiones proporciona el sistema.

Si Sofía hubiese sido preservada de los embates emocionales de su padre, habría sufrido menos. ¿Hubiese estado receptiva a la reparación por parte de él? Yo creo que sí: inicialmente había en ella un deseo de estar con su padre. Mediante el trabajo en red se pudo avanzar en la concienciación y responsabilización de Miquel, pero me pregunto si la evolución hubiese sido más positiva si desde un inicio se hubiese puesto en marcha un dispositivo terapéutico más sólido. ¿Habría mejorado Miquel sus habilidades parentales? Yo creo que sí: había en él un interés genuino en su hija, y un deseo de conservar la relación con ella, y fue realizando algunos cambios. ¿Se hubiese podido mejorar la relación con el padre de alguna manera? ¿Es el distanciamiento elegido por ella un fracaso de la intervención? El caso muestra la necesidad de una integración real en la intervención terapéutica de la violencia machista, especialmente cuando afecta a los hijos, que incluya tanto a la madre como al padre, priorizando siempre la seguridad, manteniendo un abordaje sistémico pero interviniendo conjuntamente o no según cada situación particular para evitar la retraumatización. Debe ser, además, independiente de los intereses particulares de las personas en tratamiento, así que corresponde a los servicios públicos proveerla. Y debe estar insertada en un abordaje intersectorial que ponga a las mujeres y sus hijos e hijas en el centro.

En el caso vemos el entramado de relaciones y comunicaciones interprofesionales que hay detrás de estas situaciones complejas. Si contamos los contactos interprofesionales que se hicieron en el abordaje, vemos que representan una proporción muy alta de acciones. Es una parte de la intervención tan relevante como la atención directa que debe ser reconocida y cuidada por las organizaciones. El *Protocol Marc per una intervenció amb diligència deguda en situacions de violències masclistes* (Departament d'Igualtat i Feminismes, 2022) señala, precisamente, el trabajo en red como un imperativo ético en el abordaje intersectorial de la violencia machista para garantizar los derechos y la recuperación de las mujeres, hijos e hijas, así como para evitar su revictimización y la violencia institucional.

El trabajo en red, además, requiere altas dosis de paciencia y persistencia. En los niños y adolescentes que expresan su sufrimiento mediante trastornos externalizantes (Achenbach, 1991), por ejemplo, el trabajo en red es mucho más frecuente y necesario (Alegret *et al.*, 2005), y una conversación telefónica con un colega de salud mental puede suponer varias llamadas y correos electrónicos previos hasta poder hablar con él. Es necesaria, además, una actitud abierta, curiosa y horizontal para crear con el otro una relación de colaboración que permita pensar juntos. José Ramón Ubieto habla de «organizar la red a partir del lugar central que toma el caso y los interrogantes que suscita a cada profesional, quienes mantienen una conversación permanente que distribuye las demandas y propuestas entre varios» (2007).

Si la enfocamos así, la red acaba siendo un participante más que, además de una función reflexiva, tiene una función emocional de apoyo en los momentos complicados que generan impotencia o angustia a las personas o a los propios profesionales (Ubieto, 2007). Hay claros ejemplos de ello en el caso.

Para terminar, el caso muestra cómo operan algunos derechos morales (por presencia, por omisión o por colisión entre ellos), afectando a unas personas y a una familia que sufren, y la posibilidad de ayudarlas:

- El derecho de los padres de estar presentes en la vida de sus hijos.
- El derecho de los menores de vivir sin violencia.
- El derecho de los hijos de tener unos padres suficientemente buenos.
- El derecho de interrumpir el contacto con un padre que daña.
- El derecho de los menores de ser escuchados y tenidos en cuenta: en aquello que les daña y en aquello que desean.
- El derecho de las mujeres maltratadas por sus parejas de ser reparadas por la sociedad: reconociendo el daño, protegiéndolas a ellas y a sus hijos de la continuidad de la violencia, y ocupándose de rehabilitar a sus agresores.
- El derecho de los hijos e hijas de tener un espacio terapéutico que repare los daños producidos por familias maltratantes (Cancrini, 2021).
- El derecho de los adultos con infancias difíciles de recibir, por parte de la sociedad, una ayuda para sanar sus heridas.

De cara al futuro, es necesario avanzar para que las intervenciones en el campo de la violencia puedan garantizar la satisfacción de todos estos derechos. Una pregunta a hacerse es si una forma de superar la fragmentación existente podría ser la creación de dispositivos que atiendan la violencia en el ámbito familiar, incluyendo la violencia machista, con un enfoque feminista, sistémico e interseccional, un profundo conocimiento de las dinámicas de poder asociadas al género y una praxis ecológica y de red.

Referencias

ACHENBACH, T.M. (1991). *Manual for the Child Behavior Checklist/4-18 and 1991 profile*. Burlington: University of Vermont.

ALEGRET, J. (2012). Los sombreros (y los zapatos) del terapeuta. *Mosaico. Revista de la Federación Española de Asociaciones de Terapia Familiar, 53*, 58-67.

—, CASTANYS, E. y OCHOA, S. (2005). El trabajo en red profesional en salud mental infantojuvenil. *Revista de la Asociación Española de Neuropsiquiatría, 25*(95), 49-68.

ALEMANY, R.M., OLIVA, G., ROIG, B. y SAIZ, M. (2012). *Intervenció amb infants i adolescents en situacions de violència masclista des del sistema públic de serveis socials de Barcelona*. Barcelona: Ajuntament de Barcelona [https://ajuntament.barcelona.cat/dones/sites/default/files/documentacio/intervencio_infants_2012.pdf].

ASEN, E., DAWSON, N. y MCHUGH, B. (2001). *Multiple Family Therapy: The Marlborough Model and Its Wider Applications*. Londres: Karnac.

AVIS, J.M. (1988). Deepening awareness: A private study guide to feminism and family therapy. En L. Braverman (ed.), *A guide to feminist family therapy* (pp. 15-32). Nueva York: Harrington Park Press.

BOGRAD, M. (1986). A feminist examination of family therapy: What is women's place? *Women & Therapy, 5*(2-3), 95-106 [https://doi.org/10.1300/J015V05N02_09].

BRONFENBRENNER, U. (1987). *La ecología del desarrollo humano*. Barcelona: Paidós.

CANCRINI, L. (2021). *Escuchar a los niños: psicoterapia de la infancia negada*. Barcelona: Eleftheria.

CIRILLO, S. (2012). *Malos padres: modelos de intervención para recuperar la capacidad de ser madre y padre*. Barcelona: Gedisa.

COLLINS, P.H. (2000). *Black Feminist Thought: Knowledge, Consciousness, and the Politics of Empowerment*. Nueva York: Routledge.

Crenshaw, K. (1989). Demarginalizing the intersection of race and sex: A black feminist critique of antidiscrimination doctrine, feminist theory, and antiracist politics. *The University of Chicago Legal Forum*, *1989*(1), 139-167 [https://chicagounbound.uchicago.edu/uclf/vol1989/iss1/8].

Departament d'Igualtat i Feminismes (2022). *Protocol Marc per una intervenció amb diligència deguda en situacions de violències masclistes.* Barcelona: Generalitat de Catalunya [https://igualtat.gencat.cat/web/.content/Ambits/violencies-masclistes/coordinacio-treball-xarxa/protocol/Protocol-Marc-2022.pdf].

Garrido, M. y García-Cubillana, P. (2005). *Aportaciones de los modelos sistémicos para la comprensión de la Violencia Familiar*. En C. Pérez Testor y E. Alomar Kurz (comps.), *Violencia en la familia* (pp. 89-107). Barcelona: Edebé/Universitat Ramon Llul.

George, J. y Stith, S.M. (2014). An updated feminist view of intimate partner violence. *Family Process*, *53*(2), 179-193 [https://doi.org/10.1111/famp.12073].

Gil, E. (1997). *Tratamiento sistémico de la familia que abusa.* Barcelona: Granica.

Goodrich, T.J., Rampage, C., Ellman, B. y Halstead, K. (1989). *Terapia familiar feminista*. Barcelona: Paidós.

Libow, J.A. (1985). Gender and sex role issues as family secrets. *Journal of Strategic & Systemic Therapies*, *4*, 32-41 [https://doi.org/10.1521/jsst.1985.4.2.32].

Linares, J.L. (2012). *Terapia familiar ultramoderna: la inteligencia terapéutica*. Barcelona: Herder.

— (2002). *Del abuso y otros desmanes. El maltrato familiar, entre la terapia y el control*. Barcelona: Paidós.

Lizana, R. (2015). *A mí también me duele: niños y niñas víctimas de la violencia de género en la pareja*. Barcelona: Gedisa.

Minuchin, S. (1991). *Calidoscopio familiar*. Barcelona: Paidós.

Murray, C.E. (2006). Controversy, constraints, and context: Understanding family violence through family systems theory. *The Family Journal: Counseling and Therapy for Couples and*

Families, *14*(3), 234-239 [https://doi.org/10.1177/1066480706287277].
Pitillas, C. (2021). *El daño que se hereda: comprender y abordar la transmisión intergeneracional del trauma*. Bilbao: Desclée De Brouwer.
Rodó-Zárate, M. (2021). *Interseccionalitat: desigualtats, llocs i emocions*. Barcelona: Tigre de Paper [trad. cast.: *Interseccionalidad: desigualdades, lugares y emociones*, Manresa, Bellaterra, 2021].
Rosenbaum, A. (1988). Methodological issues in marital violence research. *Journal of Family Violence*, 3, 91-104 [https://doi.org/10.1007/BF00994027].
Rotter, J.C. y Houston, I.S. (1999). Treating family violence: Risks and limitations. *The Family Journal*, *7*(1), 58-63 [https://doi.org/10.1177/1066480799071009].
Smith Stover, C. (2013). Fathers for Change: A new approach to working with fathers who perpetrate intimate partner violence. *The Journal of the American Academy of Psychiatry and the Law*, *41*(1), 65-71 .
Ubieto, J.R. (2007). Modelos de trabajo en red. *Revista Educación Social*, *36*, 26-39.
— (2009). *El trabajo en red: usos posibles en educación, salud mental y servicios sociales*. Barcelona: Gedisa.
Walters, M., Carter, B., Papp, P. y Silverstein, O. (1991). *La red invisible: pautas vinculadas al género en las relaciones familiares*. Barcelona: Paidós.
Yuval-Davis, N. (2011). *The politics of belonging: intersectional contestations*. Londres: Sage.